内蒙古师范大学教学研究基金资助立项

高等师范院校教师教育系列教材

中学体育教学技能训练

Teaching Skills Training in PE of Middle School

李凤新　霍　瑾　编著

陕西师范大学出版总社有限公司

内 容 简 介

在中学体育教学过程中,对同一教学内容,有的教师讲授能使学生茅塞顿开,很快掌握动作的技巧,有的教师讲得口干舌燥,却并没有使学生掌握动作要领。实践证明,在体育这一以人体运动为主要内容的教学科目中,教学技能的作用越来越被人们所重视。现代的体育教学不仅要求教师的示范动作准确、清晰,而且还必须具备一定的修养和掌握一定的教学技巧。

《中学体育教学技能训练》一书在《体育与健康》新课程改革的视角下,依据中学生的身心发展特点,重新审视中学体育教学的目标、内容,探索适应新时期课程理念的教学思想与构思;阐明了中学体育教学技能的理念与要求,并重点从概念、功能、类型、应用四个纬度,剖析了体育教学的课前准备技能中的中学体育教学、新课程标准的解读、中学生身心发展特点及保健、中学体育教学技能的训练、体育教学设计等。在"体育课堂教学技能"篇中对语言表达技能、导入技能、讲解技能、直观演示技能、提问技能、反馈技能、控制技能、结束技能和评价技能等内容进行了阐述。

在教材编写过程中,作者运用了科学的世界观和方法论,遵循党和国家的教育方针政策,具有较强的思想性;在各项教学技能的分析章节中,反映出一些当代教育教学发展的先进水平,具有一定的科学性;此外,在各项技能的实践应用篇中,作者能举出生动的事例,注重理论联系实际,使读者易懂易学,尤其对师范生的教育教学能力培养具有较强的适用性。

编 写 说 明

我国高等师范院校体育专业,担负着培养中小学体育师资的重任。进入新世纪以来,党中央国务院《深化教育改革全面推进素质教育的决定》中,把素质教育和创新教育作为新世纪教育改革与发展的主旋律。在由"应试教育"向"素质教育"和"创新教育"转化的过程中,如何培养具有时代特点、满足时代需求的中小学师资是高等师范院校面对的一个问题。学校体育理论是高等师范院校体育专业必修的重点学科,但迄今为止,除了全国普通高校体育教学指导委员会有组织地编写了《体育理论》《学校体育学》《体育教学论》等教材外,还没有一本针对师范院校师生所需的体育教学技能训练的教学参考用书。在内蒙古师范大学教务处的帮助下,我们从 2008 年年初,开始编写此书。霍瑾教授对本书的编写帮助最大,多年来她一直从事本科生的《中学体育与健康教材教法》《中学体育教学技能培训》《体育教学论》等课程的教学工作,在教学过程中积累了丰富的理论知识和教学经验。

纵观全书,我们认为本书有三大特点:

第一,基础性强。对中学体育教学技能训练的基本概念的界定、基本原理和基本规律的阐释较准确。

第二,实践性强。本书在全面论述中学体育教学技能的相关理论后,按照体育教学课前准备技能、体育课堂教学技能分别探讨了中学体育教学实施过程中技法、原则、概念、功能、类型、应用、技巧。不仅对高等师范院校的师生,就是对广大中学体育教师来说,只要认真学习,就能看得懂,学得会。针对当前中学体育教学实际情况,本书还增添解读《课程标准》和解读《中小学体育课的基本要求》,这对充实、完善中学体育教学技能训练有一定的参考价值。

第三,逻辑性强。全书理论和实践内容充实,脉络分明,结构清晰,实例生动,通俗易懂,能体现认知结构的形成和迁移规律,便于高等师范院校体育专业师生掌握和运用。

《中学体育教学技能训练》这本书,适应面较广,既可以作为体育教师继续教育的参考读物,也可以作为高等师范学校体育教育专业学生的体育教育技能培训教材。

　　本书由李凤新(内蒙古师范大学体育学院)和霍瑾(内蒙古师范大学公共体育教研部)编写,具体分工如下:全书共十五章,其中李凤新编写第二章、第三章、第五章、第七章、第八章、第十一章、第十二章、第十四章、第十五章;霍瑾编写第一章、第四章、第六章、第九章、第十章、第十三章。

　　本书在编写过程中得到陕西师范大学史兵教授的指导和帮助,内蒙古师范大学教务处书记许宝芳教授为本书出版做了细致的指导工作。在编写中我们吸取了国内外同仁的研究成果,在此一并致以谢意。

编　者

2010 年 6 月

目　录

第一篇　体育教学课前准备技能

第二篇 体育课堂教学技能

第一篇　体育教学课前准备技能

第一章　新理念、新时期全面认识中学体育教学

[内容提要]

　　本章从 21 世纪社会经济发展对人才素质的需要,全面认识中学体育教学。从中学体育教学目标的设置、思路与构想展开论述,中学体育课程教学的内容是体育教学的指导性文件和体育教学的依据。体育教师要认真研究并切实掌握体育教学内容,钻研大纲和体育教材,依据国家课程标准、地方课程标准、校本课程实际情况,正确、合理、科学地组织与安排体育教学内容。

[学习指导]

　　1.中学体育课程的综合功能目标包括运动参与课程目标、运动技能课程目标、身体健康课程目标、心理健康课程目标、社会适应课程目标。

　　2.运动参与是通过学生在自主性、探究性、合作性学习等方面完成的。它既是学生的学习方式,也是教师的教育方式。运动技能学习体现了体育课程以身体练习为主的基本特征,学习运动技能也是实现其他领域学习目标的主要手段之一。

　　3.中学体育课程教学的内容是指为了实现体育教学目标而把一些必要的体育项目的各种动作和有关体育的基础知识、卫生保健基本知识作为主要内容,按照社会主义育人目标选择确定,以教学大纲的形式表述,然后按照大纲的规范要求编出教材,它是体育教学的指导性文件和体育教学的依据。

第一节　《体育与健康》编写分析

一、指导思想

　　1.《体育与健康》是根据教育部 2000 年颁发的《九年义务教育全日制初级中学体育与健康教学大纲(试用修订版)》,在原九年义务教育三年制初级中学《体育》(试用本)基础上重新编写的。

　　2.新编的《体育与健康》课本旨在更好地贯彻德智体美全面发展的教育方针,全面推进素质教育,培养学生的创新精神和实践能力,体现健康第一的指导思想。

　　3.体育面向现代化、面向世界、面向未来,促进学生身心和谐发展,为学生的终

002

提供学习和锻炼的指导方法、扩展学生的体育文化知识等。

2. 更新版式设计,装帧规范,插图适合中学生年龄特点

版式设计和装帧质量是提高教科书质量的重要环节。长期以来,初中体育教材的版式设计和装帧不尽如人意。近年来几种版本的体育教材虽然比以往有较大的提高,但从总体上看,设计仍然让人感到有些呆板。教材的知识性、可读性不够理想,一定程度上影响了体育教材整体质量的提高。新编教材把版式设计和装帧作为提高教材质量的切入点。文图配合,以文为魂,以图助文,图文互补,便于学生从整体上理解教材内容的全貌和内在的文化因素,增加了知识性和活泼性,使新教材更加新颖、简洁、清晰,便于中学生使用。

(四)关于评价体系的构建

《体育与健康》的教学目标是培养学生自我锻炼、自我调控、自我检测和自我评价的意识和能力。新编教材建立了较完整的(包括定性和定量)考核评价体系。降低了考试、测验的要求,强化了过程评价和学习态度的评价,在评价方法方面提高了自我评价的权重。使学生在获得知识技能的同时,知道学得怎么样,从而掌握评价方法,培养评价能力。

第二节　中学体育教学目标的设置、思路与构想

面对 21 世纪社会经济发展对人才素质的需要,要求学校教育要以学生发展为本,与社会需要相结合,全面致力于学生综合素质的提高。其宗旨和目标是提高全民素质,形成梯队式人才工程培养,而学校的教学重点是培养学生的创新精神和实践能力。

一、素质教育、创新精神与实践能力的目标

创新精神与实践能力是民族进步的灵魂之一,是国家兴旺发达的动力。实践能力是知识经济时代对人才素质的新要求。培养中学生创新精神和实践能力应具备的七个目标条件:要创造一种气氛,即尊重学生;使学生懂得自尊,能提出自己的观点和看法;学生应获得创造成就的勇气和信心,学生需要有利于体验自己能力的自由环境,以便于学习自由;对学生新奇的想象、念头、别出心裁的想法要进行鼓励;鼓励学生探索和选择解决问题的途径;避免引起学生害怕的压力。

二、以学生发展为中心的目标

以人为本,以学生为主体,体现在拓展性的提高方面,促进学生身体、心理和社

会适应能力的发展。以教师为主导,体现在指导目标方面,成为学生发展的促进者。

健康不仅是免于疾病和衰弱,而是保持身体上、心理上和社会适应方面的完美状态。"健康第一"的目标中包含着身体健康目标、情绪健康目标、精神健康和社交健康的因素。健康三维观目标中的生理健康,指各器官组织结构完整,发育正常,功能良好,指标正常,无疾病;心理健康,指人格发展健全,智力、情感、意志行为活动正常;社会健康,指家庭教育、群体关系、人际关系好,社会适应能力强,处理角色冲突和角色转换能力强。

布鲁姆健康公式:Hs = f(E) + AcHs + B + Ls
即健康状态 = 环境 + 保健设施 + 生物学因素 + 生活方式

三、中学体育课程的综合功能目标

(一)运动参与课程目标

1. 课程目标的主要内容:(1)参与意识(终身体育意义);(2)参与能力(体育文化欣赏、编制锻炼计划);(3)形成锻炼习惯。

2. 知识学习与运动实践:(1)锻炼计划与运动处方;(2)终身体育概述,中学体育与终身体育运动实践;(3)指定运动处方;(4)课外体育实践。

3. 课程内容基本要求:(1)以增进和保持健康为目的;(2)以建立终身体育意识为目的,中学体育与终身体育的接轨为重点;(3)以学生探究式作业和实践为目的。

(二)运动技能课程目标

1. 课程目标的主要内容:(1)熟悉掌握两项运动技能;(2)能科学锻炼;(3)能正确处置运动损伤。

2. 知识学习与运动实践:(1)专项运动概述、技战术、规则、裁判法;(2)专项运动与健康娱乐。

3. 课程内容基本要求:(1)专项学习具有可选性;(2)利用各种媒体获取信息,更新内容;(3)将竞技运动健康化和教学化。

(三)身体健康课程目标

1. 课程目标的主要内容:(1)掌握提高身体素质的全面知识和方法;(2)形成健康生活方式、合理选择健康食品;(3)能测试评价体质健康的状况;(4)具有健康的体魄。

2. 知识学习与运动实践:(1)健康生活方式;(2)健康测试与评价;(3)速度、耐力、柔韧、灵敏、弹跳五项素质练习;(4)与健康或运动技能有关的体能发展选择性练习。

3. 课程内容基本要求:依据学生能力和个体差异进行练习。

（四）心理健康课程目标

1.课程目标的主要内容：(1)通过体育活动改善心理状态；(2)运用适宜方法调节自身情绪；(3)体验运动乐趣和成功感觉；(4)具有勇敢顽强的意志品质。

2.知识学习与运动实践：(1)体育与社会适应；(2)田径、身体素质内容的拓展性练习；(3)野外生存训练；(4)冒险运动；(5)体育的历史与文化；(6)体育运动与情绪；(7)体育活动与意志品质。

3.课程内容基本要求：锻炼和运动过程具有理论性、实践性、科学性、合理性和安全性。

（五）社会适应课程目标

1.课程目标的主要内容：(1)有良好的体育道德；(2)有合作精神；(3)善于处理竞争与合作的关系；(4)参与社区体育事务；(5)有实践、创新能力。

2.知识学习与运动实践：(1)体育的历史与文化；(2)体育与社会适应；(3)集体性运动项目；(4)家庭体育，社区体育实践；(5)课内外小型竞赛的组织。

3.课程内容基本要求：(1)以奥林匹克运动为重点；(2)以体育的社会性特征和体育的社交功能为重点；(3)按学生兴趣和能力，充分发挥主体作用，以探究式实践为主。

四、运动参与的途径

激发学生学习体育的参与精神，提高他们学习的主动性和积极性，达到运动参与的最佳途径。其目标是培养兴趣、激发兴趣，推进素质教育，以创新精神和实践能力为重点，改变接受学习、死记硬背、机械训练的现状，改变学生学习方式，倡导建立"主动参与，乐于探索，交流与合作"的学习方式。它既称为学习风格，又不是具体的学习策略和方法，而是学生在自主性、探究性、合作性方面的基本特征。它既是学生的学习方式，也是教师的教育方式。

（一）自主学习的特征与过程

自主学习是学习的内在品质，与其相对的是"被动学习、机械学习"。自主学习的特征有四个方面：

1.参与学习目标的提出，自己制订学习进度，参与设计评价指标；

2.发展各种思考策略和学习策略，在解决问题中学习；

3.有情感地投入学习，有内在动力的支持，能从学习中获得积极的情感体验；

4.对认知活动能进行自我监控，并能作出相应调适。

自主学习的三个过程为：自我监控过程、自我指导过程、自我强化过程。

（二）探索学习的特征

1.实践性：即实践是检验真理的唯一标准；

2. 参与性:参与和合作是获得成功的砝码;

3. 开放性:增加透明度,明确目标的专一性;

4. 创造性:创新和创造的统一,促进社会进步;

5. 过程性:事物成功的过程使人回味无穷;

6. 深层次的兴趣:从兴趣出发,从掌握切入,以获得体育技能专长为成果;

7. 深层次的思维:高水平的较量必是深层次的思维。

(三)合作学习的特征

合作学习,即指学生在小组或团队中,为了完成共同的任务,有明确责任分工的互助性学习方式。合作学习有以下五个方面的特征:

1. 相互支持、配合,面对面地促进互动;

2. 承担在完成共同任务中的个人责任;

3. 所有学生能有效地沟通,相互信任,有效地解决组内冲突;

4. 对个人完成的任务进行小组加工;

5. 对共同活动的成效进行评价,寻求提高的有效途径。

五、运动技能是载体

运动技能学习领域体现了体育课程以身体练习为主的基本特征,学习运动技能也是实现其他领域学习目标的主要手段之一。通过运动技能的学习,绝大多数学生将学会多种基本运动技能,在此基础上形成自己的兴趣爱好,并有所专长,提高终身体育锻炼的意识和能力。同时在学习过程中也能了解到安全地进行体育活动的知识和方法,并获得在野外环境中的基本活动技能。

在初中教育阶段,应注重学生基本的运动知识、运动技能的掌握和应用,不过分追求运动技能传授的系统和完整,不苛求技术动作的细节;在高中教育阶段,应充分尊重学生的不同需要,引导他们根据自己的具体情况选择一种或两种运动项目进行较系统的学习,发展运动能力。

(一)明确中学体育课程的七项培养目标

1. 使学生具有爱国主义、集体主义,热爱社会主义祖国的品质;

2. 使学生具有社会主义民主法制意识;

3. 逐步形成正确的世界观、人生观和价值观;

4. 使学生具有社会责任感、努力为人民服务;

5. 使学生具有初步的创新精神、实践能力、科学和人文素养及环境意识;

6. 使学生具有适应终身体育学习的体育基础知识、身体素质和体育技能及方法;

7. 使学生具有健壮的体魄和良好的心理素质,成为有理想、有文化、有纪律的一代新人。

(二)理解中学体育课程的六个转变目标

1. 课程功能的转变:转变课程过于注重知识传授的倾向,强调形成积极主动的学习态度,使获得知识的过程成为学会学习和形成正确价值观的过程;

2. 课程结构的转变:转变课程结构过于强调学科本位、科目过多和缺乏整合的现状;

3. 课程内容的转变:转变课程内容"难、繁、偏、旧"和过于注重书本知识的现状;

4. 课程实施转变:转变课程实施过于强调接受学习、死记硬背、机械训练的现状,倡导学生主动参与,乐于探究,勤于动手,培养学生搜集信息和处理信息的能力;

5. 课程评价转变:转变课程评价过分强调甄别与选拔的功能,发挥评价促进学生发展、教师提高和改进教学实践的功能;

6. 课程管理转变:转变课程管理过于集中的状况,实行国家课程标准、地方课程标准、校本课程标准的三级课程管理,增强课程对地方、学校及学生的适应能力。

六、身体健康、心理健康、社会适应的综合功能目标

(一)教师观念的转变

教师由知识传授者向中学体育与健康课程改革条件下的知识传授者转变。知识传授者角色变化的七个方面:由重传授向重发展方面的转变;由统一规格教育向差异性教育方面的转变;由着重教师的"教"向侧重学生的"学"方面的转变;由着重结果向侧重过程方面的转变;由单向信息交流向综合信息交流方面的转变;由居高临下向平等融洽方面的转变;由教学模式化向教学个性化方面的转变。

(二)教师的角色转换

教师角色转换为学生发展的促进者、指导者、参与者,可从下面七点来表明:帮助学生决定适当的学习目标,并确认和协调达到目标的最佳途径;指导学生形成良好的学习习惯,掌握学习策略,发展认知能力;创设丰富的教学情境,激发学生的学习动机,培养学生的学习兴趣,充分调动学生的学习积极性;为学生提供各种便利,为学生的学习服务;建立宽松的课堂气氛;作为学习的参与者,与学生分享自己的感情和想法;与学生一起寻找真理,能承认自己的过失和错误。

教师作为促进者可表现在以下三个方面:积极地观摩,热情地助威;给学生心理上的支持、帮助和鼓励;注意学生自律能力的培养。

(三)教师成为教育教学研究者

教师完成从教学型到科研型角色的转换,并达到教师自身素质的提高。其中,

包括思想政治素质和职业道德素质、教育的理念素质、专门知识能力的素质以及专业技术素质的提高。

教师作为研究者可从下面五点来表明:找到研究起点(不断尝试新的想法、开发新的教学法,解决一个困难,提出一个问题,发现疑惑进行体验);积极地收集信息和资料;认真地分析、归纳资料;形成行动研究的策略;实施与检验行动研究的策略。

第三节 中学体育课程教学的内容和要求

中学体育课程教学的内容是指为了实现体育教学目标而把一些必要的体育项目的各种动作和有关体育的基础知识、卫生保健基本知识作为主要内容,按照社会主义育人目标选择确定,以教学大纲的形式表述,然后按照大纲的规范要求编出教材,它是体育教学的指导性文件和体育教学的依据。体育教师要认真研究并切实掌握体育教学内容,钻研大纲和体育教材,依据国家课程标准、地方课程标准、校本课程实际情况,正确、合理、科学地组织与安排体育教学内容,这对于形成学生正确的体育意识、体育行为习惯,掌握锻炼身体的知识、方法,提高身体锻炼能力,培养良好个性和道德品质,增强体质,促进身心健康等方面,都有着十分重要的意义。

根据中学体育课程教学大纲和国家课程标准、地方课程标准、校本课程标准的具体情况确定体育教学内容如下:

理论部分:中学体育课程教学目标;中学体育课程基础理论课堂讲授;中学生自我健身与终身体育;中学生健康教育;中学生身心发展特点与保健。

实践部分:体操运动;田径运动;球类运动;武术运动;游泳;滑冰和轮滑游戏;户外运动。

学校体育教学内容应是生动活泼、丰富多彩的,要以激发学生的学习动机为主,这是学习的前提。通过体育教学,培养学生体育锻炼的兴趣、能力和锻炼习惯。

一、体操

包括基本体操、技巧、支撑跳跃、单杠和双杠等。即通过徒手的、持轻器械的和在器械上进行的各种身体操练及艺术体操、健美操、形体操。

(一)基本体操

内容:基本体操是人们最为常见的一种体操练习形式,其中有队列、队形。它灵活多样,徒手操作,动作技术简单易学,实用性强,不受场地、季节、环境、性别、人数限制,可广泛开展。

要求:中学基本体操教学应培养学生正确的身体姿态,提高各项动作的质量和规范性,并体现组织纪律性。教学中学生应了解基本体操的术语、概念,掌握简单的动作组合,增强学生认真、协作的精神,发展其力量、灵敏、平衡素质。

(二)技巧

内容:技巧也叫"垫上运动"。中学技巧教学有别于竞技运动,它没有高难动作,都是学生可以完成的简单动作。技巧有翻腾动作、平衡动作,形式新颖、独特、有趣,符合中学生欢快、好动、求知的生理、心理特点。

要求:学生要有克服困难的精神和勇敢、坚强的意志品质,还要具有力量、柔韧、协调等较全面的素质。坚持锻炼,对人体平衡能力会有显著提高。

(三)艺术体操

内容:艺术体操是女子运动项目,是体操与艺术的完美结合,具有独特的风格,能促进身体的全面发展。它动作高雅而优美,能充分发挥创造性,给人以一种美的享受。其中符合中学体育教学的有纱巾操、彩带操、绳操等。

要求:艺术体操教学应强调在人体内找到自然节奏活动的感觉,就是要求肌肉在交替产生收缩和放松的同时,以最小限度的紧张进行波及全身的活动,从中感受动作的快感、美感,培养和谐的个性。它对教学要求较高,不但要培养学生良好的姿态,增强关节的柔韧性、灵活性和节奏感,还要培养学生基本乐理知识和欣赏音乐的能力。

(四)健美操

内容:形体操、健康操兼融体操、舞蹈、音乐于一体,通过徒手、器械的身体练习,达到健身、健美、健心的目的。它不同于舞蹈,因为表现的手段和内容不一样;它与体操在表现形式和对身体机能的锻炼等方面也有较大的区别。主要内容有健美操基本动作、适合中学生特点的少年儿童健美操等。

要求:任何身体练习都要承受一定的运动负荷,只有"高质轻负"才能达到健身、健美的目的。体育教学要课内与课外相结合,使青少年形成正确的姿态,纠正不良的身体畸形,塑造形体美,同时不忽视青少年内在的心灵美,增进人体内外统一的健康美。

(五)支撑跳跃

内容:应安排比较简单的支撑跳跃动作,如小山羊练习、支撑面较宽的跳箱项目都较适合中学生特点,并受到学生的喜爱。此项教学对增进心肺功能有积极作用。

要求:通过教学使学生克服胆怯、畏难的心理状态,培养顽强、果断的优良品质。教学中应提高助跑、踏跳、腾空、落地技术动作的节奏感,发展弹跳力、爆发力。

（六）单杠

内容:单杠是发展悬垂能力的典型项目,很适合青少年的身体特点。教学内容有单足、双足蹬地翻身上,骑撑成单挂悬垂正撑后摆下。

要求:教学中要让学生掌握正确的动作,增强学生上肢、肩带、腰背肌肉的力量及上、下肢协调配合的能力。教师要注意保护、帮助,避免受伤。

（七）双杠

内容:双杠不同于其他体育项目,它的练习内容较丰富,变化多样,动作类型全面,是中学常见的教学内容。

要求:通过双杠教学,掌握正确合理的动作,发展学生的支撑能力,培养良好的心理品质。

二、田径

田径作为初、高中体育教学的一项重要内容而占据整个中学阶段。包括跑、跳、投等人的基本活动能力,并与人生活中的各项活动有密切联系,有利于发展身体素质和人体基本活动能力。

（一）跑

内容:包括快速跑、耐久跑和接力跑。它是根据中学生的年龄、生理、心理特点,培养学生跑的正确姿势,发展学生身体素质,提高奔跑能力。

（1）耐久跑要求:耐久跑是有氧练习,所以跑的呼吸很重要。教学中要让学生掌握正确的呼吸,提高跑的能力。呼吸的节奏要和跑的节奏相配合。耐久跑要求动作轻快、步伐均匀、节省体力,发展学生的耐力和顽强吃苦的精神。

（2）接力跑要求:教学时要根据不同的传接棒方法进行练习,可以往返接力跑,可采用多种形式来巩固传、接棒技术,还要利用教材特点,培养学生相互配合、密切协作的精神。

（二）跳跃

内容:它是田径运动中一项较典型的运动项目,是中学体育教学中的重点内容之一,是增强下肢力量、发展弹跳力和身体协调性的有效锻炼方法。内容包括跳高、急行跳远、三级跳远。

（1）跳高要求:教学方法要简便易行,应选择对发展弹跳力、增强腿部力量确有实效的手段,特别是对中学生这一点很重要。

（2）急行跳远要求:为了使学生易于掌握运动技术动作,根据他们的特点,要重点发展速度和弹跳能力,但要与跳远技术结合。技术教学应抓住踏跳这一关键技术,素质同技术并重,教学效果才会更好。

（3）三级跳远要求：它是在助跑后，沿直线连续进行三次跳跃的运动项目。**教学中教师要把助跑水平速度和各次踏跳蹬地所获得的垂直速度的原理给学生讲清楚，并结合正确的示范动作使学生听得懂、看得清，这是教学的关键。**

（三）投掷

内容：投掷也是田径教学的主要内容，它有很重要的实用价值。中学教学投掷应以推铅球为主，因为它比较简单，是最基本的投掷方法，也可以用沙包、实心球替代。

要求：进行铅球技术教学，要求学生不要过分追求投掷距离，应以掌握正确、合理的用力顺序、用力速度和方向为主，注意动作的连贯性、一致性、协调性。同时应让学生了解投掷的一些力学基本知识和原理。

三、球类

内容：球类是中学体育与健康教学的主要内容。球类运动属于集体对抗性体育项目，除本身具有技术、技能以外，还有着广泛的育人功能，它较好地体现了全面育人的教学思想。中学体育与健康教学球类项目以篮球、排球、足球、羽毛球为主要内容。

（1）篮球要求：篮球教学应以游戏、竞赛及简单基本技术的综合练习形式来满足学生娱乐、交往、运动、竞赛、益智、育德等多种需要，充分发挥学生在教学中的主体作用，促进其身体、心理素质的全面发展。

（2）排球要求：通过教学增进身体健康，掌握排球基本技术动作，培养机智灵敏、团结协作的集体主义精神。排球运动能提高内脏各器官的功能，发展弹跳能力及速度、耐力、反应速度等身体素质。

（3）足球要求：它是一项对抗激烈的球类运动项目。足球教学中要培养学生顽强拼搏、团结协作的精神。足球运动是在跑动中进行的，应多运用有利于学生思维敏捷、判断准确、果断应变的教学手段。

（4）羽毛球要求：羽毛球是一项在室内外均可进行的小型球类运动。比赛时，一人或两人为一方，中间隔一网，用球拍经网上往返击球，使球落到对方场地上，或使对方击球失误而得分。羽毛球运动可培养灵活机敏、协调准确的身体素质。

四、武术

内容：武术内容丰富多彩，动静结合，有刚有柔，形神兼备，具有节奏鲜明的运动特色和民族风格。中学武术教学以拳为主。

要求：教学中特别要把每个动作的意义、作用、运行路线和连接部位等要点向学生讲清楚,采取分解教学方法进行教学示范。带领学生练习时,要由慢到快,使学生掌握正确动作。

五、游泳

内容:它是一项简单易行的体育活动。游泳运动姿势很多,中学游泳教学一般以蛙泳为主。

要求:教学应从熟悉水性开始,后进行分解练习,最后结合上、下肢动作并同呼吸配合,逐渐深入。要特别注意安全问题,并有具体措施。

六、滑冰、轮滑

内容:滑冰是一项很好的冬季体育运动,普及性强。中学教学一般以速度滑冰为主。轮滑也称旱冰,四季均可开展。

要求:滑冰主要是在冬季。教学时必须做好准备活动使身体热起来,精神系统兴奋起来,这样才能避免伤害事故的发生。练习时应从陆地到冰上,通过简单易行、灵活多样的教学方法,使学生掌握滑行、蹬冰及直道、弯道技术动作。发展身体素质,培养意志,使学生在滑冰教学中得到全面锻炼。

[本章小结]

本章从两个方面探讨了 21 世纪中学体育教学目标的设置、思路与构想。宗旨和目标是提高全民素质,形成梯队式人才工程培养,而学校在培养人才过程中是关键的一环。根据中学体育课程教学大纲和国家课程标准、地方课程标准、校本课程标准的具体情况确定体育教学内容,进一步说明了:1. 理论部分:中学体育课程教学目标;中学体育课程基础理论课堂讲授;中学生自我健身与终身体育;中学生健康教育;中学生身心发展特点与保健。2. 实践部分:体操运动;田径运动;球类运动;武术运动;游泳;滑冰和轮滑游戏;户外运动。

[思考练习]

1. 简述中学生体育课程的综合功能目标。

2. 中学生体育课程目标的设置、思路与构想有哪些?

3. 中学生体育课程教学的内容有哪些?

4. 中学生体育课程教学的要求有哪几个方面?

[阅读材料]

1. 人民教育出版社体育室编著.全日制普通高级中学教科书第一册[M].人民教育出版社

2. 毛振明.体育教学论[M].高等教育出版社

第二章　新课程标准的解读

[内容提要]

在新课程改革过程中,我们要正确把握新课程的内涵,使体育教师更新观念,积极投入到教育改革中去,保证新课程改革的顺利实施。新课程的性质及改革的基本理论即坚持"健康第一"的指导思想;激发运动兴趣、培养学生终身体育的意识;以学生发展为中心,重视学生的主体地位;关注个体差异与不同需求,确保每一个学生受益。在课程目标的制定上,目标变得更加具体化、明确化,注重课程目标的可操作性与可行性。同时,新《课标》给我们带来了五个领域和众多的目标,也带来将目标与教学内容和教学方法相联系的工作。新一轮的体育课程与教学改革实验,在五年多的改革实践中取得了丰硕的成果,积累了宝贵的经验,同时也出现了一些新情况、新问题。正所谓"条条大路通罗马",不管选择什么内容、采用什么方法,只要有助于达成学习目标就可以了。

[学习指导]

1. 体育与健康课程标准是在"健康第一"思想的指导下,依据《国务院关于基础教育改革与发展的决定》和《国家基础教育课程改革纲要》制定、并由国家教育主管部门颁发的关于中小学体育与健康课程的指导性文件。它规定了小学体育课程和中学体育与健康课程的性质、基本理念、目标、内容标准和评价等,体现了国家体育与健康课程改革和发展的基本思路及对中小学生在体育与健康课程方面的基本要求,是课程管理和评价的基础,也是教材编写和教学与评估的依据。

2. 新《课标》给我们带来了什么。新《课标》给我们带来内容选择的权利,也带来谁是内容决定主体和如何决定内容的新课题。

3. 《课程标准》下的中学体育教材改革。运动参与目标是其他目标的基础,是实现其他目标的前提。运动参与是心理动力,运动技能则是实现体育活动的基本行为方式。

4. 对《中小学体育课的基本要求》的解读。新一轮的体育课程与教学改革实验已经进行五年多了,五年多的改革实践取得了丰硕的成果,积累了宝贵的经验,同时也出现了一些新情况、新问题。

第一节　我国体育课程改革的基本理念

体育与健康课程标准是在"健康第一"思想的指导下,依据《国务院关于基础教育改革与发展的决定》和《国家基础教育课程改革纲要》制定、并由国家教育主管部门颁发的关于中小学体育与健康课程的指导性文件。它规定了小学体育课程和中学体育与健康课程的性质、基本理念、目标、内容标准和评价等,体现了国家体育与健康课程改革和发展的基本思路及对中小学生在体育与健康课程方面的基本要求,是课程管理和评价的基础,也是教材编写和教学与评估的依据。

一、体育与健康课程的基本理念

基于对我国教育根本任务和"健康第一"指导思想的理解,以及对体育与健康课程性质的认识,在构建体育与健康课程时,主要依据以下的基本理念。

坚持"健康第一"的指导思想,促进学生健康成长,体育与健康课程的性质,决定了本课程是在学校教育中落实"健康第一"指导思想的主要途径。但是,这并不是说只要在学校中开设了体育与健康课程,保证了必要的课时,就自然体现了"健康第一"的指导思想,自然能够达到促进学生健康成长的目标,体育与健康课程自身也存在着以"健康第一"为指导思想的问题。

体育与健康课程要落实"健康第一"的指导思想,必须在课程目标的确定、课程的设计、教学内容的选择和课程的组织实施、课程评价等各个方面,都真正体现"健康第一"的要求,以促进学生身体健康水平、心理健康水平和社会适应能力的提高。按照这样的理念,在课程的内容和结构方面,体育与健康课程标准没有采用按运动项目划分教学内容的方法,而是以技能、认知、情感、行为等作为划分学习领域的主要依据,并按照健康的要求,选取了与体育有密切关系的生理、心理、卫生保健、环境、社会、安全、营养等诸多学科领域的有关知识和技能,构建了新的课程体系,力求把健康的要求落到实处。

激发运动兴趣,培养学生终身体育的意识。德国教育家第斯多惠说过:"教学艺术的本质不在于传授本领,而在于激励、唤醒、鼓舞。"兴趣是最好的老师,学生的学习兴趣直接影响着学生的学习行为和效果,学生能否通过体育与健康课程的学习,形成体育爱好和锻炼习惯,兴趣发挥着非常重要的作用。传统体育教学模式虽然也能完成教育的基本任务,但在激发学生的体育学习和活动兴趣,促进学生主动参与体育活动方面,却很难说有多少积极的作用。据调查,我国16岁以上居民中有66.74%的人不参加任何体育活动,其中相当多的人是因为对体育缺乏兴趣,占各种不参加体育活动原因的第3位。2000年的调查也表明,学生在回答"不愿意参加体育锻炼的原因"时,将怕累(54.5%)、没有喜欢的项目(51.3%)和没有习惯(50%)列在前三位。这些情况说明强调学生学习兴趣在体育课程改革中具有特别重要的意义。

学校体育是终身体育的基础,运动兴趣和习惯是促进学生自主学习和终身坚持锻炼的前提。兴趣是学习的初始动机,也是有效学习的保证。学生有浓厚兴趣的活动,再苦再累也不会被他们拒之门外;反之,如果学生没有兴趣,再愉快的活动也会让他们觉得乏味。只有激发和保持学生的运动兴趣,才能使学生自觉、主动、积极地进行体育课程的学习和锻炼。因此,在体育与健康课程标准中,从教学内容的选择和教学方法的安排,都十分关注学生的运动兴趣,十分关注学生健康意识、锻炼习惯和卫生习惯的养成,这是实现课程目标和价值的有效保证。

以学生发展为中心,重视学生的主体地位。在传统学校教育模式下,"培养科学家和工程师的模式仍然是学术模式,科学家和工程师仅仅是他们教授的复制品"。这种模式不仅对高等教育,也对普通教育产生了深刻的影响。在这种模式下,学生被视为"白纸"、"容器",被视为有待完善的有机体……总之,学生只是成为社会的附属,在教育过程中只是教师们塑造和完善的对象,处于从属和被动的地位。在体育课教学中,他们只是被动地按照教师的安排进行练习以掌握某种运动技能。由于不重视学生的感受和体验,这种教学方式很容易让学生感到厌倦和反感。

传统学术模式培养的是专才,而在知识经济社会中,具有广泛适应能力的、同时具备动手和动脑能力的复合型人才更容易找到自己的用武之地。因此,联合国教科文组织(UNESCO)在一份报告中这样描述21世纪的教育:"……必须给教育确定新的目标,必须改变人们对教育的作用的看法。扩大了的教育新概念应该使每一个人都能发挥和加强自己的创造潜力,也应有助于挖掘出隐藏在我们每个人身上的财富。"

20世纪80年代后期以来,许多教育家和教师注意到了传统教育模式的弊端,一些学校和教师开始对传统的体育教学方式进行改革,以提高学生的学习兴趣。在这种背景下,从日本传入的"快乐体育"逐渐在一些学校中得到实验推广。但是,由于不少人对"快乐体育"的实质缺乏深刻的理解,单纯从教学法的层面去理解"快乐体育",而未能认识"快乐体育"实质上是对传统教育模式所体现的学科中心和教师中心课程的否定,因而"快乐体育"只在部分小学中收到了一些成效,在更多的学校特别是在中学中,传统体育教学的一些弊端并未能真正得到纠正,学生在体育学习中应有的主体地位并未能真正得到体现,学生在上体育课的时候"身顺心违"、不喜欢体育课的情况没有得到根本改变。

传统教育模式或许有利于知识的传授,但不利于学生学习主体作用的发挥和能力的培养。鉴于体育课程的特殊性质,充分体现学生在体育学习中的主体地位至为重要。因此,体育与健康课程标准在构建课程体系的时候,十分关注满足学生全面发展的需要和学生的情意体验,从课程设计到评价的各个环节,始终从有利于学生主动、全面地发展出发,要求教师在教学活动中要特别注重体现学生在学习活动中的主体地位,以充分发挥学生的学习积极性和学习潜能,提高学生的体育学习能力。

关注个体差异与不同需求,确保每一个学生受益。《中共中央国务院关于深化教育改革全面推进素质教育的决定》指出:"全面推进素质教育,要坚持面向全体学生,为学生的全面发展创造相应的条件,依法保障适龄儿童和青少年学习的基本权利,尊重学生身心发展特点和教育规律,使学生生动活泼、积极主动地得到发展。"让每一个学生都能从学习中受益,不但是基础教育的根本任务,而且是学生的权利,也是贯穿体育与健康课程的一个基本理念。

体育是一种以技能学习为主的课程,学生学习的结果主要体现在学生体能、技能和运动行为的改变方面。只要学生认真、主动地完成学习要求,学生在上述诸方面的状况就一定会发生积极的、有利于全面发展的变化。但是,人的体能和运动技能状况并不仅仅与其后天练习和发展有关,而且与其先天遗传有极大的关系。从健康的角度看,每个人的运动需求和运动表现都不尽相同。因此,体育与健康课程根据学生身心发展的客观规律,从保证每个学生受益的前提出发,充分注意到学生在身体条件、兴趣爱好和运动技能等方面的个体差异,根据这种差异性确定了学习目标和有弹性的学习内容,提出了有益于学生发展的评价原则;在教学组织和教学方法等方面,也提出了相应的建议,以保证绝大多数学生能完成课程学习目标,使每个学生都能体验到学习和成功的乐趣,满足身心发展的需要。

二、体育与健康课程标准的设计思路

(一)根据课程目标与内容划分学习领域

体育课程建设的历史经验表明,确定适当的课程目标和设计理念固然对课程建设具有决定性的意义,但课程内容的选择和学习领域的划分同样也影响着课程实施的效果。例如,在很长一段时间内,我国学校体育虽然也正确地规定了体育课程的目标和任务,但由于在教学内容中未能全面反映课程目标和任务的要求,因而影响了体育课程目标和任务的全面实现。

在现代学校体育形成以来的约两百年中,体育课程的教学内容主要是按运动

形态和作用为基础进行划分的。按照这种思想,我国在 20 世纪 80 年代以来出版的各种体育教材中,存在着六种情况:

1. 以全面锻炼身体为主,按人体解剖部位分类,如把活动方式分为上下肢运动、躯干运动、跳跃运动和全身运动等。

2. 以发展人体基本活动能力为主的分类,以走、跑、跳跃、投掷、攀登爬越、悬垂支撑和平衡、角力等为教材内容。

3. 完全按运动项目分类,把运动项目以外的内容,当做辅助教材或教学手段。

4. 按发展身体素质的作用分类,把教材划分为速度、灵敏、力量、耐力、柔韧等内容。

5. 按发展人体机能的效果分类,把教材划分为有氧和无氧锻炼的内容。

6. 以养生、健身、防病、治病、康复为目标的分类。

如上划分学习领域的好处是便于教师组织教学,但它同时也存在着一些明显的不足。最主要的问题是它过分突出了体育对于促进身体完善和发展的意义,从而冲淡甚至完全掩盖了体育对于人的全面发展,如形成群体和规范意识、完善人格、磨炼意志等方面的作用,从而助长了"体育 = 运动"的错误观念。其次,它容易造成教师角色的错位。在传统体育课程模式下,体育教师更像是教练员而不像是教师,他们的课堂行为与其说是教学还不如说是训练。在较高年级的体育课程教学中,这种情况更为明显。这正是造成传统体育教学中目标与手段背离现象大量产生的主要原因。

针对这种情况,体育与健康课程标准改变了传统的按运动项目划分课程内容和安排教学时数的方式,根据素质教育的要求和体育课程的目标,从身——心——社三维健康观及体育的特点出发,充分考虑了国外体育课程发展的趋势并吸取我国体育课程建设的经验教训,将体育与健康课程学习的内容划分为运动参与、运动技能、身体健康、心理健康和社会适应五个学习领域,根据各个领域的特点并结合体育活动内容构建了相互关联的内容体系。过去是以运动项目来确定学习领域,现在是以体育的功能来确定学习领域。这样做主要是为了强调以下几点:

1. 学生的运动表现,包括运动参与行为和运动技能状况仍然是体育与健康课程学习的主要形式,但掌握运动技能并非是体育与健康课程学习的唯一内容和目的,改善学生参与体育的态度和程度,同样是本课程学习的目标。

2. 学生的健康包括身体健康、心理健康和社会适应能力的发展,是课程学习的主要目标和重要内容。

3. 学生的运动行为表现包括运动兴趣、爱好、习惯及其对自身健康和社会健康方面的责任感和能力,也是课程关注的重要问题。

需强调说明的是,一是五个学习领域构成了体育与健康课程的内容体系,它们是相互联系、相互影响的,某一学习领域不能脱离其他学习领域而独立存在;二是身体健康、心理健康和社会适应三个学习领域的目标主要是通过运动参与和运动技能的学习而实现的,而不是主要通过"知识教育"方式来完成的。

(二)根据学生身心发展的特征划分学习水平

根据学生身心发展的特征和学习内容的可接受性程度,确定不同年龄段学生的学习任务,是一切课程在具体设计时都必须考虑的首要问题。但是,与心理和智力发育相比,少年儿童在身体发育方面表现出更大、时间更长的个体差异性,更不受社会环境因素的影响。因此,如果按照学生的自然年龄来确定学生的学习任务,按严格的技能尺度去要求和评价每个学生的体育学习,势必造成学生学习差距的扩大。这种差距不但未能真实全面地反映学生的发育和体育学习状况,而且不利于学生良好体育行为和兴趣的形成。因此,体育与健康课程标准没有采用按年级划分学生阶段的方式,而是根据学生身心发展的规律和体育学习的特点,将1—12年级的体育与健康课程学习划分为六级水平,并按照不同的学习领域设置相应的水平目标。水平一至水平五分别相当于小学1—2年级、3—4年级、5—6年级、初中和高中阶段学生预期达到的学习结果。

体育与健康课程标准在各学习领域的学习内容标准中都设立了一个水平六,作为10—12年级学生学习体育与健康课程的发展性目标,同时,其他各学段的学生也可以将高一级水平目标作为本阶段学习的发展性学习目标。这一方面是考虑到我国幅员辽阔,各地区间学校的条件和体育基础差异较大,另一方面是考虑到学生发展的个体差异性较大。在各学段都设立一个发展水平,可以充分满足体育基础较好的学校和学生的需要,以更好地贯彻面向全体学生、使每一个学生都受益的原则。

(三)根据可操作性和可观察性要求确定具体的学习目标

体育与健康课程学习的结果主要表现在学生身体(形态、体能和技能)和行为(兴趣、爱好、习惯、良好心态以及与社会和谐相处的能力等)方面发生的积极变化方面,这些变化都应以可观察、可操作的方式通过对不同学习领域的各级水平目标进行评价。这是确保课程目标和任务落到实处的一个关键。传统体育课程确定的一些目的和任务之所以不能很好地完成,在确定有关学习目标时过于抽象、不具有可操作性是一个重要的原因。因此,为了确保学习目标的达成和学习评价的可行性,学习目标必须是具体的、可观察的。特别是在运动参与、心理健康和社会适应3个学习领域,要求学生在掌握有关知识、技能的同时,还强调学生应在运动实践中体验心理感受并形成良好的行为习惯。体育与健康课程标准在有关部分根据学生的年龄特征和行为科学、社会心理学的有关原理,分析了学生通过体育与健康课程学习后相应在情感、意志、行为等方面的预期表现,并将它们作为相关领域的学习目标,这就使学习目标由隐性变为显性,由抽象的原则性要求变为可以观察、测试的行为表征。这样,既便于学生在学习时自我认识和体验,也便于教师对学生的观察和评价。教师可以通过对学生情感、态度和行为习惯表现的观察并与水平目标相对照,判断教学活动的成效,从而有效地保证体育与健康课程目标的全面实现。

(四)根据三级课程管理的要求加大课程内容的选择性

对课程实行分级管理,加大地方和学校在课程建设中的自主性是近二十年来课程建设和改革的一项重要成果。体育与健康课程标准在继承有关做法的基础上,加大了按照三级课程管理的要求推进课程建设的力度。这主要体现在以下三个方面。

1.体育与健康课程标准重视"一标多本"的原则,即各地甚至一切具备资格的人士,都可以按照体育与健康课程标准的精神和要求,经适当程序获批准后组织编写出版教材,这将有助于编写出更能适合不同地区需求的、学术观点多样化的、风格更丰富多彩的教材,从而促进体育与健康课程建设的发展。

2.体育与健康课程标准对教学内容的选取作了特别灵活的处理。在此前不断加大选修教材比例的基础上,体育与健康课程标准彻底放弃了对具体教学内容的规定,而只是规定了学习内容选取的原则和范围,而且这个范围是开放的、动态的、发展的。具体学习内容的确定,则要由各地、各校根据体育与健康课程标准的精神和要求以及各方面的实际情况自行决定。这就使各地学校在实施时有了更大的自由度和更多的灵活性。

3.体育与健康课程标准确定了逐步减少运动项目学习的原则。在1—6年级,学生要学习的内容比较多,这一方面是因为这个阶段的学生需要进行全面锻炼,以促进身体的全面发育;另一方面是因为这个阶段的学生天性好动,多接触一些运动项目有利于他们对体育的全面了解,以培养其对运动的广泛兴趣。到了7—9年级阶段,学生的兴趣开始趋于定向集中发展,即逐渐形成爱好。根据这个特点,学校可以按照内容标准中水平四的规定,根据各方面的条件和学生的兴趣,在每一类运动项目(如球类、田径等)中选择若干项目作为教学内容;10—12年级阶段,学生大多已经形成了不同的爱好或志趣,学校应引导学生在学校确定的范围内,选择一两个项目作为重点学习的内容,以提高他们的运动能力和发展他们的爱好、习惯。这样,在7—12年级阶段,学生也逐步参与到了课程建设中来,学生可以在一定程度上选择适合自己需要的学习内容,这就有利于学生学习主体地位的体现和学习积极性的发挥。

(五)根据发展性要求建立评价体系

教育的成效必须、也只有通过适当的评价才能体现出来,课程评价是促进课程目标实现和课程建设的重要手段。课程评价集中体现着课程的基本理念与价值取向,影响、决定着课程发展的方向,因此,新一轮课程改革把课程评价观的转变作为重要枢纽。

传统体育课程的评价基本上是一种终结性评价,它的基本特征是在公平、公正的旗号下,用统一的运动成绩考核作为对学生学习、教师教学及课程实施的主要(更多时候是唯一的)评价标准和评价方法。在实践中常常是教什么,考什么,偏重于生物性的评价,评价内容也与教学目标脱离。它既不能全面反映课程目标的要求和学生学习的结果,不能很好地发挥促进学生学习的作用,而且很容易挫伤由于遗传等客观原因造成的运动技能学习方面存在困难学生的学习积极性,更不是评定学生健康状况的最佳手段。可以这样认为,传统的评价方法由于比较简捷而便于教师的操作,但不是有利于促进学生发展的好方法。

根据《基础教育课程改革纲要(试行)》要"建立促进学生素质全面发展的评价体系"、"建立促进教师不断提高的评价体系"和"建立促进课程不断发展的评价体系"的要求,体育与健康课程标准力求突破注重终结性评价而忽视过程性评价的状况,提出了强化评价的激励、发展功能而淡化其甄别、选拔功能的基本原则,并根据这样的原则对课程评价提出了相应的建议。体育与健康课程标准在构建评价体系的时候,把学生的学习态度、情意表现和合作精神、体能、知识与技能纳入学习成绩评定的范围,并让学生参与评价过程,以体现学生学习的主体地位,提高学生的学习兴趣。至于具体评价指标和评价方法的确定,在体育与健康课程标准中未作出统一的规定,而是要求教师根据课程标准确定的范围和原则去探索。这一方面是因为体育与课程标准中提出的建立评价内容多元、评价方法多样的评价体系,是一个全新的体系,它需要在反复实验的基础上不断丰富和完善;另一方面是因为体育与健康课程评价也是一个十分复杂的问题,绝对完善、适合一切对象的评价体系是没有的,因而在体育与健康课程标准中也只有原则性的规定,以免束缚教师的思想和创造性。

第二节 对新《课程标准》的解读

一、新《课标》给我们带来了什么

新《课标》给我们带来了五个领域和众多的目标,也带来将目标与教学内容和教学方法相联系的工作。

新《课标》中提出了"运动参与"、"运动技能"、"身体健康"、"心理健康"和"社会适应"等新的目标领域,其中包含了 79 个领域目标、88 个水平目标和 254 个行为目标,这是一个既充满新意又相当完整的目标体系,但也是一个需要为广大体育教师理解的、需要和教学内容相联系、和教学方法相联系的目标体系,因此目标——内容——方法的一贯性研究是必不可少的工作。

新《课标》给我们带来内容选择的权利,也带来谁是内容决定主体和如何决定内容的新课题。

新《课标》本着"开放"、"放开"的精神和尊重地方学校选择体育教学内容自主权的原则,取消了以往《大纲》对教学内容非常具体的规定,将极大地提高体育教学内容的多样性、可行性、地方性和趣味性,极大地促进体育教学内容的创新和研究。但是,从当前学校体育发展状况和体育教师队伍的具体情况来看,如果将体育教学内容的选择完全委托给学校,由各个学校来决定教什么是不可行的,因此,应由地方来根据新《课标》的精神制定出指导基层学校体育教学内容选择的教学指导文件。但这个指导文件是由哪级教育行政部门来做、应该做成什么样的文件、文件包括哪些内容、其指导性如何等,都需要进一步地明确和进行深入的研究。

新《课标》给我们带来体育教学指导方法的新思想,也带来教学指导思想的多样化。

由于多年来教学改革的积淀,加之当前新《课标》实验工作的激活,体育教学改革处于空前的活跃期,新思想、新内容、新模式、新教法作为各地体育教学改革的成果和经验层出不穷,在启发体育教师们进行体育教学改革的同时,给体育教师在选择教改方向上带来一定的困惑,对我国有目标、有步骤、有重点地全面推进体育教学改革也带来一定的干扰。为今后整体地推进以贯彻新《课标》为中心的体育教学改革,保证正确地推行和贯彻新《课标》,有必要对各种体育教学指导思想和方法从大中小学体育衔接等视角进行及时的梳理和定位,并有重点地向全国各级各类学校予以明确的推荐和指导。

新《课标》给我们带来了新的评价思想和评价方向,也带来评价工作的难度。

新《课标》在提出了新的和具体的目标体系的同时,也为我们提出了新的评价思想和评价的内容,也就是说,新《课标》比较成功地向我们展现了"体育课程的标准"。但是,由于新《课标》取消了对体育教学内容的具体规定,使得习惯以体育技能和运动素质作为主要媒介的体育教学评价实践遇到了新的课题,加上体育教学评价理念的更新和新的《学生体质健康标准》的颁布,使得体育教学评价的问题成为推行新《课标》过程中的一个突出的问题。体育评价的方法亟待开发,与具体教学内容相联系的具体的体育教学评价方案也亟待形成,这是新《课标》给我们带来的新的挑战和要求。

二、什么是课程标准，什么是新《课标》

（一）课程标准（国家课程标准）

《基础教育课程改革纲要（试行）》指出：国家课程标准是教材编写、教学、评估和考试命题的依据，是国家管理和评价课程的基础，是国家对不同阶段的学生在知识与技能、过程与方法、情感态度与价值观等方面的基本要求，是针对各门课程的性质、目标、内容框架提出的教学和评价建议。

（二）新《课标》

新《课标》是由国家教育行政主管部门制定的，学生在体育与健康素养方面所应达到的基本要求的指导性文件。它体现了国家对不同学段学生在体育与健康知识、身体健康、运动技能、心理健康、社会适应能力等方面的基本要求，规定了体育课程的性质、目标及内容标准，并提出了教学与评价的建议，是管理与评价教学质量、编写教材、实施教学的依据。

三、实施新《课标》的要求

（一）关于体育教师

为了适应改革的要求，体育教师必须尽快转变角色，不断优化自身结构，提高自身素质。新《课标》呼唤综合型教师，这是现代化教育的必然趋势，要求体育教师不能将自己禁锢在体育这一门学科壁垒之中，而应更多地关注教育学、心理学、美学等其他学科的横向联系，不断提高自身的科研水平，善于发现、总结教学中的新问题，把理论付诸实践，让实践检验理论，并不断围绕如何更好地落实新课程的理念，创造一些有特色的新教学模式。

（二）关于教学目标、内容、形式、方法

教改对教学目标、内容、形式、方法没有统一的模式，不同的学校、个人对教改思想的理解、把握和运用不尽相同，但不管怎样实施都必须围绕新课程理念进行改革。

1. 教学中我们对教学目标的制订应着重培养学生学习能力和学习兴趣，授人以鱼，不如授人以渔，让学生喜欢并懂得如何锻炼，为培养终身体育意识打下基础，从而达到增进健康的目的。

2. 对教学内容的选择应以能提高学生身心健康又有生活实用性的体育项目为主。比如选择一些球类、健美操、武术等项目，对铅球、蹲踞式起跑等一些没有生活实用性的项目可以减少。教学中，我们还可以根据学校的特点将一些有地方特色、学生喜爱的运动项目引入课堂。

3.在教学方法运用上应根据学生的心理特征、性别、身体条件的差别,以激发学生的学习动机和欲望、充分发挥教师与学生在教学中的创造性为主,创造新的教学方法,如"兴趣导练法"、"竞赛法"、"分层教学法"、"自主练习法"、"情景教学法"等。

4.教学上教师应该让学生在宽松、民主、愉悦、和谐的教学环境中进行学习,充分体现学生主体性,发挥学生的小群体作用,培养他们的合作精神,并不断围绕新课程理念创造新的教学模式。

(三)关于考核评价

在考核评价上,我们认为既要有终结性评价,又要充分考虑过程性评价;既要有教师的评价,还要有学生的自评和互评,家长对学生的评价也不可缺少。应从多角度综合对学生进行考核、评价,例如,将学生的考勤、学习态度、练习效果、学生基本活动能力、基础知识、学生自评、教师评价等内容进行综合考虑。

总之,把实施新《课标》作为提高学生身心素质的重要途径。在课改中会遇到许多问题和困惑,需要体育教师进一步加强理论学习,不断探索,深入思考,认真总结,才能保证课改健康顺利地进行。

第三节　《课程标准》下的中学体育教材改革

一、运动参与目标对中学体育教材的要求

运动参与目标是其他目标的基础,是实现其他目标的前提。教材要实现这一目标非常重要。产生运动参与的动力调节系统是在外部环境的影响下,以个人的需要为基础,由学生的学习动机、兴趣、习惯、态度等多种心理因素组成,并受学生的理想、信念、世界观等支配。因此,要实现运动参与目标,必须从学生的体育动力调节系统入手,教材要体现新的教学观与学习观,"以学生为主体、为学而教"。在学生不同学习领域的学习方式上,要改变对体育知识与技能的简单记忆和机械的训练方式,注重运用贴近学生生活及学生已有的体育生活知识、经验、技能,同时教材要根据青少年学习心理,激发学生学习兴趣,引导学生主动参与,培养学生的探究和实践能力,进而形成自觉锻炼的良好习惯。教材的版式要新颖、设计要美观有创意,图文并茂,生动活泼。在体例上,课题名称要鲜明,引人入胜,"学习目标"清晰,易于操作,"学习提示"简明扼要,揭示要点。思考与评价栏目要有利于引导学生反思,提高学生评价能力,感受课题价值。另外,根据学生个性上的差异,教材对学生个体差异、个性发展都应予以一定程度的关注,力求使每个学生通过学习均有所发展。

二、运动技能目标对中学体育教材的要求

运动参与是心理动力,运动技能则是实现体育活动的基本行为方式。它由心智技能和动作技能组成。在心智技能方面教材要注重运动基础知识及体育活动安全;在动作技能方面突出运动技能和野外活动的基本技能。

三、身体健康目标对中学体育教材的要求

生理健康是健康的组成部分之一,是指人体各器官系统发育良好、功能正常、体质健壮的一种生理变化现象。在生理方面,学生时期是人一生中重要的生长发育时期,身体健康发展是学生在这一时期面临的一项重要课题。但在对体育教学是应该以学习运动技能为主,还是以锻炼身体素质为主的观念上一直存在着分歧。正是由于这样的分歧,我国的体育教学在目的性方面存在着一定的不统一性。《体育与健康课程标准》中明确指出,体育教学由注重运动技能的掌握向重视健康方向转变。这就决定了我国的中学学校体育的教学内容、教学形式、教学方法应该特别注重学生身体健康的发展。因此,在中学体育教材的结构方面,应根据中学生的生理发展规律进行构建。在教材内容的选择上,从理论到实践都要体现这一原则。在教材的理论知识部分,要让学生了解自身年龄段生理发育的规律。因此在教材的内容方面要注重该年龄生长发育的一些常识性知识,而这些知识又不能和健康教育课程有较多的冲突,应注重体育与健康的关系,侧重对该阶段体育对健康作用的卫生常识和健康知识。在运动技术的教材内容上应注重选用能使学生运动系统功能、心肺功能和神经系统发展较强的运动项目,例如田径、球类等。而体操、武术等运动项目中的静力性动作对中学生的心肺功能发展会产生一定的负面影响,因此建议少选用。

四、心理健康目标对中学体育教材的要求

心理健康的构建意识在过去的教学中一直没有受到充分的重视。在过去的教学中过分强调系统化、规范化、统一化,教学内容过多过难,导致学生不喜欢甚至厌恶体育,妨碍了完整人格的培养与实现。中学生在该年龄段心理上的变化发展主要表现为:

1. 自我意识明显增强,需要独立。

2. 思维方式正在由形象思维转向抽象思维,有了一定的独立性和批判性,但易出现片面和偏激的思维方式。

3. 具有了丰富、真挚、高尚的情感,情绪的控制能力较差。

4.有了成人意识,男女生有一定的距离,过多地注重同学的看法。

要解决他们心理健康发展问题,在教材的内容选择方面,理论知识应着重介绍心理健康的标准和培养自身良好心理水平的方法。在技术教学内容方面针对学生心理发展的特点安排教学内容。例如,安排男女生共同参与的团体项目(排球、游戏等),通过这样的活动来协调男女生正常的交往过程;安排要求有一定思维的体育活动(棋牌类),通过这样的教学内容来改善学生思维方式;安排一些具有时尚性的教学内容(如现今流行的街舞、跆拳道等),可以改善学生对体育学习的兴趣,有利于学生学习情绪状态的培养。

五、社会适应目标对中学体育教材的要求

能够适应未来社会的需要是社会适应目标要求的重要表现。通过体育活动可以培养学生在一生中保持身心健康,养成经常参加体育活动习惯,增强社会生存的能力,使之能够适应社会的发展需求。中学生在社会适应目标的要求上还不是非常明显,但必须培养一些基本的社会意识,该阶段是社会教育的启蒙期。为此,在中学生体育与健康教材的内容上还应注重以下几个方面:

1.建立和谐的人际关系,具有良好的合作精神和体育道德。在教材内容上要注重培养团结合作的精神,集体性项目、合作性项目要多。在教材理论部分中应加强该方面的知识介绍,让学生从思想上、行为上真正理解合作的价值及意义,形成良好的团体氛围。

2.学会获取现代社会中体育与健康知识的方法。培养学生自我探寻的能力,让学生在生活中去吸取相关知识,在教材的安排上可适当加入一些活动性教材,让学生去探寻社会中的相关健康知识,提高学生的社会观察能力。

第四节 对《中小学体育课的基本要求》的解读

新一轮的体育课程与教学改革实验已经进行五年多了,广大体育教师积极投身于改革实践,勇于探索,开拓进取,使体育教学呈现出了一派生机勃勃的景象。五年多的改革实践取得了丰硕的成果,积累了宝贵的经验,同时也出现了一些新情况、新问题。主要是随着实验范围的不断扩大与改革的深入发展,出现了不同观点的争论。这些争论不仅表现在理论观点上的分歧,也表现在对实践中出现的问题的不同认识上。出现一些争论原本是很正常的,但由于学术上争论的问题与实践中需要正视和解决的问题纠缠在一起,使一部分激情投入改革的教师感到困惑和迷茫,影响了体育教学改革的深入发展。

为此,中国教育学会体育专业委员会在总结各地体育课程教学改革经验和听取有关方面意见的基础上,结合出现的一些新问题,从体育课堂教学层面上提出了《中小学体育课的基本要求》,一共有九条。现就这九条基本要求作如下说明。

一、教学指导思想正确,能依据体育学科的性质、体育教学的基本规律,从实际出发,正确地贯彻《体育(与健康)课程标准》的精神,促进体育课程与教学改革健康深入地发展

体育教学的指导思想是否正确,主要看在课堂教学设计与课堂教学实践中,是否正确地贯彻、落实了"健康第一"的指导思想。贯彻"健康第一"的指导思想,就要坚持面向全体学生,为提高全体学生的身体健康、心理健康与社会适应能力服务,但必须明确,从体育学科的角度来看,"身体健康"是"三维健康"的基础。体育课堂教学是否正确地贯彻了《课程标准》的精神,主要看以下三点:

1.体育课符不符合体育课程的性质

《课程标准》指出:"体育课是一门以身体练习为主要手段,以体育与健康知识、技能和方法为主要学习内容,以增进中小学生健康为主要目的的必修课。"近一个时期来,出现的一个比较突出的问题就是,有些体育课不以身体练习为主要教学手段,不以运动技能为主要教学内容。例如,有的把围棋、象棋、吹肥皂泡等引入教材;有的用硬纸板制成预构件,让学生在体育课上去组装房子、汽车;有的把尿素袋开发成"时装",让学生在上课时学走时装步等。这些做法既无法使学生学到体育知识、技能,也达不到锻炼身体的目的,背离了体育学科的性质,应当注意克服。

2.体育课是否遵循体育教学规律开展教学活动

主要是人体生理机能活动变化的规律、运动技能形成的规律、身体锻炼的规律、学习心理的规律及教与学的规律。体育课只有认真遵循上述规律开展教学活动,学生才能真正学到应有的知识、技能,身心才能得到有效的锻炼。体育教学就是让学生快速、高效地掌握所需的知识、技能和有效地进行身体锻炼,而不是让学生自己去发现、探究与构建体育知识、技能。这是体育教学区别于体育科研的一个重要标志。

3.体育课是不是从实际出发开展教学活动

体育教学改革,应当根据《课程标准》的基本精神,结合学校自己的场地器材、师资特点、学生水平等实际情况来进行。对外来的经验,必须从实际出发,以提高教学质量为目的,加以借鉴,不能生搬硬套,警惕"追风"、做表面文章和搞形式主义。

二、教学目标明确、具体,操作性强,对教学目标的达成情况,可以进行检查和评价

课堂教学目标具有导向、激励、发展与评价等功能。要充分发挥课堂教学目标的功能,制订的目标就必须明确、具体、可行,就必须是可以检查、可以观察和可以评价的。现在存在的问题主要有两个:

1.制订的目标比较抽象和空泛

例如,"改进快速跑技术","发展力量素质","培养合作精神"等,这样的目标比较空泛,因为快速跑的技术包含很多要素,力量素质有不同的部位与不同性质的力量,合作精神也有许多不同的体现,目标如果制订得不明确、不具体,教师就不明确自己要把学生教成什么样子,学生也不知道自己要完成什么任务。这样就使教和学都带有一定的盲目性与随意性,对目标的达成情况也无法进行检查、评价。

2.五个领域的目标面面俱到,没有重点,导致课堂教学精力分散,"蜻蜓点水",教学走过场

制订课堂教学目标应当明确、具体,运动技能与身体素质的目标,最好有质和量的要求;情感类的目标,应是可以通过教育观察作出评价的行为表现。

为了保证教学目标的实现,在制订目标时,还应注意:

(1)制订的目标要符合教材的特点和教学的进度;

(2)制订的目标要符合学校的场地器材、教师的教学能力与学生的体育基础等实际情况;

(3)制订的目标要有具体的组织教法作保证;

(4)制订的目标要重点突出,主次分明。

三、教学内容的选择,符合学生的身心特点与发展需要,能准确地把握教材的性质、特点和价值,教材处理得当,主要教材具有适宜的技术难度和较强的教与学因素

教学内容的改革,历来都是课程改革的核心。因为,教学内容反映了为什么教和教什么这个根本,它是教学指导思想的重要体现,是实现课程目标的基本保证。当前存在的主要问题是选用的教材(含开发新教材)出现了低龄化、幼稚化和追求简单生活化的倾向,必须引起我们的严重关注。应当努力把握体育课程的性质,明确体育课程教学的根本任务,切实遵循体育教学的规律,本着求真务实的精神,科学地处理好教材。

对教学内容的选择(含开发新教材),我们提出了如下一些要求:

(一)选择的教学内容,要符合学生的身心特点和发展需要

教学内容要与学生的身心发展水平相适应,超越或不及都不好。超越了,学生完不成,甚至还可能对学生的身心造成伤害。但选择的教学内容低于学生的身心发展水平,又不能激发学生的学习兴趣,收不到应有的教学效果。例如,让初中学生再去学小学的"立定跳远"教材,让高中学生去学本应在初中学的"三步上篮"等。又如,把毽球"开发"成秧苗,让中学生蹲在地上用摆放毽球,当做插秧、补苗,用空塑料瓶假装给秧苗浇水、施肥;用扔纸球来发展中学生的投掷能力等,学生练习起来都感到有些滑稽可笑。

选择的教学内容要符合学生的发展需要,主要是指选择的教学内容,是学生体育发展所必须掌握的一些基本技术,能为学生未来的体育学习与终身体育打下一个良好的技能基础。

(二)准确地把握教材的性质、特点和价值;正确地处理好教材

要正确地处理好教材,就必须准确地把握体育教材的性质(身体练习)、特点(运动文化)和价值(发展身心)。现在出现了为体育课命名的现象,例如,"上甘岭"、"一碗情深"、"抗洪救灾"、"闹元宵"、"射猎古韵"、"春播秋收"、"爱的合作"、"众志成城"等,为使体育课能符合课的名称,有些课选用或改造的教材,已经改变了体育教材的性质、特点和价值。有的把一些可以用来达成多种教学目标的身体练习内容,当做某种简单的劳动模仿动作来处理;而有些开发的"教材",几乎不具有体育文化的性质,不具有运动技术的特征,不具有终身体育的价值。例如,把扫把"开发"成战马,让全班学生骑着扫把跑,还启发学生把扫把"开发"成哈利·波特的魔法扫把,让所有的学生都在操场上飞舞扫把,最后还要引导学生:"扫把可以用来打仗吗?"我们认为,这样"开发"的教材,是不符合体育教材的性质、特点的,失去了体育教材应有的价值。

(三)主要教材具有适宜的技术难度和较强的教与学因素

体育教材的技术难度(或技术含量)是教材的魅力所在,是教与学的基点。有一定的技术难度,才能激发学生的学习兴趣,才需要教学。学生也只有在攻克难度、掌握技能的学习过程中,才能获得真正的成功与快乐的情感体验,心理品质与社会适应能力才能得到有效的培养。如果选择的主教材没有一定的难度,技术含量很低,没有什么可学的,学生一看就会,那就无须开设专门的体育课,也无须体育教师去教,让学生在课外自己去活动就可以了。当然,难度要适宜,要符合学生的年龄特征。

四、教学设计科学,教学分段合理,教学组织严密,教学方法有效,教学步骤清晰;运动负荷适宜,对各项练习的时间、次数及强度能作出科学的具体安排;场地、器材、教具及现代教育技术手段的利用,经济、实用、有效,符合教学的实际需要

教学设计科学与不科学,主要是看教学阶段的划分、组织教法的运用、运动负荷的安排、场地器材与现代教育技术的利用等是否合理。

(一)教学分段要合理

所谓教学分段,是指原来的"课的部分",即一堂课的教学过程安排。当前存在的主要问题有三个:

1.分段过多。最多的达到十几段。其主要原因是课堂教学目标过多,面面俱到,导致分段过多,教学走过场。

2.教学分段没有主线,这和目标过多有关,导致各教学阶段缺乏逻辑联系。

3.不恰当地为课的阶段命名,例如,把准备部分命名为激发兴趣、活跃情绪、纽带之光、愉悦身心、我心飞扬等;把基本部分命名为自主学习、发展能力、快乐参与、桥的畅想、情景发展、合作创造、体验乐趣等;把结束部分命名为稳定情绪、放松身心、自我展示、欢庆成功等。为课的阶段命名有无必要,有待研究。如果要命名,就必须准确、鲜明地反映各教学阶段的本质特征,并要符合逻辑。例如,把课的基本部分命名为"桥的畅想"、"快乐参与",就没有反映基本部分教学的本质特征,也不符合逻辑,基本部分让学生"快乐参与",那准备部分与结束部分就不需要学生快乐参与吗?

(二)要有严密的课堂教学组织

严密的课堂教学组织是我国体育课堂教学的一个特色。特别是在班级人数多,场地器材不足的情况下,如果没有严密的课堂组织,没有对学生的严格管理和严格要求,教学就无法顺利进行,学生不仅学不到东西,得不到锻炼,而且还容易发生伤害事故。严密的课堂组织纪律必须坚持,不能废弃,它是保证教学有序、有效和安全进行的需要,也是培养学生组织纪律性的需要。

(三)教学方法有效,教学步骤清晰

一堂好的体育课,教师必定根据教学目标的要求、教材的特点和学生的实际,科学地选择、运用教学方法与安排教学步骤,使学生一步一个脚印地掌握运动技能,给人以"水到渠成"之感。而现在有些体育课,教师虽然注意了讲解示范和分组练习的运用,但如何根据教学目标、教材特点和学生的实际情况,有针对性地选择和运用组织教法,深入研究不够,教学步骤不太清晰,因而教学效果不佳。

(四)运动负荷适宜

合理安排课的运动负荷,是锻炼学生身体、掌握运动技能和满足学生运动欲望的需要。当前存在的主要问题是,不重视课的运动负荷安排或运动负荷过小。课的运动负荷安排,与教学目标、教材性质、教学对象、课的类型、气候情况、教学条件等因素有关,不能强求一律,但必须重视。在教案中对各项练习的时间和数量,要作出具体的安排,做到心中有数。

(五)场地、器材及现代教育技术手段的利用要经济、实用,符合教学的需要

一堂课要用什么场地、器材,用多少,要不要运用现代教育技术手段,用什么,怎么用,必须从教学的实际需要与学校的实际出发,本着经济、实用的原则来决定。当前,有些观摩课,在场地器材与教学技术手段运用上,存在着追求品种多、规格高、数量多与形式化的倾向,既不经济、实用,也脱离了日常教学的实际,许多教师对此都提出了批评意见,这也是值得我们关注的一个问题。

五、能够充分发挥教师的主导作用,正确体现学生在体育学习中的主体地位

在教学中教师能根据教学目标、教材内容、学生特点和教学的实际需要,正确、有效地运用接受式学习与自主学习、合作学习、探究学习等学习方式,使教和学的积极性都能得到充分的发挥。在课堂教学评价中,能够正确地运用激励性评价、诊断性评价及其他评价方法,给学生以及时、真实、明确的学习反馈信息。教与学的一切活动,都要以有利于提高课堂教学质量为目的。

(一)要充分发挥教师的主导作用

在我国的体育教学中历来强调要充分发挥教师的主导作用。然而,近年来,随着现代教育理念、现代学习方式的传播与现代教育技术手段的运用,有些同志认为体育教师的作用不像过去那么重要了。比如有人说,只要把教材、教法设计成多媒体软件,上课放给学生看就可以了,哪个教师的篮球示范动作能比得过乔丹?

体育课程教学改革,主要是改革那些已经落后于时代发展的教学思想、课程理念、内容和方法。但是,不管课程理念如何更新,不管课程目标、功能和价值如何拓展,不管体育教学内容和方法如何改革,只要向学生传授体育与健康的知识、技能和方法,指导学生从事科学体育锻炼,促进学生身心全面发展的根本任务没有改变,就必须开设体育课程,就必须开展体育教学,就必须要有体育教师,就必须充分发挥体育教师在课程教学中的主导作用。因为,学生在学习中的主体地位,需要由教师来构建;学生所需要的体育与健康知识、技能,需要由教师来传授;学生在学习中的自觉性,需要由教师来激发和培养;学生的体育学习方式,需要由教师来选择和运用,同时学生进行自主学习、合作学习和探究学习,也离不开教师的指导。因此,体育教师的主导作用不仅不能淡化,而是需要进一步加强。

在体育教学中,教师的讲解、示范,具有强烈的真实性、针对性、即时性、灵活性、可学性和人文性,这是任何业外人士与现代教育技术都无法取代的,非体育教师莫属,这也是当今教师专业化与教师教育终身化的缘由之一。

当然,强调要充分发挥教师的主导作用,绝不是要"以教师为中心"和提倡"师道尊严"。我们也必须清醒地认识到,在传统的体育教学中,确实存在着以教师为中心的现象,一切都是教师说了算,教师决定一切,指挥一切,唯我独尊,甚至讽刺、挖苦、污辱与体罚或变相体罚学生。这种现象必须改变。

（二）要正确体现学生在体育学习中的主体地位

学生是体育学习和体育发展的主体,体育教学活动就是为学生的体育学习和体育发展服务的。确立学生在体育学习中的主体地位,对于弘扬学生的主体精神,培养学生的独立性、自主性和创造性,发挥学生体育学习的主观能动性,是具有十分重要意义的。我们应当深刻领会,正确贯彻。

要正确体现学生在体育学习中的主体地位,就必须首先了解学生作为学习主体的基本特点:

1.学生是受教育规律制约的学习主体

学生作为"学习主体",不同于"生活主体",如购物主体、饮食主体、娱乐主体等,学校也不是商店、不是饭馆、不是娱乐场所,所以不能把学生比喻成"顾客"或"上帝"。学生作为生活主体,完全可以根据自己的意愿来决定自己的行为,而作为学习主体,是受教育规律制约的,必须遵循教育规律从事学习活动。学校教育必须反映国家的意志,学生必须根据培养目标的要求和学校的有关规定与所开设的课程进行学习,必须完成课程规定的学习目标等等。在体育教学中,我们要关注学生的运动兴趣,但不是一味地迎合和迁就,学生不能喜欢就学,不喜欢就可以不学。

2.基础教育阶段的学生是处于发展中的不成熟的主体

他们所掌握的体育知识、技能还不多,运动经验有限,对体育的认知水平不高,甚至对自身的体育需要也还缺乏深刻的理解。因此,学生的体育发展,在很大程度上,取决于体育教育对其所施加的影响。

3.学生是以学习间接知识为主的主体

所谓间接知识,主要是指人类已经发现和掌握了的知识。学校教育就是要把这些知识,以最少的时间,最高的效能,转化为学生的精神财富。没有这种文化的传承,就没有人类社会的发展。因此,学生是以学习间接知识为主的主体,而不是以获取直接知识为主的主体。所以,在体育课程教学中,不是所有的知识与技能都要让学生自己去探索、发现或构建。

4.学生是能动学习的主体

学生不是被动接受知识、技能的容器。学生在教师的启发指导下，可以自觉积极地进行自主学习，对所学的知识、技能，可以举一反三，触类旁通。学生随着认知水平的不断提高，了解了知识的来源，掌握了获取知识的方法，提高了认知的能力，因而也可能动地获得(发现与构建)某些直接知识。

据此，我们在构建学生学习主体地位时，一方面要尊重学生个体的发展需要，关注学生的个体差异，充分发挥每一个学生学习的主观能动性；另一方面要注意不能把学生的"主观性"误当成"主体性"。

素质教育既强调学生在课程学习中的主体地位，也强调教师在课程教学中的主导作用，我们必须充分发挥教和学两个方面的积极性。

(三)教师要正确、有效地运用组织教法

接受式学习大多是以班级授课为基本形式的，学生在教师的直接指导下学习知识、技能。这种学习方式，具有快速、高效的优点。因此，它是基础教育阶段学生体育学习的基本形式，我们应当充分认识其地位与作用。但在接受式学习中，学生按照教师的讲解、示范进行学习，主体性可能缺失，学习的主观能动性难以得到充分的发挥；学生之间的合作，也受到一定的限制；学生的个体差异难以得到充分的照顾。为此，新一轮的体育课程改革，积极提倡自主学习、合作学习和探究学习。这三种学习方式，不仅是对接受式学习的一种必要的有益补充，更重要的是有利于弘扬学生的主体精神，激发学生学习的自觉积极性，培养学生的创新意识和自主学习的能力。为此，在教学中，教师应当根据教学目标、教材内容、学生特点和教学的实际需要，正确、有效地运用各种学习方式，防止盲目性和只追求表面形式而不顾及效果的倾向。

(四)正确开展课堂教学评价

课堂教学评价与单元教学结束时对学生的体育学习成绩评定是不尽相同的。学生体育学习成绩的评定是以终结性评价为主，而课堂教学评价则是以过程性评价为主。在课堂教学中，学生学习运动技能是一个从不会到会的逐步发展过程，因此，这时的评价是一种形成性评价，所以应当多看学生的进步和优点，以表扬为主，来增强学生的学习信心，调动学生的积极因素。同时也要对学生的学习表现与掌握运动技能的情况，作出全面客观的诊断，及时地、有重点地向学生反馈真实的学习信息。在课堂学习评价中，不能只讲优点、不讲不足，只有表扬、不敢批评；不能把"吹捧"当成"激励"；不能言过其实、夸大其词地为学生提供虚假的学习信息，否则对学生的学习和发展不利。

六、能够正确地处理好统一要求与区别对待的关系,既能做到面向全体学生,解决好教学中的共性问题,使全体学生都能达到体育课程学习的基本要求;又能关注学生的个体差异,做到因材施教,区别对待,使每个学生都学有所得

《课程标准》提出的"关注个体差异与不同需要,确保每个学生受益"的理念,绝不是否定体育课程教学需要有一个统一基本要求。《课程标准》对各水平阶段都提出了具体的内容目标,这些目标就是对学生体育学习的统一基本要求,是全体学生都要达到的。体育教学必须重点抓好这个共性问题,不能因为要关注学生的个体差异与不同需要,学生就可以想学什么就学什么,能学成什么样子就算什么样子。但在教学方法上,一定要充分考虑学生的个体差异,要因材施教、区别对待,使每个学生都学有所得。

七、能够以运动技术教学与身体锻炼为载体,切实有效地促进学生心理健康水平的提高与社会适应能力的增强,把几个方面有机地结合起来,使之融为一体

学习和掌握运动技能与发展学生的身体锻炼,既是体育课程的重要目标,又是体育课程学习的主要内容,同时也是实现体育课程其他目标的主要载体。也就是说,运动参与、身体健康、心理健康和社会适应的目标,主要是通过身体锻炼和运动技能教学来实现的。因此,体育课堂教学,就应以身体锻炼和运动技能教学为中心来进行,把其他目标和身体锻炼与运动技能教学有机地结合起来,不能一个目标起一个"炉灶"。否则,体育课将不堪重负,体育教学的各项目标都难以实现。

值得注意的是关于教学单元的设计问题。教学单元设计以什么为依据? 在小学低年级有以"主题"为单元的做法,但一般这种单元都比较小。到小学高年级和进入初中后,教学单元一般都以教材为依据来设计。但现在有些地方,在中学阶段,仍然还有以运动参与、心理健康与社会适应目标为依据来设计教学单元的。例如,培养学生运动兴趣教学单元、培养学生组织能力教学单元、培养学生意志品质教学单元、培养学生合作意识教学单元等。这些教学单元都根据各自的需要来选择教材,结果把运动技能的教材内容肢解了,运动技能的学习目标也就无法实现了。这是一个关系到体育课程的性质,体育教学的根本任务,以及体育课程改革方向的大问题,必须引起我们高度的重视。

八、能够较好地体现教师的教学能力与教学基本功

要求教师口令清晰、洪亮;示范正确、优美;讲解简明、易懂;保护帮助合理、到

位;指导练习与纠正动作错误有效、得法;队形调动便捷、合理;课堂常规贯彻认真、得当;安全措施得力、有效;突发事件处理及时、正确等。

上述要求是教师教学能力与教学基本功的具体体现,是教师发挥主导作用的基本要素,与前七条是一种因果关系,是上好体育课的基本保证。特别是安全教学与突发事件的处理问题,关系到一堂课的成败,尤为值得我们关注。为此,体育教师应当树立终身学习的意识,不断提高自己的综合素质与专业化的水平。

九、农村学校的体育课能够针对农村学校的场地器材与学生的体育基础等实际情况,因地制宜、因人制宜地开展教学活动,尽可能地使学生能够学到必要的体育知识和技能,身体得到有效的锻炼,体育意识与心理品质得到一定的培养

由于我国经济与教育发展的不平衡,对农村学校体育课的要求,也应当有所区别。东中部经济、教育比较发达的农村学校,体育课应逐步达到城镇学校的要求。西北部地区与经济、教育发展比较缓慢的地区,对体育课的要求不能过高、过急。但也要克服无所作为的思想,努力达到第九条提出的基本要求。

[本章小结]

体育课程与教学改革实验正在如火如荼地深入发展,广大体育教师是这场改革的主力军,我们肩上的责任重大,任重道远。我们要进一步坚定信心,积极投身于改革实践,排除干扰,牢牢把握课程改革的正确方向,做课程改革冷静的促进派。作为体育教师,我们应当以提高课堂教学质量为中心,上好每一节课,为创建有中国特色的学校体育课程与教学新体系作出更大的贡献!

[思考练习]

1. 我国体育课程改革的基本理念有哪些?
2. 体育与健康课程标准的设计思路是什么?
3. 新《课标》给我们带来了什么?
4. 什么是课程标准? 什么是新《课标》?
5. 实施新《课标》对教师有什么要求?
6. 运动参与目标对中学体育教材的要求是什么?
7. 运动技能目标对中学体育教材的要求是什么?

8.身体健康目标对中学体育教材的要求是什么?

9.心理健康目标对中学体育教材的要求是什么?

10.社会适应目标对中学体育教材的要求是什么?

11.如何理解九条中小学体育课的基本要求?

[阅读材料]

1.教育部基础教育司.全日制义务教育体育课程标准解读[M].湖北教育出版社

2.课程标准研制组.普通高中体育课程标准实验解读[M].湖北教育出版社

第三章 中学生身心发展特点及保健

[内容提要]

本章研讨了事物在发展和完善的过程中要遵循其发展的基本规律。包括中学生在不同年龄阶段内,身心发展表现出一定的带有规律性的特征;中学生身体发育特点;中学生的心理发育特点与发展;中学生的身心保健特点。

[学习指导]

1. 人体内部的各个系统都有自己的功能,有不同任务。它们之间不是孤立存在的,而是密切联系的有机统一的整体。

2. 适应能力的提高不是一朝一夕自然完成的,而是通过不间断的体育锻炼辅之而成的。

3. 认识过程是认识客观世界的反映过程,它是通过感觉、知觉、思维、表象和记忆等过程来实现的。

4. 中学生的年龄划分一般是12、13—18、19岁的男女初高中学生。他们处于生长发育的旺盛时期,合理地进行体育锻炼能促进身体发育,增强身体各种机能,提高健康水平。学校要根据不同年龄中学生的身体发育特点,合理组织体育教学与训练。

5. 合理的体育活动不仅可以缓解由于长时间、大强度的学习造成的大脑疲劳,改善大脑的调节机能,同时还可以激发学习兴趣,加强学习动机。

第一节 中学生身心发展的基本规律和特征

任何事物都是遵循一定的规律不断地向前发展和完善的,在发展和完善的过程中表现出一定的特点。中学生的身心发展当然也是遵其发展的基本规律不断地完善、不断地发展,同时,在不同年龄阶段内,身心发展表现出一定的带有规律性的特征。

从身心发展的角度来讲,随着有机体的正常发展,学生的身体素质和基本活动能力及全面适应能力也在不断提高。

一、人体是按照一定规律生长的

人体从胚胎到成年，不仅重量、体积增加（一般表现为生长），而且构造和机能也发生从简单到复杂的变化（一般表现为发育）。这种生长发育的变化，在中学这个阶段（特别是青春期）是比较显著的。人体是一个有机统一、协调发展的整体，中学阶段学生表现为身高、体重增长明显，内脏和神经系统不断完善成熟。体育活动是人体在生理活动上的一种内在与外在相结合的表现形式。体质的增强和运动水平的提高，是人体的生理机能提高的直接反映，或者说是生理机能提高的结果。因为，人体在进行体育活动时，新陈代谢作用旺盛（中学生的合成代谢大于分解代谢），机体各有关器官、系统都积极地参与活动，这对中学生尚未完全成熟的器官系统的发育起到了很好的促进作用。

二、身体素质和基本活动能力不断提高

中学生随着有机体的不断发展和完善，身体素质和基本活动能力也不断地得到提高。身体素质主要表现在速度力量的增长、灵敏素质的加强。耐力素质虽有提高，但限于中学阶段学生心脏功能的制约，发展程度不高。从年龄特征来看，由于此阶段学生骨骼内有机物成分高于无机物，柔韧素质较好。

中学生要全面发展身体素质和人体的基本活动能力，就必须全面进行体育锻炼。即学生在进行体育活动时，不但要注意身体各部分的锻炼和协调发展，同时也要发展力量、耐力、速度、灵敏、柔韧等身体素质。

基本活动能力主要表现在跑、跳、投等各种能力的不断提高。神经系统和肌肉骨髓的生长发育为中学生活动能力的提高奠定了基础。

人体内部的各个系统虽然都有自己的功能，担负着机体的不同任务。但是它们之间不是孤立存在的，而是密切联系的有机统一的整体。包括体育活动在内的一切生命活动，都是整个机体高度协调配合的结果。因此，从生理角度讲没有身体各系统功能的普遍提高，就不可能有某一系统功能的单独提高。也就是说，只有在整个机体提高的基础上，才能有效地提高身体某一机能。

但是，人体同其他事物的发展一样有普遍性，又有特殊性。它的发展在遵循一定规律的同时，也存在一定的特殊性。即经常参加活动的器官，与不经常参加活动的器官，在生理和解剖上的变化是不同的。实践证明，进行全面体育锻炼，对身体素质和基本活动能力的提高起着重要的作用。

三、全面适应能力的提高

有机体与周围环境有着不可分割的联系。机体与环境统一的主要表现之一，

是机体对生存条件的适应。由于身体各部分的发展,知识结构的改变和水平的提高,学生的认识水平也在提高;各种素质与能力的发展,为学生适应能力的提高创造了良好的条件。学生在体育课上适应能力的增强,表现为对动作适应能力的提高,对自然环境下冷热条件适应能力的提高,以及对教师教学适应能力的提高等。

但是,各种适应能力的提高,不是一朝一夕自然完成的,而是通过不间断的体育锻炼辅之而成。因而在体育锻炼中,教师应全面提高学生的各种适应能力。

四、认识能力的提高,个性心理和思想品德的形成

从心理发展角度来讲,中学阶段学生的认识能力不断发展且逐步趋于稳定,学生的个性心理和思想品德也逐步形成。

科学的心理学十分强调社会实践对人的心理的制约作用,即人的心理基础是人的社会实践,没有社会实践就没有人的心理。对人脑来说,外部世界不单是生物的环境,而且是人们在社会历史进程中所创造的现实和社会的存在。它包括人类的社会生活、生产力的水平和科学实践。人的心理主要取决于人的社会存在,决定于人的物质生活条件。

(一)认识过程的发展逐步趋于稳定

认识过程是认识客观世界的反映过程,它是通过感觉、知觉、思维、表象和记忆等过程来实现的。

中学阶段,随着神经系统机能的不断完善,兴奋与抑制过程的逐步均衡,学生的认识也由感性认识逐步向理性认识发展。表象在感知的基础上进一步深化,使感知向思维的过渡更加顺利。思维是事物的本质归属和内部规律性在人脑中的反映。中学阶段是思维发展的关键时期,逻辑思维不断发展且趋于成熟。

(二)个性心理特征和思想品德的形成和成熟

个性心理特征是个性的组成部分,但它不是孤立存在的,而是受个性的倾向性制约。每个人都有这样或那样的个性心理特征,也有这样或那样的个性倾向性。所以,个性结构包括个性心理特征和个性倾向性,这两个方面不是孤立存在的,而是错综复杂地交织在一个人的身上,构成每个人各不相同的个性。由于中学生在需要层次上的提高,学习动机和兴趣也逐步有目的、有方向;坚强信念的逐步形成,以及高尚的人生观与世界观的确定,使个性心理特征也不断地提高和完善。

总之,中学阶段的学生,在身体发育和心理特征方面都在不断地向成熟发展,并逐步趋于稳定。这是符合人体发展的总体规律的。

第二节 中学生身体发育特点

中学生的年龄划分一般是 12、13—18、19 岁的男女初、高中学生。他们正处于生长发育的旺盛时期,身体结构和生理机能尚未成熟,特别是初中阶段(青春期),身体变化很大,合理地进行体育锻炼能促进身体发育,增强身体各种机能,提高健康水平。相反,不合理的体育锻炼会妨碍身心健康。因此,在学校中如何根据不同年龄中学生的身体发育特点合理组织体育教学与训练,对促进他们的健康成长具有重要而深远的意义。

一、中学生身体生长发育的规律

人从出生到完全成熟,在整个发育过程中大多表现出一定的规律性。这些现象受遗传、社会环境、营养、疾病和体育运动等因素的影响而产生不同年龄、性别间的个体差异和特点。这些规律是普遍存在的,并贯穿于整个发育过程中。基本规律如下:

(一)生长发育的速度在个体间总的趋势是一致的

整个发育过程中有两个突增期。第一个突增期从胎儿中期到两岁前;第二个突增期在青春期,女孩为 9—11 岁,男孩为 13—15 岁,女孩比男孩早两年,在此期间产生明显的性别差异。由于近年来我国膳食结构的改变,营养相对提高,第二突增期有所提前,表现为男女孩的早熟。在青春期间,女孩侧重体脂增长,男孩侧重肌肉增长,同时男孩下肢增长较快(主要是骨骼发育加快),腿较长。这些因素决定了男孩和女孩在某些运动能力上的差异,它提醒我们在体育教学中应把一定年龄的男、女生分成男生班和女生班分别进行体育教学。这是符合事物发展客观规律的,是科学地进行体育教学的趋向。

(二)生长发育的比例和程序基本相同

在第二个突增期,身体各部位都迅速增长。但这个阶段表现出下肢骨骼增长最快,依次为上肢、躯干,头部最慢。在动作的形成上则与身体各部位的增长相反,即头优先,上身(上肢和躯干)次之,下肢最后,这称为"头尾发育规律"。体育教师应深刻理解这一规律,制订合理的教学计划,采用适当的教学方法、手段,最大限度地促进学生的身体发育。

(三)生长发育加速

由于社会生活水平不断提高、生活环境的改变以及各种外界环境的刺激,与过去相比,目前学生生长速度较快,发育成熟提前,生长期较长。

(四)生长发育受遗传、营养、疾病、自然环境、体育锻炼等因素的影响

人体的生长发育是个体先天遗传和后天环境因素相互作用的结果,也是机体在外界环境中遗传性和适应性矛盾统一的过程。

1. 遗传因素

个体生长发育的特征、潜力、趋向、限度等都受父母双方遗传因素的影响。种族、家族的遗传信息影响深远:如皮肤、头发的颜色,面型特征,身材高矮,性成熟的迟早等;遗传性疾病无论是染色体畸变或代谢缺陷对生长发育均有显著影响。遗传是指子代和亲代之间在形态结构以及生理功能上的相似性。遗传的物质基础是染色体,染色体上有许多基因,基因在人体的生长发育中决定各种遗传性状,但需要一定的环境条件才能发挥作用,在某些环境条件影响下可以发生变异。

研究发现:按一定规律遗传的人体性状有1000多种,如形态特征、生理特征、代谢特征、神经类型等。由于各种遗传性能传给后代,从而影响人的生理功能。

2. 营养

充足和调配合理的营养是少年儿童生长发育的物质基础,也是保证其健康生长极为重要的因素,年龄越小受营养的影响越大。如果营养不足首先会导致体重不增,甚至下降,最终也会影响身高的增长和机体的免疫、内分泌、神经调节等功能。进入青春期后,形态、生理、心理的变化更加迅猛,而生长速度、性成熟程度、运动成绩、学习能力都与营养状况有更为密切的关系。全身旺盛的发育对营养提出了更高的要求,营养的供给必须与发育过程的变化相适应。否则,容易导致营养不良和营养缺乏症,使生长发育受阻。许多研究资料表明,膳食营养的改善对提高青少年发育水平有明显的促进作用。一个国家或民族的体格发育水平与其营养状况有很大关系。

3. 生活环境

良好的生活环境、卫生条件如阳光充足、空气新鲜、水源清洁等能促进少儿生长发育,反之,则带来不良影响。生活制度、护理、教养、锻炼的合理安排对少儿体格、智力的成长起重要促进作用。家庭的温暖、父母的爱抚和良好的榜样作用,以及良好的学校教育和社会教育,对少儿性格、品德的形成,情绪的稳定和精神智能的发育均有深远影响。

4. 体育锻炼

体育锻炼是促进生长发育和增强体质的重要手段。在合理的营养条件下,系统地、合理地进行体育锻炼对身体的生长发育具有明显的促进作用。特别是少年儿童,因为他们正处于迅速的生长发育阶段,各组织器官在结构和功能上具有很大的发展潜能和可塑性,因此,科学的体育锻炼能增强新陈代谢,促进运动器官的发

育,而且能全面增强大脑皮质和全身各系统、各器官的健康生长。

5. 疾病

疾病对少儿生长发育的阻扰作用十分明显。急性感染常使体重减轻;慢性病则同时影响体重和身高的增长;内分泌疾病常引起骨骼生长和神经系统发育迟缓,如缺乏生长激素导致身材矮小,甲状腺素缺乏时不仅造成身材矮小,还使脑发育障碍;先天性疾病如先天性心脏病、软骨发育不良等,对体格和精神发育的影响更为明显。

6. 气候、季节

气候:16省市调研材料表明,各项发育指标的均值基本上是北方大于南方,如7—17岁青少儿的身高,北方平均比南方高1—6cm(男)和1—2cm(女)。北京、武汉、广州三市分处我国北部、中部和南部,17岁男生的身高均值北京为169.7cm,武汉168.4cm,广州为166.7cm;同龄女生的身高均值北京为159.6cm,武汉157.8cm,广州为156.3cm。

季节:季节对生长发育无论在身高或体重方面都有显著影响。一般在春季时,身高增长最快,秋季体重增加最快。夏季儿童体重甚至有减轻的趋势。全年体重的2/3增加在9月至次年的2月的半年内。身高增加的季节变化与体重相反,在3—5月的3个月中身高增加等于9—11月身高增加的2—2.5倍。

综上所述,影响人体生长发育的因素是多方面的,它们之间是互相影响的,而其中遗传是最基本的,但遗传的稳定性是相对的,遗传物质在自我复制传递过程中,由于复杂的内、外条件直接或间接的影响会产生变异,所以,后天的营养、锻炼、培养等也是极其重要的。

二、中学生身体发育的特点

(一)神经系统

初中阶段,学生的神经系统发育处于领先地位,大脑重量已达成人脑的93%以上。但在机能上大脑的兴奋过程仍占优势,并容易扩散,表现为活泼好动,注意力不集中,动作准确性差。随着年龄的增长,抑制过程逐渐发展,最后抑制和兴奋达到均衡,能够比较快地建立条件反射,分化能力虽有一定程度的发展,但不很强;分析、综合问题的能力加强。在体育教学中应多采用直观的方式进行,并要求教学内容多样化,每种活动持续时间不宜太长,否则易使学生神经系统产生疲劳。

高中阶段,神经活动的灵活性提高,神经系统机能趋于完善。抽象思维能力不断提高,第二信息系统相互联系更加协调,分析综合能力不断提高。同时,由于内分泌活动的变化,性腺活动加强,神经系统的稳定性下降,在掌握动作时协调性暂时下降,女生尤为明显。因此,体育教学中应注意学生表现出的各种情况,适时调整教学内容和方法。

(二)运动系统

与全身发育一致,发展呈波浪式,阶段性很强。初中阶段骨骼、肌肉发育特点是:长骨快速加长,软骨组织多,骨组织内水分、有机物多,无机盐少,骨松质多,股骨的弹性和可塑性大,而硬度及抗压能力小。不易骨折,但易弯曲呈畸形。骨关节软骨组织相对较厚,韧带薄而松弛,故伸展性大,关节活动幅度大,骨化过程旺盛。因此,骨软骨生长活跃,在体育教学中应采用适当负荷,以利于骨的生长。否则,可能使骨化过程加快,影响长高,且易造成损伤。高中阶段,骨生长基本趋于稳定,只有部分前软骨不断骨化,骨组织内水分和有机物较少,无机盐增多,骨密质加厚,柔韧性下降,骨强度增大。

肌肉增长主要表现为长度的增长,肌纤维长而细,横断面小,肌肉组织内水分多,蛋白质无机盐少。因而肌肉力量耐力差,且易产生疲劳。性成熟阶段,身体各部分围度增宽,肌肉组织内无机盐增多,肌密度增厚,肌肉变粗且厚,能够承受较大的压力。大肌群发展快而早,小肌群也相应发展,但相对较晚。因此,在体育活动中应注意锻炼伸肌和小块肌肉,并注意肌肉的协调性和灵敏性。

(三)呼吸系统

初中阶段,学生胸廓小,呼吸肌能力弱,呼吸表浅,肺泡少,肺活量小,因而呼吸频率快,呼吸调节机能差,最大吸氧量小,运动时负氧债能力低。在体育运动中要加强呼吸练习,特别是加强深度呼吸。

高中阶段,随着年龄的增长,呼吸肌增强,呼吸频率逐渐减慢,呼吸深度加大,同时肺泡数量增多,肺活量增大,基本接近成人。因此负氧债能力提高,各种机能也不断提高。

(四)心血管系统

心脏发育不如骨骼、肌肉发育快,心肌纤维细,弹性纤维分布少。心脏收缩率快,血管壁弹性好,血管口径大,血液易通过。血液外周阻力小,收缩压低。植物性神经对心脏的调节能力低。因此,初中阶段的学生体育运动应以发展有氧能力为主。不宜进行用力过大的憋气或长时间静止用力的活动,运动强度要适当。

(五)身体素质和运动能力

身体素质和运动能力有密切的联系,它们的发育受身体形态和机能的制约。男孩在 19 岁、女孩在十二三岁以前,速度、腰腹力量、静力性力量、弹跳和耐力等各项身体素质随年龄的增长而有所提高。10—13 岁,速度素质随年龄的增长发展最快,以后缓慢且趋于稳定。16 岁以后进行耐力训练能够提高耐力水平。灵敏素质也随年龄增长而逐渐提高,10 岁以后开始提高,青春期尤为明显,15—16 岁后逐渐缓慢并趋于稳定。

男孩在 19—22 岁之间,各项身体素质的发展出现高峰。女孩在 11—14 岁之间,出现第一次高峰,17 岁出现不同程度的停滞和下降,18 岁后回升,22 岁出现第二次高峰,整个发展过程呈双峰状。

按发展速度快慢来讲,可分为不同阶段。男孩分为三个阶段:(1)快速增长阶段(7—15 岁);(2)缓慢增长阶段(16—20 岁);(3)稳定阶段(21 岁左右)。

女孩分为四个阶段:(1)快速增长阶段(7—12 岁);(2)停滞和下降阶段(12—17 岁);(3)缓慢增长阶段(17—20 岁);(4)稳定阶段(21 岁左右)。

根据以上所述,在体育教学中,体育教师应根据不同阶段的特点,制订合理的教学内容,运用有效的方法来进行教学,发展学生的各项身体素质。

第三节　中学生的心理发育特点与发展

在影响个体心理发展的因素中,教育起着巨大的作用,学校教育尤为突出。在遗传和生活环境不存在质的差异的前提下,学校教育决定着个体心理发展的方向和水平。因而从某种意义上说,个体接受教育的程度,反映了心理的成熟程度。体育作为教育不可分割的一部分,在个体身体和心理的成熟中起着极其重要的作用。德、智寓于体,没有完善的身体就不可能有完善健康的心理。也就是说没有健康的体魄就不可能支撑起心理的正常发展。青少年时期是一个人接受教育最重要的时期,如何合理正确地把握青少年的心理特征,是体育教师面临的一个重要问题。

按我国学制,初中生的年龄一般在 12、13 岁—15、16 岁之间,这大体上与生理学中所指的少年期吻合。高中生年龄一般在 15、16 岁—18、19 岁之间,这一年龄段与青年初期也是吻合的。

一、青春期发育和初中生的成人感

青春发育期是人一生中第二次生长高峰期,一般来说女孩早于男孩两年左右进入这一时期,约从 10 岁开始,十一二岁时达到高峰;男孩则从十四五岁后在身高、体重上超过女孩。故初中生不论男女都已进入青春期。

青春期的生理发展,最明显的事实是性成熟开始,第二性征出现。这一阶段他们的心理发展处于极其复杂充满矛盾的状况中。青春期的发育除了使初中生的身体发生较大变化外,还使家庭和社会改变了以往对他们的态度。这时人们已不再完全把他们当做小孩,开始承认他们的独立性要求,也比较重视他们的社会地位。

因此,初中生不仅具有多种生理变化带来的复杂心理体验,还因为家庭、社会对于他们态度的改变而提高了自信心。于是初中生产生了比较强烈的个体成熟的自我体验。心理学称之为一个时期的"成人感"。这种体验所产生的行为表现,就是处处想以成人自居,并且要求别人尊重他们,承认他们的成人地位,反对别人把他们归于儿童。

初中生"成人感"的产生,是个体心理发展中必然出现的现象,但"成人感"与初中生神经系统机能的发育,与他们已有的知识量和社会经验是不相匹配的。

初中生大脑神经活动机能的主要特点是兴奋性较高,兴奋过程相对强于抑制过程,二者间转化也较快。因此,神经活动的兴奋和抑制都不够稳定,这就降低了皮质对行为的调节作用,使得初中生时常有难以自觉控制情绪和支配行为的表现,容易激动,性急暴躁,行为表现上常出现儿童似的天真、活泼、淘气、好玩的特点。

二、中学生学习动机和兴趣的特点

学习动机是推动学生学习的一种内在动力,是激励学生从事学习活动的主观动因。只有激发学生的动机,才能调动其学习的积极性和主动性。初中生间接的远景性动机日益发展,能够认识到体育锻炼的社会意义,主动积极参加各项体育运动,并能较为合理地处理体育活动与其他学科学习的关系,有一定的责任感和义务感。随着学习动机的增强,其学习效果也较儿童期有了明显的提高。在责任感和义务感的驱动下,初中生特别珍视集体利益和集体荣誉。

学习兴趣也叫认识兴趣,它是学生对学习活动或学习对象的一种力求认识或积极趋近的倾向。学生的学习兴趣是在求知的基础上产生,并通过学习的实践活动逐步形成和发展。它既是过去学习的产物,也是促进今后学习的动力。在教学中,学习兴趣是影响学习自觉性和积极性的重要因素。这种倾向是和一定的情感联系在一起的。如对体育有兴趣的人,不论是观看体育比赛还是收听体育广播,都会全神贯注,有时还会因为某一次比赛的结果不如预期而情绪沮丧。学生的学习兴趣一经被激发,他们就会聚精会神地注意,从而提高活动的效果。

学习兴趣有直接兴趣和间接兴趣之分。直接兴趣是由学习本身的特点引起动机,如教学内容新颖、引人入胜,体育教师生动准确的讲解、优美舒展的示范、运动活动产生的肌肉满足感等都可以引起学生对学习的直接兴趣。间接兴趣是学生意识到学习目的或任务对学习结果引起的动机。

直接兴趣和间接兴趣是密切联系又相互转化的,在体育教学中缺乏直接兴趣,会使教学枯燥无味;没有间接兴趣,学生会丧失学习的毅力。所以,直接兴趣和间接兴趣的有机结合交替进行,是激发学生积极主动学习的重要条件。中学阶段,学生的学习兴趣具有广泛性和一定的原则性。他们的爱好广泛,对任何事物都感兴趣,并试图去参与认识。同时,他们对文化知识和认识深度的增长,使他们的学习兴趣有了一定的原则性,如为娱乐身心而产生的兴趣,或为维护集体荣誉而产生的学习兴趣。这个阶段,起初学习兴趣是较为笼统的,没有直接兴趣与间接兴趣之分,但后来会逐步分化。

三、中学生认识、发展的特点

(一)感知发展的特点

中学阶段,学生观察外界事物的能力不断提高,并且这个观察是在大脑配合下的有意识的观察。同时,观察某事物的目的性也不断提高,学生能够自觉地根据要求观察事物,且观察的精确性、概括性有所提高。

这一阶段,学生的空间、时间、知觉发展迅速,基本上已接近成人。学生对三维空间了解更加准确,对某一动作进行的时间、空间、快慢、节奏、顺序能够较为准确地把握。运动知觉是人脑对当前运动着的物体在空间时间上位移过程的反映,由肌肉和关节来完成感知并随年龄的增长而提高。起初这种感觉是粗略的,经过不断练习分化变得更加精细、精确。在体育教学中,为了让学生掌握正确的动作,应采用分解和反复练习的方法,形成正确的动力定型。

(二)思维发展的特点

总的来说,整个中学阶段思维能力在迅速发展,抽象逻辑思维处于优势。

初中阶段学生抽象逻辑思维占主要地位,但具体形象思维仍在各种活动中起重要作用。思维的独立性、判断性有明显的发展,但易产生片面性和表面性。他们不满足于事物现象的一般解释,希望了解形成现象产生的原因,能够认真思考问题,喜欢争辩,好问,有时喜欢问一些无根据的问题,固执己见。

在教学中,体育教师应注意逻辑性与语言的准确性,认真研究教材,了解各种动作的相互关系,鼓励学生对问题进行争辩,并通过合理的方法引导学生解决问题,不要打击学生的积极性。

高中阶段学生的思维有更高的抽象概括性,理论思维开始形成。初中学生的逻辑抽象思维已有相当的发展,但基本上属于经验型,理论思维发展尚差。到了高中,理论型的抽象逻辑思维开始发展起来(理论型思维是从一般的理论、原则出发,进行判断、推理,作出论证的思维)。这时,高中生开始对自己的思想、观点提出论证,并且还要求别人对提出的论点加以论证。他们力求对各种经验材料作出理论的、规律性的说明,并用理论把各种材料贯穿起来,用理论作指导来进一步扩展知识领域。高中生在抽象逻辑思维发展的基础上,进一步发展了思维的组织性、深刻性、独立性和批判性。思维的组织性和深刻性表现在高中生在思维过程中逐步学会逻辑的分析和综合，比较能够从本质上看问题，能理解现象产生的原因，找出事物的本质，在一定程度上克服了初中生思维中的片面性和表面性。

思维的独立性表现在高中生往往不满足于教师和教科书所给予的现成的关于事物的解释，他们富有创造精神，渴望独立思考得出结论，还常常提出新的思想，新的见解。高中生对教师或周围同学提出的要求，一般不像小孩那样依顺，而是有自己的想法，他们对别人提出的思想观点一般不愿意轻言和盲从，要求有说服力的逻辑论证。他们对自己的观点、想法也经常反复思考，力求论据充足。这种思维的批判性是思维成熟的表现。但需要指出的是，由于思维独立性、批判性的发展，高中生往往表现出不容易接受某些正确的但未经本人证明的论点，对某些经过自己深思熟虑的方法又常常容易固执己见而不易改变。因此对高中生的教育，要运用讲道理、摆事实，讨论及疏导的方法，切不可简单生硬地急于求成。

（三）中学生注意、记忆发展的特点

中学生的注意已具有稳定性、目的性和选择性等特征。由于学习目的的明确和学习自觉性的提高，注意有所发展。学生能够专心致志地学习，并能有意控制自己的注意，不受外界刺激的干扰。如果教学中教材得当，组织严密，他们完全能够把注意集中到需要注意的事物上。

随着知识经验的不断积累和思维的发展，注意范围不断扩大，注意的分配、转移进一步提高。教学中他们能够把讲、听、想、练很好地结合，并能较快地掌握动作的全过程。

从目的性来看，初中学生的记忆以不随意记忆为主，初中以后逐渐学会使自己的记忆服从识记和教材的性质，以随意注意为主。由于学习内容复杂、抽象，学习量不断加大，靠机械记忆已不能完成学习任务，这个阶段学生的逻辑思维能力不断发展，以理解为主的记忆同时相应地发展起来。

第四节　中学生的身心保健特点

古罗马时代著名的演说家昆体良（M. F. Quintilianus）曾指出：课业学习应交替进行，因为变化课业可以使学生的精力得到恢复。上课时的紧张智力劳动与休息轮流调剂，而最好的休息是游戏。这说明合理的体育活动不仅可以化解由于长时间、大强度的学习造成的大脑疲劳，改善大脑的调节机能，同时也可以激发学习兴趣，加强学习动机，为在文化课学习中增强信心提供保证。顾名思义，体育保健即是用体育的方法和活动，借助医学手段来促进学生的身体发育和心理健康的一种组织性活动。也就是说,一方面是促进身体各器官系统机能的发展,预防和急救在体育活动中出现的损伤,保证学生身体发育和发展;另一方面是借助于体育的方法和个性心理特征,促进学生心理健康。具体可以从以下几个方面来认识:

一、加强体育活动中的医务监督

(一)青春期后男女生分班教学

依据学生不同年龄段身心发展的规律,实行分班教学具有较强的科学性。初中低年级学生在身体发育和心理上没有太大的性别差异,一般可以合班教学,但条件允许应尽可能男女生分班教学。青春期后,由于学生经历了第二次生长发育高峰,无论从身体到心理,还是从行为到动作,性别差异比较明显。因此,初中高年级和高中学生以男女生分班教学为宜。

(二)体育课的安排

体育课所安排的运动负荷大小、动作难易程度和身体活动部位都应符合渐进性、系统性、全面性原则。课上应注意学生的反应,如发现大部分学生出汗多,面色苍白,动作反应迟钝或不协调等现象,同时有恶心、头昏头痛等自我感觉,说明课的负荷太大,应及时加以调整。

(三)课外体育活动和锻炼的保健知识

要求学生在参加体育活动时要加强自我保护意识。活动前检查场地、器材是否适宜活动项目的安全要求。服装应宽松,禁止有铁器饰物或其他金属制品。女同学应注意经期体育活动的运动负荷和运动部位,一般来说,经期避免腰腹运动,同时不宜采用大、中负荷的活动。运动后禁止饮用大量的生水。

二、在体育活动中发展学生的个性

体育活动最能表现学生的个性,如兴趣、爱好,粗莽与文静,勇敢与胆怯,外向与内向等。教师应在教学中注意观察分析学生的个性,正确地处理个性与共性的关系,因为只有认识学生的个性特点才能更好地发展个性。同时,教师要针对不同的个性,组织安排教学和课外活动,促进学生的个性发展。

如对胆怯的学生,可以鼓励他们增强自信心,同时可以降低练习难度,改变教学器材的高度、宽度进行教学。而对粗莽、勇敢、外向的学生则应注意加强安全知识和自我保护方法的教育,并协助他们更进一步地提高。

在发展学生个性的过程中,要努力培养学生的自我意识,使之渗透着社会主义物质和精神文明的影响,同时了解全民健身活动和终身体育的意义和作用。用这样的自我意识来支配自己的体育行为,使个性得到良好的发展。不同的环境、条件、要求,对个性发展的影响会不同。良好的体育活动环境、条件和教师严谨、准确的要求,在个性发展中起着重要的作用。生动有趣、符合学生特点的教材,往往能够激励学生学习的主动性和积极性。只有积极地参与学习活动,才有可能发展个性,并促进整个心理过程的健康发展。

三、体育活动的禁忌症

任何事物都不是绝对的。从事体育活动也是有一定范围的。如果一概而论,不仅不能增进身心的健康,还可能导致严重的后果。一般体育活动的禁忌症有:

(1)体温增高的急性疾病。

(2)各种内脏疾病的急性阶段。

(3)有出血倾向的疾病,如败血病等。

(4)恶性肿瘤转移阶段。

总之,中学阶段的学生应加强体育活动。体育教师应组织、管理好"两课两操"和各种课外体育活动,同时加强对学生体育保健知识的宣传和教育,确保学生身心健康发展。

[本章小结]

中学生随着有机体的不断发展和完善,身体素质和基本活动能力也不断地得到提高。身体素质主要表现在速度力量的增长、灵敏素质的加强。中学生要全面发展身体素质和人体的基本活动能力,就必须全面进行体育锻炼。即学生在进行体育活动时,不但要注意身体各部分的锻炼和协调发展,同时也要发展力量、耐力、速度、灵敏、柔韧等身体素质。实践证明,进行全面体育锻炼,对身体素质、心理素质和基本活动能力的提高起着重要的作用。

[思考练习]

1. 试述中学生身心发展的基本规律和特征。

2. 试分析个性心理特征与思想品德的形成和成熟过程。

3. 简述中学生的心理发育特点及其认识发展的特点。

4. 怎样才能在体育活动中发展学生的个性?

[阅读材料]

1.《运动医学》编写组. 运动医学. 人民体育出版社
2. 姚鸿恩主编. 体育保健学. 高等教育出版社

第四章　中学体育教学技能的训练

[内容提要]

为了达到教学上规定的某些目标所采取的一种极为常用的、一般认为是有效果的教学活动方式,这是莫里逊和马肯尼亚为教学技能下的定义。它是教师针对课堂的适当场面做出的自觉反应,是可描述、可观察、可训练的具体教学行为。体育教学技能的分类主要是侧重于教学过程中师生间的相互交流,以交流的意图、方法作为分类的依据,把交流过程的各种要素设定为不同的教学技能。教学技能如何分类,要考虑教师、学生、教师与学生在教学过程中教和学的行为。教学是教师的教和学生的学所组成的一种定向的教育活动。通过这种活动,教师有目的、有计划地引导学生掌握人类长期实践积累起来的科学文化知识,发展学生的智力和体力,培养学生的道德品质和世界观。

[学习指导]

1. 技能就是人们通过练习而获得的控制动作、执行一定活动的方式。

2. 教学技能是指在课堂教学过程中,教师完成某种教学任务所采用的一系列的行为方式。

3. 对教学技能进行分类有如下意义:培训目标明确、示范鲜明具体、培训方法科学、评价结果客观。

4. 教学技能分类有两种观点:其一,认为应按教学场面对教学技能进行分类,即把教学分为不同的课型,在不同的课型上教师采用不同的教学技能,这是一种宏观的教学技能分类方法;其二,认为应按照教师职业应具备的职业技能进行分类,这种职业技能应适应于各种教学场面,而且还要把在各种教学场面中教师的教学行为细分为各种具体的教学技能。

5. 本书将体育教学技能分为:课堂教学目标设定技能;语言表达技能;导入技能;讲解技能;直观演示技能;提问技能;反馈技能;控制技能和结束技能。

6. 体育教学技能分类的原则:主导性原则、交流性原则、可观察性原则、可操作性原则、可测量性原则。

7. 教学目标设定技能是指为了实现对学生发展变化的期望,教师所设定的符合学生实际情况、明确具体、易于观察和易于测量学生行为和心理变化的一类行为方式。

8.教学目标设定技能的功能:明确的教学目标是课堂教学的灵魂、是评价课堂教学的依据、可促进教师间的相互学习和交流。

9.设定规范的课堂、教学目标应包括的四个要素:谁(教学对象);做什么(完成的行为);做到何种程度(行为水平或可接受的行为标准);在什么条件下(完成学习行为条件)。

10.教学目标的类型:体育教学的认知目标;体育教学的情感目标;体育教学的行为目标。

11.设定课堂教学目标的要求:教学目标中要求学生完成的任务一定是教师能够观察到的学习行为,所以必须用行为动词来表达教学目标。要清楚地表达学生学习的条件,完成学习行为的程度,学生在学习结束时要达到的水平。教学目标的设定是否符合学生的实际水平,要求学生完成的最低标准是什么或允许学生出现失误的最少次数是多少。

第一节　教学技能

一、教学技能

教学既是一门科学,又是一门艺术。教学艺术是建立在教师广博的专业知识和熟练的教学技能基础之上的。一个教师如果没有坚实、深厚的专业基础知识,教学只能是照本宣科、生搬硬套,如果缺乏熟练的教学技能,也就谈不上什么教学艺术,就不能有效地组织学生进行学习,更不能把教学搞得生动活泼。要使教师能够有效地组织课堂教学,就必须将构成教师课堂教学行为的要素进行分解,并单独地进行培养和训练。研究表明,教师的课堂教学行为不但能够被分解为不同教学技能,而且还能够通过对每一项技能的学习和训练所获得,通过反馈和评价不断地得到改进和提高。

技能就是人们通过练习而获得的控制动作、执行一定活动的方式。教学技能是指在课堂教学过程中,教师完成某种教学任务所采用的一系列的行为方式。关于教学技能,以前有过多种解释。莫里逊和马肯尼亚在过去的研究基础上做了以下定义:为了达到教学上规定的某些目标所采取的一种极为常用的、一般认为是有效果的教学活动方式。它是教师针对课堂的适当场面做出的自觉反应。

通常人们所说的教学能力是顺利完成教学任务的个性心理特征,而教学技能则是完成教学任务的行为方式。“教学技能”一词比“教学能力”更具体,有其确切的含义。教学技能是可描述、可观察、可训练的具体教学行为。

人们对教学技能有了上述这种认识是从微格教学开始的。美国斯坦福大学微格教学的开创者们认为,实习生到某一学校进行教育实习,总是首先观摩老教师的课堂教学,实习生在观摩教学时往往缺乏明确的方向和具体的提示,这是不合适的,其理由是:观摩课堂教学,好的教学活动和差的教学活动有时同时出现,实习生难以分辨。实习生必须在观摩课上凭自己的感觉来捕捉他应该学习的教学活动。观摩过程中几乎没有找出重要的良好的教学行为,使实习生无法指导自己的教学实践活动。由于以上原因,实习生对观摩效果很容易厌倦,感到无聊,造成时间上的浪费。

根据上述原因,微格教学的开拓者们提出了一个基本的想法,那就是将教学活动划分为若干个教学技能,给实习生一个明确的目标,这样在观摩教学课时就有可能使他们掌握更多的教学技能。沿着这条线索走下去,为了有效地对教学技能加以分析、研究和掌握,他们又开始了有步骤、有计划地对教学技能开发和训练。最初开发的技能叫"精神诱导技能",进而又开发出"强化技能"、"探索式提问技能"等。教学技能的特点是有明确的含义,能够被广大教师操作和使用,能够被观察和测量,能够促进师生间和谐的相互作用,符合教学的规律和原则。

二、教学技能分类的意义

国外在对教学技能进行分类的时候,对其范围的看法基本有两种观点:一种认为是教学场面的教学技能,即把教学分为不同课型,在不同的课型上教师采用不同的教学技能,这是一种宏观的分类方法。另一种则认为是包括了在各种教学场面中教师职业的教学技能,它不只限于大的教学场面的交流技能,而且还要把在各种场面中教师的教学行为细分为各种具体的教学技能。例如,把体育课中教师的教学行为分解成不同的构成要素,把其中最主要的若干要素抽出来定为不同的教学技能。这种教学技能的分类观点正在成为微格教学技能分类的主流。对教学技能进行分类有以下意义:

(一)培训目标明确

过去对师范生或在职教师课堂教学技能的培训常常是模棱两可,缺乏必要的理论和技术基础,只对某些教学方法概括性地讲解以后,便让学生着手设计整节课。因而他们只能就教材内容而论,胡子眉毛一把抓,不明确在一节实习课中应该用哪些教学技能。在将教学行为分解成不同的、具体的教学技能以后,培训的目标就可明确。师范生或在职体育教师在对一项教学技能进行训练的时候,需要达到什么目标,学习者是非常清楚的,有明确的努力方向。而且在培训教学技能的过程中所涉及的教学环节少,目标集中,容易增强学习者的信心,有利于对师范生或在职体育教师进行教学技能的培养。

（二）示范鲜明具体

在以往培训师范生或在职教师时，提供教学示范的传统方法往往是去观摩某位教师完整的体育课。但在一节体育课中，授课教师可能应用多种教学技能，而对观摩者来说往往又很难辨别授课教师在何时使用了何种教学技能。在微格教学中，由于对教学技能进行了分类，并且在对每种教学技能进行训练的时候，通常要利用录像或实际的角色扮演对所训练的教学技能提供不同的典型示范。示范的目的是为学习者提供具体的说明和解释，使他们对某一教学技能的应用获得感性认识，起到学有样板，学有目标的作用。同时，示范的时间短，内容少，便于分析和研究。学习者可以反复观看，深入理解。另外，采用录像的方法不仅可以对示范进行精心选择，而且还可以提供多个不同的优秀示范或反面的示范，从多方面汲取营养，用来提高自己的教学技能。

（三）培训方法科学

随着科学技术的发展，在世界范围内工业、农业等都在向着大生产的方向发展，唯独教师的培训还停留在"手工业"阶段，即以师傅带徒弟的方式进行。当然这种师徒式方法是在教育的发展历史中形成的，在过去的教师培训工作中起了很大的作用。在 21 世纪的今天，许多先进的仪器、设备已被广泛应用到体育运动的训练中，科研人员可对各种复杂的技术动作进行分解、分析，然后再提出准确的训练计划，有针对性地进行强化训练。同时他们还使用摄像机把训练的情况记录下来，然后观看录像，分析训练的情况，提出新的要求，使技术动作不断改进和提高。科学技术的进步、先进仪器设备的出现使运动训练发生了巨大的变化，它正朝着科学化训练的方向迈进。

微格教学就是要创造这样一种条件，把复杂的体育教学过程划分为单独的教学技能进行训练，使教师的培训方式向着教学技能的微观化和培训人员的集中化方向发展，使师范生或在职教师能够通过比较科学的培训方法，尽快掌握各项体育教学技能。

（四）评价结果客观

在一节体育课的教学过程中，存在着多种相互联系、相互影响的因素，要分清每一因素的作用，对一节课作出全面的评价难度较大。因此，过去的分析评价基本上都是经验型的定性分析，评价一节课的好坏、成功与否往往仅凭评价者的某些感觉和印象，其结论必然存在着较大的主观性和片面性，有时评价者之间还存着较大的差异。对教学技能进行分类以后，由于每节微格教学课只训练一两项教学技能或只对一两项教学技能进行评价，而且，在评价过程中，每一项教学技能都有具体的要求和评价标准，所以便于评价者进行观察、分析和评价。评价目标明确，内容具体,便于评价者掌握,也容易取得较为一致的意见,即便有不同的看法,还可重放录像进行分析和研究。最后,应用教育统计学等数理分析的方法对各评价者的评价数据进行处理,所以评价的结果是有科学依据的。微格教学采用的是定性与定量相结合的评价方法,具有较大的集体倾向性,评价结果也比较科学和客观。

第二节 教学技能分类及原则

一、教学技能分类方法

采用什么方法对教学技能进行分类,目前基本上有两种观点:其一,认为应按教学场面对教学技能进行分类,即把教学分为不同的课型,在不同的课型上教师采用不同的教学技能,这是一种宏观的教学技能分类方法;其二,认为应按照教师职业应具备的职业技能进行分类,这种职业技能应适应于各种教学场面,而且还要把在各种教学场面中教师的教学行为细分为各种具体的教学技能。即把各种课堂中教师的教学行为分解为不同的构成要素,把其中最主要的若干要素抽出来定为不同的教学技能。这种教学技能的分类方法已成为教学技能分类的主流。

体育教学技能的分类主要是侧重于教学过程中师生间的相互交流,以交流的意图、方法作为分类的依据,把交流过程的各种要素设定为不同的教学技能。

教学活动是师生间定向的双边活动。之所以强调定向,是因为师生间的活动并不一定都是教学活动。当师生间的活动具有明确的目标和具体的任务时,师生间的活动就成为了教学活动。因此,设定课堂教学目标就成为师生间相互交流的第一个教学技能。课堂教学目标的设定为师生间的相互交流明确了方向,使课堂上教师的教学行为和学生的学习行为都有了明确的指向性,都围绕着共同的目标展开,而不是什么其他的行为。

教学活动是一个有目的、有组织、有计划的信息传播过程,要使这种传播切实有效,教师就必须熟练地掌握和运用传递信息的载体或手段。语言是借以传播的一种结构化的符号系统,是人类最重要的传播工具。自人类的语言产生以来,经过无数代人的使用,使其在声音和意义两个方面得到较规范的结合,逐渐有了语义、语音、语调、语法的系统性。同时,随着人们的传播与沟通活动的扩展而不断地推陈出新,逐步得到丰富和发展。一个人语言的发展是先天的语言能力和后天模仿、学习行为的结合。语言是体育教学中传递信息的主要工具和手段,语言表达技能就成为体育教师不可或缺的基本教学技能。

教学活动是师生间面对面的传播活动,要使这种传播活动达到较好的效果,就必须使传、受双方同时进入传播过程,通过相互作用来提高传播的效率和质量。要使信息的接受者较快地进入这一传播过程,传授者就必须通过各种方式激发学习者的学习动机,引起他们对信息内容的注意,把他们引到特定的教学内容上。根据这一特定的行为意图,教师应具备课堂教学的导入技能。合理有效地运用课堂教学导入技能,可以将教学内容自然地引入课堂,帮助学生建立良好的学习心理定式,营造良好的学习氛围,提高学生的学习效率。

从信息交流的内容上看,教学信息是多种多样的,有体质健康、运动技能的概念、原理、规则和安全注意事项等。其中有比较复杂的概念、原理、技战术、规则等的教学。教师讲解的最终目的是使学生能够接受、理解所学知识、技能。学生对教师的讲解是否能够被接受及理解的程度除了受学生的能力、技巧、知识水平的制约外,在很大程度上还受教师选择讲解方法的影响。讲解包括两个方面的因素,即内容和形式的统一,也就是说什么和怎样说的问题。有时候,人们在表达自己的意见或在解释某一事物时,往往感到“怎样说”甚至比“说什么”更为重要。讲解的方法或类型是多种多样的,每种讲解方法都具有它的特性,都具有不同的思维方式、语言组织和内在的逻辑特点。教师在讲解时能否使“怎样说”和“说什么”达到高度的统一,灵活地运用各种讲解方法的特殊作用,作为向学生施加某种思想及动作技术概念的媒介,就成为教师必须努力学习和提高的讲解技能。

教学信息的传递不仅是通过语言来进行,大量的信息也通过非语言的方式进行交流,这一点在体育教学信息传递和交流的过程中表现得尤为突出。准确、利索、优美、熟练的动作示范;清晰、鲜明、生动形象的技术图片;教学影片及录像中的动作示范和表演等对学生具有很大的吸引力和诱导性。教师灵活运用非语言的方式进行交流,主动使用或改变不同的信息传递通道,能起到辅助或增强语言交流的作用,有利于活跃课堂气氛,有利于教师激发学生的学习兴趣和学习动机,增强学生的学习欲望,提高学生学习中枢的兴奋性,为将要面临的学习任务创造良好的心理条件。体育教师如何利用好非语言的方式来进行信息传递和交流,为学生提供更多的学习经验,并与基本语言技能有机地结合起来,更好地实现教学目标,直观演示技能就成为教师必须掌握的又一教学技能。

提问是教学活动中教师和学生之间常用的一种相互交流的教学方式。提问包括教师的询问、学生对教师询问的反应、回答,以及由此而来的教师对学生反应、回答的相应处理等。人类的思维经常是由解决问题开始的。教师有准备、有目的的提问,可以引起学生积极思维的过程,没有问题,就无从思起。“学起于思,思源于疑”正是这个道理,它深刻揭示了疑、思、学三者的关系。提问技能是指教师根据教学内容的需要,精心选择和设计有关问题并引导学生围绕着这些问题,依据已获得的感性和理性材料或已有体育运动技能,积极思考、探索,获得相应的概念或结论,达到检查、巩固、运用所学知识技能实现教学目标的教学行为方式,是体育教师需要掌握的又一教学技能。

反馈技能是体育教学中一项重要的基本技能。在教与学的过程中,反馈始终扮演着重要的角色。教师通过学生的反馈来了解学生掌握教学内容的情况,发现教学中存在的问题,改进教学的手段、步骤和方法。而对于学生来说,通过教师的反馈,明确自己的学习所达到的程度。在体育教学特别是在运动技术动作的学习过程中,反馈在运动技术的掌握、改进和提高方面起着十分重要的作用。教师对学生的反馈是多种多样的,反馈的方式不同,其所起的作用也不同;反馈的性质不同,其所起的强化作用也大不一样。体育教师可以通过向学生提供反馈信息来控制整个学习过程,以求取得最佳的学习效果,达到最终的学习目标。

所谓教学有方,就是对课堂控制得法,执教调节得当。体育课堂教学活动大多是在室外进行,学习过程主要是学生进行的各种身体练习活动。由于体育课堂教学具有干扰因素多、组织形式多变、学生情绪波动大,以及运动能力个体差异明显等特点,所以教师对课堂教学的适时控制就显得尤为重要。搞好教学控制对于课堂教学目标的实现和教学信息的传递都起着重要的保证作用,也是上好一节体育课的关键。在体育课堂教学的全过程中始终贯穿着教学控制技能,它对建立和谐的教学气氛,提高学生的身体机能、掌握体育知识、技术技能,帮助学生达到预定的课堂教学目标都起着重要的作用。因此,控制技能也是体育教师必备的教学技能。

"健康第一"是当前学校教育的指导思想,也为学校体育提出了新的更高的要求。当我们把体育教学目标融入社会发展的大环境下来研究时,国民的健康问题就显得尤为突出和重要。体育教育要想贯彻落实"健康第一"的指导思想,就要改变传统的教学模式和观念,拓展体育教育的形式和渠道。体质健康教育、营养知识教育、生活方式和生活习惯的教育内容等进入课堂,采用体育理论课的形式给学生集中系统地传授这些方面的知识,教师板书的技能就显得非常重要。由于在以前的体育教学中不太重视体育健康方面科学知识的传授,专门的体育理论课也上的很少,体育教师的板书技能显得比较薄弱,也很少有人问津。把板书技能作为体育教师应该掌握的教学技能加以学习和训练是教学的需要和时代的要求。

体育课的结束绝不是简单地说一句"现在下课"就可以结束的。结束部分也应同教学的其他部分一样,有它自身的内容和任务并发挥其特殊的教育功能。一堂课的成功与否,不仅有赖于教师各种教学技能在教学过程中的精心选用,教学结束得是否合理或恰到好处,同样也是衡量教学艺术水平高低的标志之一,也是保证授课成功的重要环节。结束技能不仅只应用于一堂体育课的结尾,课上任何相对独立的教学阶段或教学内容的转换前都需要运用结束技能。

根据上述教学技能分类的原则,在查阅大量有关体育教学文献资料的基础上,参考国外教学技能的分类,结合对我国具有多年体育教学经验教师的访谈,在充分体现教学技能的可观察、可描述、可操作、可训练和可进行量化分析的原则基础上,本书将体育教学技能分为:课堂教学目标设定技能;语言表达技能;导入技能;讲解技能;直观演示技能;提问技能;反馈技能;控制技能和结束技能。

二、教学技能分类的原则

体育教师在课堂教学中所表现出的一系列教学行为方式,不仅能被分解为不同的教学技能,而且还能够通过每一项教学技能的学习、示范、训练和评价不断地得到改进和提高。当每一项教学技能都达到要求以后,再把它们综合起来加以应用,形成整体的课堂教学技能,这是培养师范生和在职体育教师教学能力和提高教学质量的有效方法。

体育教学过程是复杂的,教师的课堂教学行为也是多种多样的,并呈现出一定的灵活性。体育教师的哪些教学行为可以定为基本的教学技能,作为教师教学技能培养训练的基础,对体育教师的教学技能如何分类,是进行微格教学前必须解决的首要问题。对体育教学技能进行分类时,除了要考虑教师、学生、教师与学生在教学过程中教和学的行为外,还要考虑所确定的教学技能是否具有可训练性等因素。因此,在对体育教学技能分类时,必须遵循下列原则:

(一)主导性原则

教学是一种计划性强、目标明确的活动。为了达到教学目标,教师的每一种教学行为都应有具体的目标指向。教学技能是教师的教学行为方式,它的应用是为实现教学目标服务的。在确定教学技能前,首先需要考虑三个问题:教师的某种教学行为为学生提供了什么信息,准备让学生学习什么;教师的这种教学行为能否促进学生的学习或教会他们怎样学习;这种教学行为是否是影响教学质量的重要因素,对提高教学质量是否具有重要的作用。如果对这三个问题的回答是肯定的,这些教学行为在教学中就有重要的意义,就可被确定为教学技能。实践和应用这些教学技能,就会在现实的教学中发挥积极有效的作用。因此,所确定的教学技能必须是影响体育课教学质量重要方面的教学行为,它必须符合教学原则,并被广大体育教师长期的教学实践所证实。

(二)交流性原则

教学是师生间定向的双边活动过程,是师生间相互作用、交流信息的过程。教学技能的确定要有利于课堂上师生间的相互交流,促进学生思维活动的发生和发展。影响学生主动积极学习的因素很多,有学生的内部因素,也有教师为之创造的外部条件。确定教学技能就要看它是否能为学生创造一个良好的学习情境,使学生从愿意学习发展到自觉主动地学习。因此,所确定的教学技能应是促进师生课堂交流的重要手段,它有利于促进师生间的相互作用和互相交流,对完善教学过程有积极的促进作用。

(三)可观察性原则

确定教学技能的目的是让师范生或在职教师学习、掌握并在未来的教学实践中运用。因此,所确定的教学技能应在体育课教学中能够被教师表现出来,而且能够被观察到。只有这样,所确定的教学技能才可能被教师示范、学生学习,并有组织、有计划地加以训练。

(四)可操作性原则

为了便于被培训者的理解和掌握,便于指导教师、被培训者和研究者之间的相互交流,每项教学技能必须有确定的内涵和外延,揭示教学技能的本质及其适用范围。这就要求确定的每项教学技能要有明确的构成要素并且是具体的教学行为方式。只有教学技能的构成要素明确具体,教学技能才具有较强的可操作性,教学技能的学习和应用才可能更规范。

(五)可测量性原则

用微格教学的方法培训师范生或在职教师的教学技能之所以有效,一个重要的方面就在于反馈的准确、及时和具体。对于被培训者反馈回来的教学信息如何衡量,首先是要对每一项教学技能提出明确具体的要求或应用原则,使被培训者在应用某一技能时都有一个参照体系。被培训者只要把自己的教学技能实践活动与这个参照体系或要求相对照,就能够发现成功与不足。因此,所确定的教学技能在体育课教学中应是能够被测量的教学行为。测量是评价的基础,只有确定的教学技能能够被测量出来,该教学技能才可能被评价。可测量的教学技能在训练时才能够确定出明确的训练目标、制订出准确的评估标准并对训练效果进行评价。这样的教学技能才能运用到微格教学训练的实践中去,才能够给被培训者提供准确的反馈,以便进一步改进与提高,真正地为教学实践服务。

第三节　体育教学目标设计及设定技能的功能

一、教学目标设计

为更加准确地掌握教学目标设定技能,首先需要理解教学目标以及它的内含和外延。要真正掌握好教学目标设定技能,科学地制订教学目标,教师就应正确地把握以下三个方面的辩证关系:

（一）教学目标的内隐性和外显性

教学目标的内隐性和外显性是相对的,教师既不能为了使教学目标便于交流、测量与观测,而过分强调行为化目标的价值,也不能为了强调情感体验等内隐目标的重要,而排斥行为目标的价值。

（二）教学目标的收敛性与开放性

越是低层次的教学目标越容易在较短的时间周期内达成;越是高层次的教学目标,特别是能力和情感发展目标,达成周期越长。教学目标既要具体、明确,又要有一定的开放性,有些目标允许在较长的时间内达成。

（三）教学目标的预期性与非预期性

在设定教学目标时,教师必须处理好预期性目标和非预期性目标的关系,不失时机地抓住课堂教学中出现的任何教育机遇。

二、明确的教学目标是课堂教学的灵魂

人类大多数的活动行为都是在为达到某一目标而发生的,体育课堂教学更是如此。在上每一节体育课时,教师都希望学生通过本次课的教学能够学习和掌握一定的体育知识、运动技能并对学生情感和身体施以一定的积极影响。教师的这些期望要明确化、具体化,设定出明确的课堂教学目标;其次,明确的教学目标为教师选择适宜的教学策略提供了可靠的依据。有句名言叫做"条条道路通罗马",在体育教学中,各种运动技能的教学手段和教学方法很多,教师选择这些手段和方法的主要依据就是所设定的课堂教学目标,为达到这一目标,教师应根据学生的实际情况来选择通往"罗马"的最优教学途径,最后拟定出执行这一教学策略的具体措施。因此,课堂教学目标的正确制订是备好课的重要前提条件。成功的课堂教学目标除了明确地陈述在课堂教学中学生应学习和掌握的东西外,还能够激发学生对新的学习任务的期待,帮助学生形成正确的学习心理定势,同时能使学生明确教师的主要授课意图和学生学习的主攻方向。换言之,课堂教学目标是教师为了使学生获得预期的学习目标及最终的教学效果。所以说教学目标是课堂教学的灵魂。

三、明确的教学目标是评价课堂教学的依据

评价课堂教学的效果如何是有一定标准的,这一标准必须要同课堂教学目标紧密地结合起来。体育教学的课堂评价主要是通过课堂教学,评价学生的学习行为是否发生变化及变化的程度。要搞好课堂评价工作,制订明确具体的课堂教学目标就成为关键。课堂教学目标是评价学生学习结果是否达到特定标准的客观依据,也是衡量教师课堂教学成败的客观尺度。在体育教学中,大多数课堂教学都与

身体练习有关,都需要学生参与一定的身体练习,承受一定的生理负荷。因此大多数体育课堂教学目标都以非常明确具体的行为目标来描述。教师在全面分析所教学生的身体素质、现有运动能力及运动经验等实际情况的条件下,课前可以对这些行为变化进行预测和描述。课堂教学目标的设定应着重于课堂教学的结果,即教师的意图与学生课后可观察到的学习行为所发生的变化。明确具体的课堂教学目标,是评价教师课堂教学和学生学习程度的最有效、最直接的方法。假如一节体育课后,学生的学习行为与课堂教学目标相一致,那么本次课就可被认为是较理想、有效的教学。如果通过课堂教学,大多数学生都达不到教学目标,教师就需要从目标的设定是否符合学生的实际、教学方法的选择是否容易使学生达到课堂教学目标等方面进行综合分析和改进,而学生学习行为变化的程度也正反映了他们学习的实际水平。

四、明确的教学目标可促进教师间的相互学习和交流

教学是一门艺术,要使每位教师的教学艺术成为大家的共同财富,无非是通过教师之间不断地相互学习和交流。而明确的教学目标更有利于促进教师间的相互学习和交流。在观看体育运动竞赛时,观看者的动机和目标是不同的,有些人只是去欣赏比赛,而有些人则专门去学习运动技术。比赛结束后,由于他们观看比赛的动机和目标不同,所以他们相互交流的对象和内容也不同。前者由于他们的目标较笼统,也许更多地从该项运动的发展趋势, 技战术的发展变化等方面宏观地进行交流;而后者由于他们的目标比较具体,将更多地从运动员的技术动作,甚至一招一式每一个细微的变化进行交流,交流的内容更加具体,更具有分析性、探讨性和学习性。教师在进行教学工作的相互学习和交流中,教学目标起着重要的促进作用。相同的教学目标有利于促进教师间的对话;具体明确的教学目标有利于教师间对课堂教学进行分析、探讨和学习研究。如果教学目标制订得太笼统,交流的兴奋点就容易扩散,交流就不可能深入细致地发展下去。如有的教师在教学目标的表述中这样写道:"在教师的指导下,发展学生的身体素质",身体素质包括多方面的内容,发展学生每种身体素质又有很多的手段和方法,这样笼统的教学目标,在教师的相互交流和学习中是很难进行下去的。如果我们将这一教学目标改为"在教师的指导下,发展学生的有氧代谢能力"就明确具体多了。这样,教师在进行互相学习和交流时,可共同分析有氧代谢运动的条件,有氧代谢运动的方法,有氧代谢与运动量及运动强度的关系,根据学生的体质情况和学校的具体条件选择怎样的教学手段和方法来提高学生的有氧代谢能力等。教师还可针对某一有氧代谢运动的教学方法、成功与失败的经验进行充分细致的学习和交流。因此,明确的教学目标可使教师相互学习、相互交流。

第四节 体育教学目的与教学目标及类型

教学是教师的教和学生的学所组成的一种定向的教育活动。通过这种活动,教师有目的、有计划地引导学生掌握人类长期实践积累起来的科学文化知识,发展学生的智力和体力,培养学生的道德品质和世界观。从宏观的角度,每门课程都在教学大纲和教学计划中规定了该门课程的目的和任务,为了实现这些目的和任务,每堂课又分别设定了明确的课堂教学目标,以保证每节课紧紧围绕着课程的目的任务有序地展开。那么,教学目的与教学目标有什么区别与联系呢?

一、教学目的

教学目的是指用普通语言表达出来的关于教育意图的一种广泛的陈述。下面所列举的各项就是从宏观的角度所制订的体育教学目的。

教学目的举例:

1. 初步掌握单手肩上投篮的动作技术。

2. 进一步巩固助跑起跳的衔接技术。

3. 使学生了解体育运动对人体心理健康的影响。

从举例中我们可以看到,这些目的陈述都具有共同的特性。其一,每个目的陈述都表明,它是为特定学生而设计的;其二,每个目的都是用一般的、不易直接观察和非行为的术语来陈述的。"非行为"的含义是说,"掌握"、"巩固"、"了解"、"理解"是发生于学生内心的身心综合变化过程,而教师不能直接观察到它们的变化及变化的程度。因此,国内外教育界的一些学者反对在教案中使用教学目的概念性的陈述,反对使用没有行为对象的抽象术语。但是,教学目的的陈述也并非毫无意义,在教学大纲或上级有关教学文件中,使用教学目的的陈述以最少的教育专门术语来阐述不同教材的教育目的,也为拟定课堂教学目标提供了依据。

二、教学目标

教学目标指的是学习者在教学终结时应做到什么或获得什么特定能力的一种具体明确的陈述。编写教学目标的过程可视为一种提炼过程,在这一过程中,将广泛的、一般的教学目的转化为适合课堂教学和可以检验教学效果的教学目标。教学目标对于教师选择教学策略及评价学习结果都是有用的。因此,教学目标必须用准确的行为术语加以陈述。"行为术语"的意思就是按照学生在其学习状况受到评价时所表现出来的行为来陈述目标。

教学目标按其性质又可分为显性目标和隐性目标。因为在体育教学过程中不是所有的教学目标都能以行为目标的形式表现出来,有的教学目标可能在一个单位授课时间内就能够达到,而有的教学目标,如认知和情感目标必须在多个单位授课时间内,甚至在一个学期、一学年或更长的时间内,经过不断地积累才能够达到。显性目标是指学生通过学习所产生预定的、明显的、看得见的行为变化。在体育教学,尤其是在运动技术教学中,显性目标在整个课堂教学目标的设定中占有重要的地位。隐性目标是指学生通过学习不易或不能直接显现的学习成果,如学习中的理解、鉴赏、态度、意志、情感、心理、价值观等都属于隐性目标的范畴,我们很难判断这一目标学生是否真正达到或达到了何种程度。在体育课堂教学中,也有许多重要的教学目标在短时间内是常常看不到行为的,如培养学生坚强的意志和品质,建立正确的体育价值观,树立团结互助的集体主义精神。但隐性目标范围很广泛,它渗透在体育课堂教学的各个环节中。学生往往在体育课上学到的东西远远超过教师课堂教学的预期目标。在体育课上,学生可以通过完整的教学过程学到课堂的组织、学生的分组、教师的教态、教学手段与方法、其他同学的学习行为及课堂所提供的教具、运动器材的使用和有关知识等,所有这些都是隐性目标。因此,体育教师应在这些方面有序地、严格地进行操作,对学生施以全面的影响。

三、教学目标的类型

朱厄尔和马尔安的教学目标分类系统也将体育教学目标分为三大类:认知目标、情感目标和运动行为目标。下面我们将对每项教学目标按不同的层次加以说明。

(一)体育教学的认知目标

学校中大多数学科的教学目标都纳入认知领域,因为它涉及学生的智力活动。由于体育教育的特点决定了体育教学目标主要是以运动行为目标为主导,它涉及学生的身体发展和运动技能的掌握。但是,当"健康第一"的指导思想提出和人们对健康概念有了更加明确的认识后,在体育教学中,学生对认知领域内容的学习和掌握就显得非常重要。在体育教学中,体质健康学、运动学、运动生理学、运动心理学、运动营养学、健康的生活习惯和生活方式等知识都渗透在体育教学过程中,学生只有在对这些知识充分理解的前提下,才可能自觉地、积极地终身参加适宜发展和保持体质健康的各项体育实践活动,将发展和保持体质健康、提高生活质量作为终身追求的目标。体育教学的认识目标根据学生的心理发展水平,由低级到高级分为知识、理解、应用、分析、综合和评价。

(二)体育教学的情感目标

情感领域涉及学生的态度、动机和价值观等。情感领域中的教学目标指的是学生的感受、兴趣、鉴赏等。情感目标很难通过可观察的适当行为来判断它是否达到或达到了何种程度,更没有办法来进行等级划分。虽然体育教学的目标定向趋于运动行为领域,但通过体育教学的情感目标,端正学生的学习态度,培养学生的学习兴趣、鉴赏能力以及树立正确的体育价值观,对体育教学有着积极的促进作用。体育教学的情感目标分为接受、反应、评价、组织和态度。

(三)体育教学的行为目标

在体育教学目标的设定中,不是所有的教学目标都能用运动行为目标来表示,但需要明确的是,体育教学运动行为目标是体育教学的主要内容,体育教学的行为目标分为知觉、模仿、变化、改进、选择、应变和创造。

第五节　课堂教学目标的设定

一、课堂教学目标的设定

课堂教学目标是具体贯彻落实学科教学目标的根本途径,是教师授课的基本出发点和归宿。因此,设定课堂教学目标是体育教师完成教学任务必不可少的一项基本技能。准确地阐述课堂教学目标是需要进行艰巨的脑力劳动和严格的训练才能够获得的。体育课堂教学目标常用行为目标来表示,它指的是课堂教学的结果,是学生能够做的或通过不断地练习确定能够做到的事情。它可以是显性目标,也可以是隐性目标,但必须是准确的、严密的,不能用模棱两可的术语来表达要求学生完成的学习结果。明确具体的课堂教学目标不仅有助于教师制订自己的教学策略,选择教学的方法与手段,合理安排教学的顺序,明确所期望的学生学习行为将发生的变化,而且还有助于教师对教学效果进行自我评价,不断改进教学工作,促进教师间的相互学习和交流。设定课堂教学目标要紧紧围绕教学的内容进行,要针对性强,具体、明确。教学目标过大、笼统、不明确则落实不了;教学目标含糊、不准确、不具体则影响授课的质量,使编写教案时所选择的教学手段、教学方法及教学步骤失去依据。在以往的教学目标设定中,教学目标的表述常常是不具体、不明确、模棱两可的,重点常倾向于教学的内容和教学方法上,而不是教学的结果或学生的学习行为变化,这些不足是能够通过系统地学习和训练加以纠正和改进提高的。那么,怎样设定课堂教学目标才算是比较理想的呢,我们认为,理想的课堂教学目标应该是:在课堂教学完成后,教师所观察到的或通过实践获得的学生学习的行为变化或学习结果能按所设定的课堂教学目标加以衡量或评价。换言之,比较理想的课堂教学目标应成为课后衡量学生学习行为变化及变化程度的依据。

在设定课堂教学目标时,对学生体能、身体素质、已掌握的体育运动知识、技术、技能的了解和评估是编写课堂教学目标的前提条件。在设定课堂教学目标时,应注意下列三方面的要求：

1.教学目标中要求学生完成的任务，一定是教师能够观察到的学习行为，所以必须用行为动词来表达教学目标。

2.要清楚地表达学生学习的条件,完成学习行为的程度,学生在学习结束时要达到的水平。

3.教学目标的设定是否符合学生的实际水平,要求学生完成的最低标准是什么或允许学生出现失误的最多次数是多少。

在设定课堂教学目标的同时,教师首先要考虑本次课的教学重点,学生通过本次课的教学将要学习什么体育知识,掌握哪些运动技术、技能或发展学生哪方面的素质;其次是确定该教学重点在体育教学目标分类中的位置;再次是确定教学目标的范围;然后设计教师的教学行为与学生的学习行为;最后是编写课堂教学目标。据此,规范的课堂教学目标通常应写成:"通过本次课的学习,学生……"其编写步骤是:①要确定准确具体的行为动词,描述由学生完成的动作或技能。②行为动词后面跟上所描述的学习内容。③上述目标可以达到一定的量值,则在可测量的项目内容里加上能够完成的最低标准。

以上三个步骤不是绝对的,而是相对的,课堂教学目标的设定者可根据实际的授课内容,在设定课堂教学目标时灵活地加以应用。下面将通过实例对设定课堂教学目标加以进一步的说明。

同样的教学内容,假如课堂教学目标设为:"通过本次游泳课的学习,学生能够漂浮滑行。"这一课堂教学目标就不明确、不具体、不规范了。它缺少了学生完成动作的条件和完成动作的最低标准。学生在完成动作时,是否可以利用浮板或同学的帮助?假如学生只漂浮了一米,是否算达到了本次课的教学目标? 教师在课后如何评价本次课的教学效果和学生的学习程度应设有具体的要求。

我们再来看一个排球教学内容的课堂教学目标:"通过本次排球课的学习,学生能够初步掌握正面上手发球的技术。"这是一个不规范的课堂教学目标。首先在要求学生的学习程度上采用了"初步掌握"这样模糊笼统的表述,教师也很难把握学生的学习行为达到什么程度就可称之为"初步掌握";其次缺少学习条件,学生是在三米线后发球还是在端线发球区发球,在哪种条件下发球成功为"初步掌握"呢?由此,我们应该将这一课堂教学目标修改设定为以下模式。

例1:"通过本次排球课的教学,学生能够在发球区内采用正面上手发球动作发球,成功率至少达到50%。"

谁?	学生
做什么?	正面上手发球

| 做到什么程度？ | 成功率至少达到 50% |
| 在什么条件下？ | 发球区内 |

修改后的课堂教学目标将"初步掌握"改为"成功率至少达到50%"，也就是说使学生的学习目标更加明确化、具体化，对学生应完成的行为水平作了清晰的界定；并对学习条件加以限定，要求学生在发球区内完成动作。如果本次课结束时，学生都能按上述要求完成动作，那么本次课的教学目标就能达到"初步掌握"正面上手发球技术。

认知领域的课堂教学目标是否能够按照目标设定的规范格式来进行编写，下面的举例会回答这一问题。

例2：通过本次课的学习，学生能够根据教师的讲解和自己的运动体验，至少列举出三种有氧代谢的运动方式。

谁？	学生
做什么？	理解有氧代谢运动的概念
做到什么程度？	至少列举出三种有氧代谢的运动方式
在什么条件下？	教师的讲解和自己的运动体验

这一课堂教学目标属于认知领域范畴，它清楚地表述了学生将要学习的知识、学习条件及学习的程度。教师的讲解使学生获得有氧代谢运动知识，学生参加有氧运动的实践活动加深了对这一概念的理解，学生利用教师传授的知识和自身的运动体验，分析各种运动方式的性质，最后综合列举出三种有氧代谢的运动方式，真正达到使学生理解有氧代谢运动概念的教学目标。

在设定课堂教学目标时，行为目标较为精确，比较好写。它一方面指出了具体明确的目标，另一方面对教与学成功的标准规定得比其他类型的目标更明确。较高级的认知和情感领域的教学目标是比较难写的，要真正编写好这两个领域的教学目标，需要对课堂教学目标的设定技能进行认真的学习、训练和研究。

二、设定课堂教学目标应注意的问题

（一）设定课堂教学目标应注意的问题

1. 教学行为目标的描述一定是学生的学习行为，而不是教师的授课行为。

2. 每项教学行为目标要描述成学生的最终学习行为，而不是学习过程或教学程序。

3. 教学目标中要求学生达到的行为水平要符合学生的实际。

4. 设定课堂教学目标要在以运动行为目标为主导的前提下，兼顾认知和情感领域的目标。

5. 课堂教学目标可有一个，也可有多个，但每个教学目标应是一项具体、明确的学习结果,而不是几项学习成果的组合。

6.教学目标应充分考虑学生的个体差异,使学生能以不同的方式,在不同程度上达到所制订的教学目标。

(二)设定课堂教学目标易犯的错误

1.设定课堂教学目标时,完全按照体育教材和参考书进行设定,目标设定的过高,忽略了学生的实际情况和现有的运动技术水平。

2.设定课堂教学目标时,缺乏对本校现有的运动器材、场地设备等必需的教学资源和教学条件进行充分考虑。

3.对学生的知识水平和运动能力估计有较大的偏差。

4.课堂教学目标设定得多而杂,在有限的课堂教学时间里无法逐一达到。

[本章小结]

教学既是一门科学,又是一门艺术。如果缺乏熟练的教学技能,就谈不上教学艺术,就不能有效地组织学生进行学习,更不能把教学搞得生动活泼。要使教师能够有效地组织课堂教学,就必须单独进行培养和训练。教学目标的设定技能是为了实现对学生发展过程中的有的放矢。

[思考练习]

1.什么是教学技能?

2.教学技能分类的意义、原则有哪些?

3.教学技能的分类方法有哪些?

4.何为教学目标设定技能?

5.教学目标设定技能的功能有哪些?

6.教学目标的类型及构成要素有哪些?

7.设定教学目标时应注意什么?

[阅读材料]

1.王卓华.体育教学技能微格训练[M].教育科学出版社

2.王则珊.学校体育理论与研究[M].北京体育大学出版社

第五章　体育教学设计

［内容提要］

　　作为一名体育教师,几乎无时无刻不在做教学计划,包括年度计划、学期计划、单元计划、每周计划及课时计划等,而且这些不同水平的计划必须协调一致,并与整个教学的目标相一致,这就要求教师具有较高的教学设计水平。体育教学设计是一项复杂的技术,需要心理学、教育学及其他相关学科的知识作指导。只有掌握了这些基础的理论与技术,才能更有效地组织体育教学。在正式开始一堂体育课的教学之前,教师需要考虑学生现阶段的学习情况,下一步的教学目标和实现该目标的教学步骤。在教学过程中,教师需要考察学生的理解和掌握情况,并在教学完成后对教学目标的达成情况进行评价。所有这些都是体育教学设计的重要内容。

［学习指导］

　　1. 我国学者认为,"教学设计是运用系统方法分析教学问题和确定教学目标,建立解决教学问题的策略方案、评价施行结果和对方案进行修改的过程"。它以优化教学结果为目的,以学习理论、教学理论和传播学理论为理论基础。

　　2. 教学设计也称系统设计,它把课程设置计划、课程大纲、单元教学计划、课堂教学过程等不同层次的教学系统视作其研究对象。

　　3. 体育教学设计是系统研究规划体育教学系统、教学过程和制订教学计划的过程及方法。它属于微观层次的教学设计,主要包括体育课程设计、教学单元设计、课堂教学设计以及教学媒体材料的设计等。

　　4. 体育教学设计的主要特性:教学的计划、开发、传递和评价系统化;教学目的必须建立在对体育教学系统环境的分析基础之上;教学目标要用可观察的行为术语来描述;对学生的了解是系统成功的要素;教学设计的重点放在教学策略的计划和媒体的选择和开发上;评价是设分。

　　5. 体育教学设计的基本要素:教学设计一般包含有下列六个基本要素,教学任务及对象、教学目标、教学策略、教学过程、教学评价和教学器材体育场地分配。这六个基本要素相互联系、相互制约,共同构成了教学设计的总体框架。

　　6. 体育教学设计的意义:有利于体育教学工作的科学化、有利于体育教学理论与体育教学实践的相结合。

　　7. 体育教学设计的主要内容:基本概念和基础理论、体育教学设计过程、体育媒体开发、体育教学评价。

8.体育教学设计的原则:整体性原则、动态性原则、最优化原则。

9.体育教学设计的模式主要有:以"产品"为中心的模式、以课堂为中心的模式、以系统为中心的模式。

10.体育教学设计的基本步骤:学习需要分析、体育学习内容分析、学生分析、学习目标的阐明、体育教学策略的制订、体育教学设计成果的评价。

11.体育教学设计又涉及体育教学目标设计、体育教学内容设计、体育教学方法设计、体育教学手段设计、体育教学媒体设计、体育教学策略设计等。

第一节　体育教学设计

一、什么是体育教学设计

(一)对教学设计起源的认识

教学设计是20世纪50年代以后逐渐形成和发展起来的一门新的实践性很强的应用学科,是教育技术学术领域中很重要的一个分支。它综合各种学术理论而自成体系,是运用系统方法发现、分析、解决教学问题,实现教学效果最优化的规范的计划过程和操作程序。我国对教学设计的研究始于20世纪80年代中期,其教学设计的原理和方法越来越受到人们的重视,并已开始在课程计划的制订、教学软件的开发以及课堂教学的改革等方面有所应用。

(二)对教学设计概念的认识

著名教学设计专家加涅(R. M. Gagne)认为,教学设计是一个系统的(systematic)规划教学的过程。赖格卢思(C. M. Reigeluth)也形象地把教学设计比作建筑设计蓝图,而教学开发则是实施这个计划的过程。但克内克(F. G. Knirk)等人则把教学设计与教学开发视为一物。

我国学者认为,"教学设计是运用系统方法分析教学问题和确定教学目标,建立解决教学问题的策略方案、评价施行结果和对方案进行修改的过程"。它以优化教学结果为目的,以学习理论、教学理论和传播学理论为理论基础。

(三)教学设计的层次

教学设计也称系统设计,它把课程设置计划、课程大纲、单元教学计划、课堂教学过程等不同层次的教学系统视作其研究对象。因此根据研究对象的大小,教学设计也相应地有不同的层次。一般可归纳为三个层次:

1.以"产品"为中心的层次

该层次把教学中需要使用的媒体、材料、教学包等当做产品来进行教学设计。

2. 以课堂为中心的层次

该层次的实践范围是课堂教学,是在规定的教学大纲和计划下,针对一个班级的学生,在固定的教学设施和教学资源条件下进行教学设计。设计的重点是充分利用已有的设施和条件,选择和编辑现有的教学材料来完成目标,而非开发新的教学材料(产品)。

3. 以系统为中心的层次

这是特指比较大、比较综合或复杂的教学系统,如一个学校或一门课程的大纲和实施计划等。

(四)对体育教学设计概念的认识

虽然我国体育教育界对教学设计的原理和方法研究甚少,但是在实际的体育教学中,人们对体育教学设计的某些方面一直在进行相应的实践,如一系列体育教学计划的制订,都可以视作是不同层次的教学设计。只是在教学设计的过程中,我们没有引入现代教学设计的理论,没有完全按教学设计的有关原理设计体育教学罢了。

根据教学设计的内涵和体育教学实际操作的需要,我们认为,体育教学设计是系统研究规划体育教学系统、教学过程和制订教学计划的过程及方法。它属于微观层次的教学设计,主要包括体育课程设计、教学单元设计、课堂教学设计以及教学媒体材料的设计等。

(五)体育教学设计的主要特性

根据教学设计的指导思想、现代教育观念和系统思维方法,我们认为体育教学设计应具有以下特色:

1. 教学的计划、开发、传递和评价系统化

即把体育教学的计划、开发、传递和评价建立在系统理论之上,根据它们之间的内在联系创造性地分析、解决问题。

2. 教学目的必须建立在对体育教学系统环境的分析基础之上

即从分析中确定问题、形成教学目的。

3. 教学目标要用可观察的行为术语来描述

这样使师生双方对教学结果都很清楚,以便学生主动参与学习和教师对学习是否有效进行准确的判断,为教学评价提供可测量的标准。

4. 对学生的了解是系统成功的要素

对学生特征进行分析是教学设计者了解学生对"学"的具体体现。

5. 教学设计的重点放在教学策略的计划和媒体的选择和开发上

即如何成功有效地实施教学。

6. 评价是设分

由于教学过程非常复杂,不可能成简单固定的线性因果关系,因此教学设计必

须通过反复的试行和修正以达到最优的教学效果。

二、体育教学设计与体育教学论、体育教学法、教师的教案,既有区别又相互联系

就体育教学设计工作本身来说,它具有系统性、灵活性、科学性和艺术性等特点。由此可见,体育教学设计是系统性、灵活性、科学性和艺术性的高度统一和完美结合,我们既要以科学的理论指导体育教学设计,不断提高体育教学设计的科学化水平,又要发挥体育教学设计的艺术特色,不断进行体育教学艺术的创造,力争使体育教学设计达到完美的境界。

体育教学论是研究体育教学一般规律的科学。它的研究对象包括:体育教学在整个体育教学活动中的地位和作用、体育教学的目的和任务、体育教学过程、体育教学原则、体育教学内容、体育教学手段和方法、体育教学组织形式,以及教学效果或学习成绩的检查和评定等。对上述内容,体育教学论注重理论探讨。因此,它是应用性的理论科学,对体育教学设计具有直接的指导作用。

体育教学法包括一般教学法和专项教学法。一般教学法研究各门术科共同的教学任务、过程、原则、方法、组织形式等;专项教学法则分术科专项进行研究,突出各术科自身专项教学的特点。体育教学法的主要特点是对体育教学的方法展开细致和深入的研究,而专项教学法为各门具体术科的教学设计提供了理论依据。

教案是以课时为单位设计的实际教学实施方案,是课堂教学活动的重要依据。通常包括班级、术科项目、上课时间、课的类型、教学目标、教学方法、教学内容、时间分配、教学媒体的使用等。教案是体育教学设计的具体产物之一,是体育教学设计指导体育教学过程的具体体现。教案主要考虑的是"教"的方案,而不是"学"的方案。体育教学设计也关注"学"的方案,它并不仅仅局限于得出一套针对某一教学内容的教案,它需要对教与学的各个方面进行系统分析,提出教学方案,并不断修正方案,是一个连续的、不断改进和提高的过程。

体育教学设计与教案有一定的联系,都是关于教学思路的预设,所以容易混淆。但教案与教学设计还有区别:教案是教学设计方案,主要体现怎么设计;教学设计是关于教案的说明,更重要的在于说清楚为什么这么设计。

总之,体育教学设计是将教学的静态信息转化为动态信息的过程。只有在教学设计过程中落实素质教育的思想观念,才能在教学实践上转化为具体的素质教育行为。没有教学设计的素质化,也就不会有课堂教学的素质。所以说,脉络"准"是教学设计的"出发点";目标"明"、立意"新"是教学设计的"灵魂";构思"巧"是教学设计的"翅膀";方法"活"是教学设计的"表现形式";练习"精"是教学设计的"综结点"。

三、体育教学设计的基本要素

教学设计一般包含有下列六个基本要素：教学任务及对象、教学目标、教学策略、教学过程、教学评价和教学器材体育场地分配。这六个基本要素相互联系、相互制约，共同构成了教学设计的总体框架。

（一）教学任务

新课程理念下，体育课堂教学不再仅仅是传授知识，教学的一切活动都是着眼于学生的发展，以"健康第一"为中心。在教学过程中如何促进学生的身体发展，培养学生的能力，是现代体育教学思路的一个基本着眼点。因此，现今教师首先应明确教学的任务，进而提出教学目标，选择教学内容和制订教学策略。

（二）教学目标

教学目标应确立知识与技能、过程与方法、情感态度与价值观三位一体的课程教学目标，它与传统体育教学只关注知识的接受和技能的训练是截然不同的。体现在课堂教学目标上是注重追求知识与技能，过程与方法，情感、态度与价值观三个方面的有机整合，突出过程与方法的地位。

（三）教学策略制订

所谓教学策略是为了实现教学目标，完成教学任务，达到锻炼身体目的所采用的方法、步骤、媒体和组织形式等教学措施构成的综合性方案。它是实施体育教学活动的基本依据，是教学设计的中心环节。其主要作用是根据特定的教学条件和需要，制订出向学生提供教学信息、引导其活动的最佳方式、方法和步骤。具体如下：

1. 教学组织形式
2. 教学方法
3. 学法指导
4. 利用教学媒体

特别要指出的是，常规的媒体在我们的体育教学中没有一席之地，现在可以通过媒体向学生传授更多的锻炼身体的方法，以及国内外更多的体育新闻，让学生热爱体育、关心体育。这样，媒体在体育教学中就显得比较重要了。

（四）教学过程

众所周知，现代的体育教学系统由教师、学生、教学内容和教学媒体等四个要素组成，教学系统的运动变化表现为教学活动进程（简称教学过程）。教学过程是课堂教学设计的核心，教学目标、教学任务、教学对象的分析、场地布置的选择，教学媒体何时插入利用，课堂教学结构类型的选择与组合等，都将在教学过程中得到体现。那么怎样在新课程理念下把诸因素很好地组合，是现代体育教学设计的一大难题。

（五）体育教学设计自我评价

新课程理念下，教学设计的功能与传统教案有所不同，它不只是上课的依据。

体育教学设计能够促使教师去理性地思考教学,在教学认知能力上有所提高,真正体现了体育教师与学生双向发展的教育目的。

第二节　体育教学设计的原则

体育教学设计是一门科学,科学的真谛在于求真。体育教学设计是在人体解剖学、人体生理学、体育保健学、运动生物化学、体育心理学、体育教学论等体育专业理论以及教育传播理论、教学媒体理论和教学评价理论的指导下,根据学和教的基本规律,尊重学生的兴趣爱好,尊重学生的个性特征,建立起的合理的体育教学目标、内容、方法的策略体系。科学地运用系统方法可以对各个体育教学要素及其联系进行分析和策划。

体育教学设计是一门艺术,艺术的生命在于创造。体育教师在进行体育教学设计的过程中,要根据教材,学生的不同特点,不同的教学环境,发挥个人的智慧,进行创造性的劳动。艺术具有丰富的审美价值,一份好的体育教学设计方案,既新颖独特、别具匠心,又层次清晰、富有成效,会给人以美的享受。

体育教学设计是系统性、灵活性、科学性和艺术性的高度统一和完美结合,我们既要以科学的理论指导体育教学设计,不断提高体育教学设计的科学化水平,又要发挥体育教学设计的艺术特色,不断进行体育教学艺术的创造,力争使体育教学设计达到完美的境界。

一、体育教学设计的意义

体育教学设计在体育教学中是一个很重要的环节,也是一项复杂的体育教学技术。因此,掌握体育教学设计的一般方法具有很重要的意义。

(一)有利于体育教学工作的科学化

传统体育教学中也有体育教学设计,但大多以课堂、书本及教师为中心,有的则片面地强调体育教学中学生的主体作用,以学生为中心,教学上的许多决策都是凭教师个人的经验和意向作出的。例如,在制订体育教学计划时,教师往往依据个人认为某项内容是否重要,对有关内容是否熟悉,有无现成教学大纲可用等来决定教学内容。有经验的教师凭借这种途径也能取得较好的效果,这正是体育教学艺术性的表现。但对于绝大多数教师来说,能掌握这门艺术的人毕竟有限,而且教学艺术难以传授。体育教学设计则克服了这种局限,将体育教学活动建立在系统方法的科学基础之上,使体育教学手段、过程成为可复制、可传授的技术和程序。只要懂得相关的理论,掌握科学的方法,一般教师都可较迅速地实际操作。因此,学习和运用体育教学设计的理论与技术,是促使体育教学工作科学化的有效途径。

(二)有利于体育教学理论与体育教学实践的结合

为了使体育教学活动有序地进行,提高体育教学效果,广大体育教育工作者一直致力于探讨体育教学的机制,对体育教学过程、影响体育教学的因素及其相互关系进行研究,并形成了一套独立的知识体系——体育教学理论。但长期以来,体育教学研究偏重于理论上的描述和完善,脱离体育教学实际,使体育教学理论成为纸上谈兵,对改进体育教学工作帮助不大。这固然同理论研究不够深入有关,而更多是由于忽视应用研究,致使在实践上无法操作造成的。而广大工作在体育教学一线的体育教师,则感到体育教学理论离他们的实际工作太远而把它们置于脑后,在体育教学实践中茫然地摸索。在这种情况下,被称为"桥梁学科"的体育教学设计学起到了沟通体育教学理论与体育教学实践的作用。一方面,通过体育教学设计,可以把已有的体育教学理论和研究成果运用于实际的体育教学中,指导体育教学工作的进行;另一方面,也可以把在一线工作的广大体育教师的教学经验升华为教学科学,充实和完善体育教学理论,这样就把体育教学理论与体育教学实践紧密地结合起来了。

二、体育教学设计的主要内容

科学以其不同的对象被划分为不同的学科门类。每门学科的知识体系都有自己专门的内容和分类体系,体育教学设计也不例外。

(一)体育教学设计的内容

教学设计中的目标、策略和评价是三项最基本内容。它好比说我要去哪里,我如何去那里,我怎么来判断自己已经到达了那里。

围绕这三项基本内容,在体育教学设计时,还有一些前提性和展开性的课题。如为了明确体育教学目标,我们先要分析体育学习的需要、体育教学内容和教学对象;在制订体育教学策略的时候,我们要对体育教学媒体的选择和编制赋予必要的重视和特殊的处置;而教学评价总体上属于体育教学设计的后期工作,但它实际贯穿了整个设计的全过程。而且,整个体育教学设计的过程又都离不开对体育教学系统的了解,离不开传播理论、体育基础理论和体育教学理论等的指导,离不开系统方法的运用。

概括地讲,体育教学设计的内容大致可以分为四大部分。

第一部分是基本概念和基础理论。它要回答什么是体育教学设计,体育教学设计与邻近概念(如体育教学论、体育教学法、体育课教案等)的联系和区别,体育教学设计有哪些特点和作用,体育教学设计涉及哪些课题内容和方法论。体育教学设计要探讨体育教学系统的构成和特性,即系统方法在体育教学中的应用,体育教学设计的形成过程、应用范围和层次。它要阐述体育教学设计的理论基础,即总结对体育教学设计工作有较大影响的理论流派。

第二部分是体育教学设计过程。它要说明体育教学设计前期阶段的学习需要分析、体育教学内容分析和体育教学对象分析的重要性,探讨怎样来做好这些前期分析工作。它要引用或借鉴教育目标的分类学说,依据课程标准或"体育教学指导纲要"等法规文件,探讨体育教学目标的具体编写方法。它要验明体育教学策略的构成要素,探讨各种不同类型体育课的具体教学策略,编制体育教学方案。

第三部分是体育媒体开发。它要阐释体育教学媒体的特性,说明选用体育教学媒体的依据、程序和原理。它要探讨如何运用体育教学设计原理和方法来编制体育教学电视节目、体育网络课程、体育类计算机教学辅助软件(CAI)和学习辅助软件(CAL)等媒体教材和课件。

第四部分是体育教学评价。它要说明体育教学评价的功能和原则,及其对体育教学设计的意义。它要制订体育教学设计成果(即体育教学方案和体育媒体教材)的评价指标。它要研讨体育教学设计成果的形成性评价程序和方法,以及评价工具的编制和使用。

(二)体育教学设计的系统科学方法

系统论认为,世界上的一切事物都是作为各种各样的系统而存在的。系统方法是运用系统科学的观点,研究和处理复杂的系统问题而形成的方法,即按照事物本身的系统性,把对象放在系统形式中加以考察的方法。体育教学本身就是一个系统,体育教学设计中的系统方法,是在系统科学和体育教学实践的基础上产生的,是指导体育教学实践和体育教学设计活动的一般方法。它是由多种变量因素构成的。这些因素涉及学生主体的需要,主体的学习特征,教学内容的选择,教学目标和教学策略的确定,教学手段的运用,教学活动的组织等等,它们互相联系,互相依赖,形成一定的结构,构成一个有机的整体。这是我们对体育教学系统已有的基本共识。因此,体育教学设计的系统思想就是要求在进行具体设计时,必须从系统论的角度出发,在现代体育教育思想的指导下,全面分析体育教学系统中的各组成要素,对整个系统的结构和教学过程的各个环节进行优化组合,力求使各组成因素充分发挥自身的作用,朝向特定的目标,达成最理想的整体功能。

系统科学方法为体育教学设计提供了具体分析决策的操作过程和操作方法。它大体上分为三个阶段,即系统分析、系统决策和系统评价。在系统分析阶段,通过系统分析技术,确定问题的需求和系统的功能、目标;在系统决策阶段,通过方案优选技术,考虑环境等约束条件,优选解决问题的策略;在系统评价阶段,通过评价调试技术,实行方案,鉴定方案的有效性,进而完善已有方案。运用系统方法进行体育教学设计,应遵循下面三个原则:

1.整体性原则

它要求把体育教学设计作为一个整体加以考虑,不能只着眼于各个要素的分析和设计,或各个要素形式上的结合,应从整体与要素、要素与要素的相互联系、相互作用中,以及从系统与外部环境的制约关系中,去揭示体育教学设计的特征与规律。例如,处理好学习需要与学生特征、体育教学内容与体育教学策略、体育教学目标与体育教学评价、体育教学环境与体育教学媒体等要素和要素的相关性、制约性,使系统的整体功能大于系统中各要素的功能之和。

2.动态性原则

体育教学设计的对象是体育教学系统,这是一个有序的动态系统。体育教学系统的有序性表现为体育教学过程各要素之间相互联系、相互制约的关系是有序的;体育教学系统的动态性表现为体育教学过程处于不断的运动和发展之中。体育教学系统设计应充分考虑体育教学系统的有序性、动态性的特点,在体育教学设计和体育教学过程中引入评价和反馈机制,对过程实施有效的调控,这些是有效完成体育教学任务的重要保证。

3.最优化原则

最优化是指系统功能的最优化,它是体育教学系统设计的基本目标。为此,在进行体育教学设计时,应从整体最优化的目标出发,使体育教学过程的每一个要素、每一局部过程和每一环节都置于系统的整体设计之中,以协同实现体育教学设计整体功能的最优化,而且要特别注意要素之间结构和功能的相互匹配,这样才能设计出最优的体育教学方案,使体育教学达到预期效果。

第三节　体育教学设计的模式

一、教学设计

体育教学设计的模式主要有:

1.以"产品"为中心的模式

2.以课堂为中心的模式

3.以系统为中心的模式

体育教学设计模式的基本组成部分(见下表):

体育教学设计模式的基本组成部分

模式的沟通要素	模式中出现的用词
学习需要分析	问题分析,确定问题,分析、确定目的
学习内容分析	内容的详细说明,教学分析,任务分析
学习目标的阐明	目标的详细说明,陈述目标,确定目标,编写行为目标
学习者分析	教学对象分析,预测,学习者初始能力的评定
学习策略制订	安排教学活动,说明方法,策略的确定
教学媒体的选择和利用	教学资源选择,媒体决策,教学材料开发
教学设计成果评价	试验原型,分析结果,形成性评价,终结性评价,行为评价,反馈评价

二、体育教学设计的基本步骤

(一)学习需要分析

"学习需要"在教学设计中有特定的含义,它是指学生学习方面和目前状况与所期望达到的状况之间的差距,即学生目前水平与期望学习者达到的水平之间的差距。

期望达到的学习状况 - 目前的学习状况 = 差距(学习需要)

期望达到的学习状况是指学生应当具备什么样的体育能力和素质,通常对学生在体育方面的总期望主要由以下两个方面的因素决定:

1. 学生生活的社会及其发展变化赋予学生进行体育学习的历史使命和任务,如对身心健康、身体发展、心理品质形成、体育意识、体育志趣、知识及能力等方面的近期的、长远的要求等。

2. 学习者自身对体育学习的要求,如锻炼身体、养护身心的知识、技能、态度、意识培养和发展方面的个人要求、运动情感体验、交往要求。

目前状况是指学生应当具备什么样的能力素质,通常指学生在体育方面已达到的水平。而差距指出了学生在能力素质方面的不足,指出了教学中实际存在并有待解决的问题,这正是通过教育和培训可以解决的学习需要。如某一教育机构希望95%的学生能通过体育锻炼标准,而目前只有75%的学生通过了标准,这样就有20%的学生尚未达标的差距,指出了对学生集体而言的体育需要,这也正是体育教学中要解决的问题。

学习需要分析是一个系统的调查研究的过程。它属于前端分析(美国学者哈里斯 J. Harless 提出的一项技术),即在教学设计过程的开始分析教学中存在的问题,并论证解决该问题的可能性,以使设计工作有的放矢,有效地利用人力物力。其目的就是要揭示学习需要而发现问题,通过分析问题产生的原因确定问题的性质,并辨明教学设计是否是解决该问题的合适途径,同时还要分析现有的资源及其约束条件。所以,学习需要分析的实质就是分析教学设计的必要性和可行性,其结果是提供"差距"的有效资料和数据,从而帮助形成设计项目的总的教学目标。

(二)体育学习内容分析

体育学习内容是指为实现体育教学目标,要求学生系统学习的体育知识、技术、技能和行为的总和。

分析学习内容是为了规定学习内容范围、深度和揭示学习内容各组成部分的联系,以保证达到教学最优化的内容效果。对学习内容的分析可采用以下步骤:

1. 体育学习内容的选择

体育学习内容是为了实现体育学习目标而要求学习者系统学习的体育知识、运动技能和体育行为经验的总和。

根据体育学习内容的层次,可以将体育学习内容分析划分为宏观分析和微观分析两个层次。前者是根据体育学习的需要及教学目标而从众多的身体练习等内容素材中优选出可以作为学习内容,并分类加工使之单元化,再将单元整合使之体系化的过程;后者是根据大纲要求、标准教材和实际的教学条件,研究如何将大纲规定的内容转变成学生可以接受的"学习内容"的过程。这一过程的工作主要由体育教师完成。

这两个层次的学习内容分析,都须解决如何选择教学内容的问题。由于体育学习的内容不同于其他学科(主要以其学科内容为素材,如物理学习内容主要来自物理学),它主要来自于包括运动游戏、竞技运动和健身手段等身体练习活动,而这些身体练习活动又非常庞杂,彼此之间又没有严格意义上的内在的逻辑联系(如不会体操也可以学习打球),因此从这个意义来说,体育教学内容的选择较一般文化课教学内容的选择更难。体育学习内容的选择实际上是一个根据教学目标对各类运动素材分析判断的优选过程。在实施这一过程时,首先要根据体育课程的目标对有关运动素材进行价值判断,分析这些运动素材在促进学生身体发展、基础运动技能学习、体育科学文化知识的传递、运动情感体验、良好心理品质培养方面有什么价值;进而分析它们对完成体育学习总体目标的贡献到底有多大,是否具有典型性的学习意义;然后再根据学习条件判断其实施的可能性,即根据学生的身心特点分析这些学习内容的价值是否有可能被学生内化,学习内容的难度是否适宜,所要求的场地器材等硬件条件能否达到。

2.体育学习内容的组织

体育学习内容的组织是对所选择的体育学习内容进行单元化的系统安排过程。

单元是体育课程内容的划分单位。体育课程内容的基本框架是通过选择与组织单元而确定的。一个单元的内容有相对的完整性。单元实质上反映了课程编制者或教师对一门学科结构总的看法,以及在此基础上对这种结构按教学要求所做的分解和逻辑安排。

我国中小学体育教学大纲在对单元的划分上有一定的规定,单元的选择和划分主要由国家教育行政部门组织有关专家来完成,但从目前体育课程改革的趋势看,教学内容越来越趋向于弹性化、可选择化,学校和体育教师将来可根据本校的实际特点选择和组织体育学习的内容。

体育学习的单元一般按学习的运动项目划分。由于运动项目之间并没有严格意义上的逻辑关联,如先学游泳和后学打球就没有严格意义上的先后关联。因此,体育学习的单元划分及其安排自有其不同于其他学科的特殊性。单元的组织排列也直接影响学习的效果。一般而言,体育学习的单元过小过密,可能会出现学不完、学不透的问题,但若单元过大过长,则可能影响学习的广度或学习的全面性。我国中小学体育学习中常见的单元为4—6个学时,多采用直线式和螺旋式相结合的混合排列方式,有许多教学内容采取小单元密重复的排列方式,这种单元划分及其排列方式一方面和我们注重"身体全面发展"的教学原则和通过学习内容的丰富与变换激发学生学习兴趣的观念有关;另一方面,则是出于对班大人多、器材少的实际条件限制而考虑。然而,有的学者认为,这种小单元密重复的安排也有其弊端,它易导致"蜻蜓点水"和"过多的低级重复"式的教学,不利于将教学内容"教深教透",很难将学生的学习引向深化,使体育学习停留在"初步体验"的阶段,对学生运动技能的真正掌握和兴趣的提高有害无益。

从目前国外体育教学改革的情况来看,体育学习内容的组织有向大单元发展的趋势,有些学者甚至认为,"大单元"是体育教学的主攻方向。国内一些中学对选项化教学或专项选修制的探索,以及人们对体育教学内容弹性化、重点化、选项化的呼吁也反映出对大单元体育教学改革的某种认同或希冀。

我们认为,加大体育学习的单元,减少不必要的重复,对于教深、教透、使学生能完整地参与必要的学习环节(如探索发现、集体讨论、总结归纳等)和强化体育学习的主动性、探索性、创造性都有积极的意义。然而,单元的加大也须考虑实际的教学条件,尤其是应认真分析学生的身心特点和体育学习需要。如小学低年级阶段,根据学生身体发育的需要和学习兴趣广泛、学习注意力易转移等特点,应使学生广泛、全面地多接触一些生动有趣的体育活动,这样既可以全面发展学生身体的基本活动能力,又可增加学生对"动作语汇"的储存积累,为以后的体育学习打下身体素质和运动技能方面的基础。在小学高年级阶段则应逐渐加大单元,尤其是对那些具有代表性、综合教学价值高的学习内容,应加大其单元,使学习内容相对集中、重点突出,逐渐与某些运动项目衔接。到了高中阶段,则可根据各校的实际情况进一步加大单元或实施选项化教学,真正使学生对某一两项或几项运动学深学透。

3. 单元目标与学习类别的确定

在各单元的学习内容确定以后,就要为各个单元编写相应的单元目标,并判断其学习内容的主要类别。我国中小学体育教学大纲对各个单元的学习内容都提出了相应的教学要求,这些教学要求是针对单元学习提出的比较概括、扼要的基本要求(也可看做是单元教学目标)。这些教学要求一般包括2—3条,我们应能从单元要求的表述中,判断出学习内容的基本类别及其目标指向。

4. 学习内容选择与组织的初步评价

在单元目标确定后,为确保所选的学习内容与学习需要相吻合,还应对学习内容的选择与组织进行评价。在教学设计初期,可以从下列几个方面评价学习内容的选择与组织.

(1)所选择的学习内容是否是实现体育课程目标所必需,还需补充什么,哪些内容与目标无关,是否应该删除。

（2）各单元量的大小是否适宜，是否有利于教深教透和教学过程的优化。

（3）学生已掌握了哪些内容，教学应从哪里开始，各单元的顺序排列有无前后的逻辑关联，是否有利于运动技能的迁移。

（4）各单元的内容及其排列是否符合学生的身心发展，是否有利于促进学生的身体发展，是否有必要进行重复排列。

（5）各单元的顺序是否符合本校和当地的实际条件，是否考虑到了运动学习和锻炼的季节性特点。

（三）学生分析

为什么对学生进行分析？

体育教学设计的一切活动都是为了学生的学，教学目标是否实现，必须在学生的体育学习活动中体现出来，而作为学习主体的学生在学习过程中又各有特点。因此，要取得教学设计的成功，必须重视对学生的分析。

对学生进行分析的目的是什么？

对学生进行分析的目的是要了解学习者的体育学习准备情况及其学习风格，进而为体育学习内容的选择和组织、学习目标的阐明、教学策略的确定等教学外因条件是否适合学生的内因条件提供依据，从而使体育教学真正促进学生体育能力的发展。

何谓体育学习准备？

体育学习准备是指学生在从事新的体育学习时，他原有的体育知识、运动技能、身体素质等方面的水平和身心发展水平对新的体育学习的适应性。体育学习可分为身体发展的、认知的、运动技能的和情感的学习，体育学习准备也相应地分为身体发展、认知、运动技能和情感四个方面。学生原有的学习准备状态就是新的教学出发点。根据学生原有的准备状态进行新的教学，就是教学的准备性原则，即教育学中强调的"量力性原则"或"可接受性原则"。

对学生进行体育学习准备分析的几大内容：

1. 学生的一般特征的分析

学生的一般特征是指对学生从事体育学习产生影响的心理、生理和社会的特点，主要包括年龄、性别、身体发育水平、体质水平、已有的体育知识、体育学习动机、个人对体育学习的期望、经历、生活经验、社会背景等方面的特征。对这些一般特征的分析，有益于选择适宜的体育学习内容和相应的教学策略。例如，教学对象的有氧耐力素质较差，就应该考虑多增加一些有趣的有氧练习内容，并将课内学习的内容与课外体育锻炼有机地结合起来，促进其有氧耐力素质的发展。

要了解学生的一般特征，可以用观察、采访、运动素质测试、问卷调查等方法，也可直接查阅学生的有关体育档案资料，如体质健康卡、体育成绩等。

2.学生体育学习风格的分析

在体育学习中,每一个学生都必须亲自感知来自外部和内部本体的信息,并对信息作出反应,处理、存储信息和提取信息,尤其是学习者必须独立完成对自身的本体感知信息的准确感知和处理。由于学生之间存在着生理和心理上的个体差异,不同的学生在对信息的感知和处理速度、方式又各不相同,因此,要做到真正意义上的区别对待,就必须为每一个学生提供适合其特点的学习计划。为了使教学符合每个学生的特点,就必须对学生特征进行测定分析。学习风格是学生特征的重要组成部分,对学生学习风格的分析,是进行个别化教学设计的一个重要方面。学习风格是指影响学生感知不同刺激、并对不同刺激作出反应的所有心理特性。包括学生的信息加工方式;对学习环境和条件的需求;认知方式,如依从型和独立型、沉思型和冲动型等。但是学习风格究竟由哪些方面组成,如何分类,对这些问题,有关人员正在探索之中。

美国教育技术学专家克内克等人通过对有关学习风格的研究认为,为了向学生提供适合其特点的个别化教学,教学设计者最好能掌握学习者信息加工的风格、感知和接受刺激所用的感官、感情的需求、社会性的需求、环境和情绪的需求等方面的情况。

目前有关人员虽然在学习风格方面进行了大量研究,但能够指导教学设计的结论还不多,而体育学习风格更有待人们进一步研究。

3.学生初始能力和教学起点的确定

进行初始能力的分析是为了确定适宜的教学出发点。一般来说,初始能力的分析包括以下三个方面:

对预备技能的分析,即了解学生是否具备进行新的学习所必须掌握的知识、技能和体能,这是从事新学习的基础。应该注意的是,根据教学大纲要求设定教学起点,不一定是实际的教学起点。实际的教学起点应根据学生实际的初始能力确定。因此,教师在具体的课堂教学设计中应根据自己对学生实际的初始能力的了解来具体确定教学的起点。

对目标技能的分析,即了解学生是否已经掌握或部分掌握了教学目标中要求学会的知识与技能。对已经掌握了的目标技能,这部分内容的教学没有必要进行,这有助于在教学内容的确定上做到详略得当。

分析学生对所学内容的态度。了解学生对所学内容的认识水平及态度,对选择教学内容、确定教学方法等都有重要的影响。态度的衡量有一定的难度,一般可采用问卷调查、采访、面试观察等多种方法。

小资料:学生对体育课程态度的问卷调查表:

你喜欢上体育课吗?

A.特别不喜欢　　　　B.不喜欢　　　　C.喜欢　　　　D.非常喜欢

你认为自己在体育课上学到的东西有用吗?

A. 毫无用处　　　　B. 用处不大　　　　C. 有用处　　　　D. 非常有用

你平时上体育课时感到愉快还是痛苦?

A. 痛苦　　　　　　B. 比较痛苦　　　　C. 比较愉快　　　　D. 非常愉快

与其他课程相比,你认为上体育课重要吗?

A. 不重要　　　　　B. 不太重要　　　　C. 比较重要　　　　D. 非常重要

对你来说,体育课成绩的好坏是不是重要?

A. 不重要　　　　　B. 不太重要　　　　C. 比较重要　　　　D. 非常重要

你平时喜欢参加课外体育活动吗?

A. 不喜欢　　　　　B. 不太喜欢　　　　C. 比较喜欢　　　　D. 非常喜欢

你是否愿意和同学或其他朋友一起参加体育活动?

A. 很不愿意　　　　B. 不太愿意　　　　C. 比较愿意　　　　D. 非常愿意

你有兴趣利用课余时间阅读体育书报和杂志吗?

A. 毫无兴趣　　　　B. 不太有兴趣　　　C. 比较有兴趣　　　D. 非常有兴趣

(四)学习目标的阐明

所谓阐明学习目标,是通过对学生初始能力的分析,确定教学的起点。在此基础上,应阐明学生在教学活动中要达到的学习结果或标准。阐明学习目标就是要使这种结果标准具体化、明确化,为以后制订教学策略及开展教学评价提供依据。

1. 体育教学目标及其分类

单元目标是体育课程目标的子目标,扼要地说明了本单元教学结束后应达到的结果。教学目标(又称为学习目标)是对学生通过体育学习以后将能做什么的一种明确、具体的表述。须从两个方面理解这一概念:

(1)教学目标表述的是学生的学习结果(包括言语信息、智力技能、认知策略、动作技能、体能和情感)。它不应该说明教师将做什么。

(2)教学目标的表述应力求明确、具体,可以观察和测量。避免用含糊和不切实际的语言表述。

美国教育家布鲁姆等人对教育目标分类作了系统的研究,把教育目标分为认知、动作技能和情感三个领域,而每一个领域的目标又由低级到高级分成若干层次。美国体育学者安娜里诺根据布鲁姆"教育目标分类学"创立了"体育教学目标操作分类学",将体育教学目标分为四类:身体领域(机体发育);运动领域(神经肌肉发育);认知领域(智能发展);情感领域(社会的、个体的情感的发展)。根据这一分类,H.哈格和J.E.尼克森确定了体育教学的四个具体目标:体质发展目标;体育技术和战术目标;运动知识目标;针对运动的态度、情感和行为的目标。

长期以来,我国在体育教学目标的表述上一直习惯于用教学目的、教学任务这样类似的术语。20世纪80年代中期,有人对"体育教学任务"这一术语提出过异议,并主张改革这一传统术语,代之以教学目标的提法。后来,又有人就教学目标与教学任务两种提法的差别作了进一步的比较后认为:"教学任务"的提法对学生的要求比较笼统,分不出阶段和层次,缺乏量和质的规定性,难以观察、测量与评价,应仅限于教师所用,有利于提高学生学习的主动性和学习兴趣。

随着国外教育目标分类理论的引入,有人根据美国教育家布鲁姆对教育目标的分类,把体育教学目标分为知识、技能技术和情感三个领域,并进行了学习水平的分层。知识、技术技能、情感领域的学习水平分层:

知识、技术技能、情感领域的学习水平分层

教育目标	学习水平	含义
知识领域	记忆	能回忆、记住动作要领和有关知识
	理解	①能理解动作要领和有关知识
		②将有关知识从一种形式转换到另一种形式
	简单应用	将已有的有关知识运用到新教材中,解决简单问题
	复杂应用	运用已有的知识解决复杂的问题
技术技能领域	体验	通过看、听、试、做感知某个动作
	模仿	能按照教师和图片示范的准确动作做练习
	组合	能将单个或分解的正确动作组合起来练习
	协调	能正确熟练地做完整的动作
	主动化	能准确自如地做完整的动作
情感领域	接受	①被迫接受命令②愿意接受命令③愿意作出反应、给予配合
	兴趣	①感到欣慰②对特定事物在特定的环境中产生爱好、倾向并形成观点立场
	形成观点立场	由兴趣、爱好内化为品德、个性,并形成观点立场、倾向
	自觉表现	爱好、观点、立场内化为个性品格,经常自我表现

2. 体育教学目标的编写

近二十多年来,教育心理学家致力于设计一套描述和分析教学目标的方法。如何描述,大致有行为主义心理学和认知心理学两种不同的观点。前者强调用可观察和可测量的行为来描述教学目标;后者则强调用内部心理过程来描述。尽管两种观点不同,但教育心理学家一致认为,教学目标应重点说明学生行为或能力的变化。

学习目标编写的基本要求。

以研究行为目标而著名的马杰曾提出,一个学习目标应包含三个要素:

行为:说明学习者通过学习后应能做什么,以便教师能观察学习者的行为,了解目的。

条件:说明上述行为在什么条件下产生。如学生在保护帮助下"跃起"做出鱼跃前滚翻动作。

标准:指出合格行为的最低标准。如"至少有70%的前滚翻动作做得正确"。

这个三要素模式至今仍为教育界所接受。在教学实践中,有的研究者在马杰三要素的基础上,加上了对教学对象的描述。这样,一个规范的学习目标就包括四个要素。为了便于记忆,他们把编写学习目标的基本要素要求简称为 ABCD 模式:

A——对象(audience),即应说明教学对象。

B——行为(behaviour),即应说明通过学习后,学习者应能做什么。

C——条件(condition),即应说明上述行为在什么条件下产生。

D——标准(degree),即应规定评定上述行为是否合格的标准。

3. 体育学习目标的具体编写方法

对象的表述:体育学习目标中应该注明教学对象,如"小学三年级学生"。

行为的表述:在学习目标中,行为的表述是最基本的成分,说明学习者在学习结束后应该获得怎样的能力。用传统的方法表述体育教学目标时,往往使用"掌握"、"知道"、"理解"、"体会"、"改进"等动词来描述学习者将学会的能力。如果需要,再加上表示程度的状语,以反映教学要求的高低,如"初步体会"、"基本掌握"、"充分掌握"、"深刻理解"等。但这些词的涵义较广,各人均可以从不同的角度理解,因而使目标的表述不明确,给以后的教学评价带来困难。所以,这些词语在编写具体的教学目标时应避免使用。

描述行为的方法是使用一个动宾结构的短语,其中行为动词说明学习的类型,用以描述学生形成的可观察、可测量的具体行为;宾语则说明学习的内容。例如,"说出"、"列举"、"做出"、"认出"、"辨别"等都是比较明确的行为动词,在它们后面加上对象,就构成了学习目标中关于行为的表述:

(能)说出行进间单手肩上投篮的动作要领。

(能)做出行进间单手肩上投篮的动作。

条件的表述:条件是表示学习者完成规定行为时所处的情境,即说明在评价学习者的学习结果时,应该在什么情况下进行评价。如要求学生"能跑1500m",条件则可能是"在多少时间以内";要求学生"能完成某一较难的运动技术动作",条件可能是"在同学的帮助下"等。条件包括下列因素:

环境因素(气候、场地等)。

人的因素(个人单独完成、小组集体进行、个人在集体的环境中完成、在教师的指导下进行、在教师或同学的帮助下完成等)。

因素(工具、器材的高度、重量、长度、体积等)。

信息因素(资料、教科书、图表等)。

时间因素(速度、时间限制等)。

标准的表述:标准是行为完成质量的最低衡量依据。对行为标准作出具体的描述,使得学习目标具有可测性的特点。标准一般从行为的速度、准确性、质量三个方面来确定,例如:

完成单手肩上投篮动作的正确率在80%以上,准确率(投进)达到60%。

正确完成鱼跃前滚翻动作,5次鱼跃前滚翻中至少能做出3次以上的明显腾空动作。

排球垫球能连续对垫20次以上。

在12分钟内至少跑完2500米。

下面几个教学目标实例中包含了上述"对象"、"行为"、"条件"和"标准"的要素:

初中三年级学生在学习完单手肩上投篮动作后,能做出80%以上的正确动作,准确率(投进)达到60%以上。

初中一年级学生学习完鱼跃前滚翻动作后,完成5次鱼跃前滚翻动作时,至少有3次以上能做出明显的腾空动作。

初中二年级学生学完排球垫球技术动作后,能连续对垫20次以上。

高中二年级男生通过耐力跑的学习和锻炼后,能在12分钟内至少跑完2500米。

4.体育学习目标中情感目标编写中的若干问题

培养学生对体育的正确态度,树立正确的体育意识,养成体育锻炼和养护身心的良好习惯,形成高尚的道德品质等,都是情感学习的目标,在体育教学中具有重要的地位。上述方法也适合体育情感学习目标的编写,但是,为情感领域的教学编写具有可测量性特点的教学目标非常困难,因此,只能通过学习者的言行表现(可观察)来间接推断学习目标是否达到,即把学习者的具体言行看成是思想意识的外在表现。如"学生进行鱼跃前滚翻练习时,乐意多次重复练习,并对自己技术水平的提高感到高兴,愿意表现自己的能力"这样的表述,就能对学生体育学习的兴趣和学练中的情感体验通过具体的学习行为进行观察和判断,比"培养学生的学习兴趣"或"培养学生学习的积极主动性"表述更具有可测量性。所以,对情感学习的目标可以通过列举一些具体的学习行为进行表述,以便使目标具有可测量性、可评价性。

又如"培养学生热爱集体的态度"这类教学目标,可通过列举下列几方面的具体行为来判断学生是否"热爱集体"。如:乐意和其他同学一起学习,积极参加小组的各项学习活动,主动承担小组长布置的任务,协助其他同学完成学习任务,帮助学习有困难的同学。

在这些具体的言行上,当学习者表现出积极持久的姿态,即所谓的"接近意向",则说明他们树立了集体的观念。反之,如表现出消极或反对的情绪(即"回避意向"),则说明没有培养起"热爱集体"的态度。因此,可以用学生的"接近意向"来说明其学习目标的达成,但达到了什么程度,尚难以测量确定。

一般而言,提出情感学习目标中的主体要求比较容易,但从哪些具体方面衡量、判断目标是否达到,则需要我们认真研究。有的学者建议,可以从以下几个方面测量学习者的接近意向:

学习者表示喜欢这类活动,并在各种活动中选择参加这类活动。

学习者带着热情参加这类活动(愿意承担义务,遵守有关规定等),学习者很有兴趣与他人讨论这类活动。

学习者鼓励他人参加这类活动。

情感学习的目标有了这些具体的行为指标作为判断依据,其可操作性无疑会得到加强。因此,在具体表述体育学习的情感目标时,教师应根据具体的体育教材特点确定相应的学习行为,尽可能采用具有可观察性、甚至可测定性的行为动词,以加强情感目标的可操作性。

(五)体育教学策略的制订

教学策略是对实现特定的教学目标而采用的教学模式、方法、形式、媒体等因素的总体考虑。教学策略具有指示性和灵活性,它可以较好地发挥教学理论具体化和教学活动方式概括化的作用。确定教学策略实际上就是要解决"如何教学"或"怎么教"的问题。

对于实际的体育教学而言,没有任何一种单一的策略能够适用于所有的情况,有效的体育教学需要有可供选择的多种教学策略因素来达成不同的教学目标。最优的教学策略就是在一定的情况下达成特定教学目标的最有效的方法论体系。因此,在进行体育教学设计时,只有掌握了较多的不同教学策略,才能根据实际情况制订出良好的教学方案。

前面两节在讨论体育教学模式和体育教学方法时,对构成教学策略的一些主要因素,如教学模式的建构、教学方法的选择等问题已进行相应的介绍,因此,这里在前述两节的基础上,只对制订教学策略的基本要求进行讨论。

1. 学习准备:学习者要达成其体育学习目标,必须具有相应的身体素质和体育知识、技能的基础,具有一定的体育学习能力,这是保证他们成功地进行新的体育学习的先决条件。因此,教师要善于发现学生的"最近发展区",在确定教学策略时,注意对学生的学习准备进行验明、起动或补偿等。

2. 学习动机:如果学生对教的内容具有兴趣和学习的欲望,就会产生积极和进取的态度,增加学习行为的内驱力。因此,在设计教学策略时应注意从不同的侧面激发学生的体育学习动机,使学生理解体育学习对社会和个人的意义,确认掌握教材的价值,并通过设计他们期望而且能够完成的教学目标、选择学生感兴趣的体育素材、组织喜欢的体育活动等教学环节激励和增进学生的学习欲望。所提供的体育学习内容要有适宜的难度,对学生具有一定的挑战性,并且使学生相信能够成功。

3. 目标范例:对于体育教学目标不但要向学生明确陈述,而且还应尽量向学生展示学习活动结束时所要完成的运动动作范例,使学生对需要掌握的知识、技能有理解的方向和模仿的榜样。如向学生提供规范而优美的完整动作示范,用录像展示优秀的动作技术范例或前届学生的优秀学习结果等,都有助于促进学生的学习。

4. 内容组织:将教学内容按照其相互的内在关联(体育健康知识的逻辑性、运动技能的迁移性、身体发展的全面性)组织起来,慎重地安排教材的呈示序列,以使教学能循序渐进地展开。每次呈示的分量,即组块(chunk)的大小应根据体育学习内容的复杂和难度以及学生的特点而定。组块过小,学生会感到太容易而浪费时间;组块过大,学生会因不堪重负而丧失信心。

5. 适当指导:学生对所学运动技术进行尝试练习时,教师应给予必要的指导和提示。但这种指导应随着教学的进程逐渐减少,即把注意必要信息和加工信息的责任转移给学生,以使学生最终在没有教师指导和提示的情况下也能完成学习任务。

6. 积极反应:在体育教学开始时,学生的视听(来自教师的言语和示范)感知信息是学生实际进行定向运动操作的前提,但只有当学生将这些视听外导信息和自己本体感知的内导信息,通过思维的有机整合和具体的运动动作行为表现出来后,其学习才会有效。因此,在教学中要有意识地启发学生对所呈示的教学信息用各种方式作出积极的反应。教师讲解示范时要不断提问,启发学生思考和回答,并通过小组讨论、角色扮演、实践验证等形式引发学生积极的反应。

7. 重复练习:体育学习从一定意义上说是一种运动学习,而这种学习需要反复不断的重复练习,是一种"过渡学习",否则,很难使运动技能达到熟练自动化的程度。因此,应尽量为学习者提供种种练习的机会,不断强化其运动技能,并运用各种不同的练习方式,在不同的运动情景下巩固其掌握的知识技能。

8. 知道结果:教师应注意适时地向学生提供反馈,使学生及时了解自己的理解和动作是否正确。为了强化学习的行为,还必须让学生明了成功学习后能够得到的好处,并应不断向学生展示标准、正确的运动技术动作,以便学生评定自己技术动作的正确性。当学生的运动操作不正确时,则应及时地告之正确的范型。

9. 个别差异:学习者个体的身心特征,如体格、身体机能、运动素质、兴趣、气质、能力和兴趣等各不相同,其体育学习的速度和方式自然不同,这就要求体育教学活动的安排需适应这种情况。因此,在教学设计时要设身处地以学生为出发点,尊重学生的独特认知特征(包括本体认知特征)、情感特征和人格特征,尤其对于差生,应更加注意理解和尊重。教学设计要把促进每一个学生在其原有的基础上不断提高作为根本目的。

(六)体育教学设计成果的评价

在教学设计的内涵中包含了对教学问题的预想方案进行评价和修改的内容。在教学设计初步完成后,还需对其进行评价,并依据评价结果进行修改。这是使教学设计不断趋向完善的调控环节。

所谓教学设计成果,可以是一种新的教学方案,也可以是一套新的教学材料,如教科书、教学录像、计算机辅助教学课等,这些设计成果在实施或推广之前,最好先在一定范围内试用,测定其可行性、适用性和有效性。教学设计成果评价包括过程性评价和终结性评价,但一般以前者为主,通常包括制订计划、选择评价方法、试用设计成果和收集资料、归纳和分析资料、报告结果等几项工作。

教学设计成果的评价属于教学评价(我们将在另一章节具体讨论)的范畴,它实质上是从结果和影响两个方面对教学设计活动给予价值上的确认,并引导教学设计向预定目标发展。其实,在教学设计中,评价活动始终贯穿于整个教学设计的各个环节,在实施实践上没有严格的先后次序。如分析学习需要的过程,从某种意义上说,就是对内部需要或外部需要进行评价的过程;又如在教学内容的设计环节中,在对学习内容进行选择、组织和分类之后,紧接着最好进行一次初步评价。由此可见,教学评价应与教学设计的各个环节密切联系。

[案例一]

"蹲踞式跳远"教学设计(四年级)

一、指导思想

以"健康第一"为指导思想,依据水平二学生的年龄特点和心理特征,运用多样化的教学手段,结合本课教材内容,创设情境,给学生创设一个生动活泼的学习环境,使学生的活动始终处于轻松愉快的氛围之中,每位学生都能体验到成功的喜悦,分享活动的快乐,从而激发学生的学习兴趣。

二、教材的选择与分析

蹲踞式跳远具有较高的学习和锻炼价值,对场地器材要求不高,具有较广的适应性,练习方法多样,能够提高学生的基本活动能力、合作能力和展示自主学习的能力。

重点:助跑节奏稳定,踏跳准确有力,空中屈膝收腿成蹲踞姿势。

难点:助跑与起跳的衔接,落地缓冲、平稳。

三、四年级学生有较强的表现欲望,对挑战新颖的、有难度的练习特别喜欢,并乐于参与多人活动和集体活动。教学中,根据学生的身心特点,教师应善于引导,促进学生运动技能、体能、社会适应能力的提高。

四、教法与学法指导

1.采取多样化的教学手段,有效提高学生的运动欲望。

2.教材资源开发,为学生创设一个生动活泼的学习环境,以轻松愉快的心情投入到学习和练习中。

3.通过运动能力、运动技能、情感、态度、价值观的评价,促进学生的学习积极性,反馈单元教学情况,积累教学经验,提升教学效果。

4.创设教学情境,使学生在体验成功喜悦的氛围中结束本单元的学习。

五、教学流程图

1.常规训练阶段——课堂常规、集中注意力练习。

2.活动肢体激发兴趣阶段——热身健身操。

3.学习知识技能阶段——复习蹲踞式跳远、考核评价。

4.应用知识技能阶段——快乐自选园地。

5.身心恢复阶段——放松舞《茉莉花》。

本案例仅为教师提供一种课堂教学设计思路。

[案例二]

篮球"运球"教学设计(五年级)

一、学情分析

五年级男女学生开始在身体形态和体能上出现差异,生理上相应地发生变化,上肢力量不足,手腕力度和动作的协调性不强。男生灵敏素质较好,好奇心强,学习兴趣容易得到激发;女生柔韧素质较好,平衡感强,但胆量小,力量不足,不太灵活,优柔寡断,害羞,有些女生自尊心较强。

篮球运球技术动作,由于上肢与手腕力量不足,学生练习时往往出现球的高低不一左右摇动稳定性差,一部分学生,特别是女生有些拍不起球,学生在做拍球动作时有可能出现篮球脱手到处滚的现象。

由于学生在力量、灵敏等身体素质上的差异,以及心理品质的不同,需要根据学生的实际情况设计不同的学练情景,帮助他们在原有的基础上有所收获,有所提高。

二、指导思想

根据《体育新课程标准》理念,以"健康第一"为指导思想,以学生发展为中心,体现学生的主体地位,关注学生的不同需求,激发学生的学习兴趣,在教学中运用多种教学方法,启发学生自创、自学、自练、合作练习,发展学生的学习能力,培养合作意识和社会适应能力,形成积极主动的学习与生活态度。

三、教学目标

1.体验篮球的运球动作,感受篮球活动的乐趣。

2.发展学生灵敏性和协调能力。

3.培养学生不惧困难、敢于展示自我,学会与他人合作的良好社会适应能力,提高自信,培养创新意识。

四、教学内容

篮球——运球。

篮球——运球技术动作对发展学生的上肢和手腕力量,提高运球能力,发展灵敏和协调性,培养学生的竞争、合作、集体精神和克服困难的良好心理品质,增强自信心。

五、组织与教法

根据本课目标,教学组织与教法的设计思想是:

1.重视体育知识和技术技能的传授,通过学习让学生有所收获。

2.根据《体育与健康》新课程的理念,教学过程要实施以"教师为主导,学生为主体"的两个结合。重视发挥学生的主体性学习,体现接受式教学和新课程学习方式相结合的教学过程。

3.教学过程重视学习方式的转变,体现"自主学习、合作学习、探究学习"。发展学生个性,培养学生"学习篮球——运球"的兴趣和创新、探究意识,提高学生的自我锻炼能力。

4.采用小组合作、分组练习的教学组织形式,根据学生运球的技术水平,通过学生之间的比较和互动来感受篮球活动的乐趣,老师在巡视中给予指导。

5.重视保护帮助和安全意识的教育,在学习技术的同时,学会保护帮助和自我保护的技能。

六、教学流程

诱导练习——单人运球——"我变,我变,我变变变"运球——"石头,剪刀,布"运球游戏——"老鹰抓小鸡"运球游戏——"捉尾巴"运球游戏——《冲过封锁线》——放松——小结。

上述内容所反映的体育教学设计原理和方法对解决体育教学问题有普遍指导意义,但它们不是一成不变的,况且没有哪一种固定的体育教学设计模式能有效地解决所有体育教学问题。广大教师应该在体育教学设计实践中做到因地制宜、因人制宜,不断总结和创造新的经验,并将它们提高到理论的高度。同时,体育教学设计是应用学科,它赖以解决问题的基本前提是应用相关体育学科的理论和方法,而其本源又是体育教学实践中积累的丰富经验。因此,广大教师还要关心体育学科中运动人体科学、体育教育学、体育心理学、体育教学论以及传播学、设计学、管理学、媒体学等领域的理论发展,及时将其中最新研究成果应用到体育教学设计的实际工作中去,经过实践检验后,再把这些理论丰富和补充到体育教学设计的内容中去,将它们转化为实际工作的指南和原则,使体育教学设计知识体系不断得到充实和完善。

　　体育教学设计又涉及体育教学目标设计、体育教学内容设计、体育教学方法设计、体育教学手段设计、体育教学媒体设计、体育教学策略设计等。

[本章小结]

　　体育教学设计必须通过体育教学实践来付诸实施。学生的身心、知识、能力、品格和方法的改善与提高,必然要求在教学实践中采取与其实现形式相适应的教学策略,使体育教学设计与体育教学实践协同一致,从而实现体育教学设计目标。身心素质的提高是一个循序渐进的过程,与其相适应的教学活动形式是发展的过程,教师必须了解学生个体身体健康水平和心理状况,并有针对性地安排有效的活动去改善学生的身心素质,使每一个学生的身心素质都能得到提高。这就必须充分发挥学生的主观能动性,使其自觉积极地参与到活动中去,并合理利用已有的知识去指导自己的活动,使之能运用最有效的方法来发展身心素质。

　　体育教学设计是从教育教学规律出发,应用系统的观点和分析方法,客观地考察体育教学工作的规律和特点,以学生为中心,分解教学目标,科学规划教学过程,运用相应的教学策略,突出学生学习方法的解决,使学生乐于学习,勤于练习,充分发挥主观能动性,最大限度地去争取理想的整体效果的过程。诚然,体育教学设计仅仅是一种追求"整体大于各部分之和"的有效手段,它的最终结果依赖于其与体育教学实践的协同,体育教学设计需要在体育教学实践中得到检验、修正、调整和完善。

[思考练习]

1.体育教学设计的发展简况有哪些?

2.什么是教学设计?什么是体育教学设计?

3.体育教学设计包括哪些设计?体育教学设计的主要特点有哪些?

4.体育教学设计的要素是什么?体育教学设计有何意义?

5.体育教学设计的内容包括什么?体育教学设计的原则有哪些?

6.体育教学设计的模式有几个方面?体育教学设计的基本步骤有哪些方面?

7.什么是学习需要分析?什么是体育学习内容分析?

8.为什么要对学生进行分析?根据你的实际情况写一份体育教学设计。

[阅读材料]

1.江仁虎,宋超美,梅雪雄,陈少坚.初中体育教学设计[M].厦门大学出版社

2.全国普通高等学校体育专业选修课程系列教材.体育教学设计[M].广西师范大学出版社

第二篇　体育课堂教学技能

第六章　语言表达技能

[内容提要]

教师的工作是通过语言来实现的,语言表达技能是教师传递信息,提供指导的语言行为方式。正确合理的语言表达能保证教师传递的信息恰当、适宜,使学生乐于接受。在体育教学中教师如何使用语言,如何用科学、实用、有趣的语言引起学生的兴趣,调动学生学习的积极性,是本章阐述的重点。

[学习指导]

1.语言表达技能是教师传递信息,提供指导的语言行为方式。语言表达技能并不独立存在于教学之中,但它是一切教学活动的最基本的行为。

2.语言表达技能的功能:能促进准确、清晰地传递信息,能保证教师传递的信息恰当、适宜,使学生乐于接受。

3.语言表达技能是由语音、语调、语气、音量、语速、节奏和词汇等构成。

4.体育教师在训练和运用语言时,应注意:准确、精练、简洁;生动、形象、具体;情感真挚,富于启发;语言幽默,富有情趣;体态助语,异曲同工。

5.幽默的语言可以密切师生关系、调节课堂气氛、缓和矛盾冲突。

语言的核心是什么? 是表达。语言的性质是什么? 是技能。表达不分男女老幼,不分职务职业,只要是人类大家庭的一员,都需要表达,更无论文科理科了,问题的关键是如何学会表达。

教师的语言具有向学生传道、授业、解惑的作用。因此,教师的语言作用远远超过其他普通职业者。教师的工作是通过语言来实现的。原苏联教育家苏霍姆林斯基说:"教师的语言修养在极大的程度上决定着学生在课堂上的智力劳动效率。"可见教师的语言不同于一般的语言,所以有人把教师的语言称为艺术中的艺术。国内外许多教育家都很重视教师的语言素养,马卡连柯曾经说过:"只有在学会用 15 种、20 种声调来说'到这里来!'的时候,只有学会在脸色、姿态和声音的运用上能做出 20 种风格韵调的时候,就变成一个真正有技巧的人。"毛泽东同志在总结前人经验的基础上提出了"十大授法",其中有关语言的就占四条,即"说话要通俗"、"说话要明白"、"说话要有趣味"、"以姿势助说话"。可见研究教学用语,训练语言表达技能,提高课堂说话的艺术,是体育教师的基本功和必要的素养,它在体育教学中有着十分重要的地位。所以我们把体育教师的语言表达技能作为一项基本的教学技能。

第一节　语言表达技能及其功能

语言表达技能是教师传递信息,提供指导的语言行为方式。语言表达技能并不独立存在于教学之中,它是一切教学活动的最基本的行为。

一、语言表达技能

体育教学绝不应仅被理解为单纯的身体活动,它是充满语言艺术的一种教育活动。体育教师是体育课堂教学的组织者、引导者,其教学的语言表达技能直接影响着教学效果。在体育教学中,教师讲授的内容是否能被学生所理解,主要是教师使用的语言能不能被学生所理解和接受。只有通俗易懂、生动形象的语言才能打开学生心灵的天窗,充分调动学生的积极思维,引导学生掌握知识,发展他们的智力。从学生学习掌握体育的运动技术和技能来说,教师的语言也有重要的作用。因为任何一种技能的教学,都需要教师既作示范表演,又要对这一技术动作进行说明和解释。当学生自己按教师的要求进行练习时,教师也要借助于语言进行必要的指导,而学生在学习这一技术动作时,总是要通过对教师语言的感知、调动记忆表象、在积极思维的情况下练习动作。另外,教师在传授体育知识、技术和技能的过程中,不仅要向学生揭示客观事物的内在联系,而且还要结合教学内容,通过语言对学生进行思想品德教育。由于语言在"信息"传递上具有准确、方便、概括、明了的特点,所以在体育教学中充分发展语言的作用,对学生掌握运动技术、技能、纠正错误,提高教学效果都具有重要的作用。因此,体育教师的语言艺术应始终渗透到教学的各个环节中去,达到全面提高体育课教学质量的目的。

二、语言表达技能的功能

任何艺术都有内容和形式两个方面,内容总要有一定的表现形式赖以传达,这"一定的表现形式"中,是有技巧存在的。技巧的高低,反作用于内容,使之呈现出不同的艺术效果。技巧的运用有两个阶段,其一是学习阶段,其二是熟练阶段。不经过学习,便不能进入创造,技巧掌握的理想境界应是"返璞归真"、"大巧若拙",表达如行云流水、变幻起伏、抑扬顿挫、感情跌宕、运用自如,使语言表达锦上添花。

(一)传递有用信息

语言表达技能的掌握能促进准确、清晰地传递信息。在当今信息化的社会中,由于传播技术和设备的不断发展,加速了信息的储存、传递和交流。同时,也拓宽了课堂教学中信息交流的方式和途径。所以,语言表达技能的掌握与提高,是教师语言准确、清晰、迅速传递信息的重要保证。教师的语言逻辑性强,就可以把教学内容中的概念、观点等知识点梳理得明白清晰;教师语言表达得准确,可以保证讲解的科学性、系统性和严密性;教师使用的语言简练明了,就可以把烦琐的问题条理化,把复杂的问题简单化;教师语言的形象生动,就能把抽象的问题具体化。教师的语言感情充沛、热情、真诚,不仅能够打动人心,还能使学生在心灵中获得情感上的满足、精神上的愉悦和美的感受,激发他们学习的兴趣和积极性。

(二)交流载体

正确合理的语言表达能保证教师传递的信息恰当、适宜。语言是人类社会特有的信息,一节课都要通过语言信息的传递和交流,使其他教学技能和各种教学活动能够顺利地进行。正确使用语言表达技能,能够合理地控制口语负载的信息量、语句的长短和语速。灵活处理音节长短疏密的变化,使之错落有致,教学效果会大大提高。相反,如果教师缺乏语言表达技能,课上不能较好地控制信息传播的量和强度,讲授过多,会造成学生在单位时间内接收到的信息过多、过密,引起大脑的抑制,造成事倍功半的结果。当然,语速过慢、语言表达间歇过长、停顿过多,又会造成学生接收的信息量过少,不仅造成了时间上的浪费,还可能达不到既定的教学目标。

(三)增强感染力

正确的语言表达使学生乐于接受。教学内容的科学、实用、有趣和学生的需要相结合,是学生接受信息的基本条件。除此之外,引起学生的兴趣,调动学生学习的积极性等也是提高学生信息接受率的重要条件,而语言表达技能在这方面起着非常重要的作用。所以,在教学过程中,教师的语言表达应抑扬顿挫、有疾有徐、有行有止、有平有势,这样才能生动完美地表达出教学的艺术性和自己的思想感情,达到说服学生和感染学生的目的,提高学生对教学信息的接收率。

第二节 语言表达技能的构成要素

影响语言艺术的因素很多,除了思想修养、文化水平、表达能力、语言实践外,基本语言技能是一个重要的方面。语言不是音乐,但语言和音乐有着密切的关系,它们都是以声音为手段,前者是要塑造形象,后者是要传情达意。音乐之所以悦耳动听,离不开它的音调、音速、节奏和音韵等,教学语言也是如此。教育心理学的实验告诉我们,音调的语言刺激容易引起学生大脑皮质的超限抑制,语言平淡、平铺直叙易使学生感到疲劳,那种平直、呆板、没有起伏、缺乏变化的声音,不但不能引起学生学习的兴趣,反而会扼杀学生学习的积极性。

语言表达技能是由语音、音量、语调、语气、语速、节奏和词汇等要素构成。

一、语音

语音是语言的物质形态，没有语音也就没有语言。通过语音人们才能感知语言的存在。有了语音这一载体，才能使表达信息的符号——语言以声音的形式发出、传递和被感知。学好语言，必须先学好语音，要想取得良好的发音效果，请记住以下四句话：气息下沉、喉部放松、不僵不挤、声音贯通。如果语音掌握不好，不仅说话别人听不懂，甚至给人们的生活、工作、学习都会带来不便。汉语方言的分歧严重地表现在语音上，我国几个大方言区之间语音的差别不仅很大，就是一省、一县之内也常常有不同的发音。如广东人把"太少"说成"太小"、把"失望"说成"希望"、把"县长"说成"院长"。这样的发音必然会使外省人发生误解或疑惑。如果教师的语音不规范，就应该一面学习语音的知识，一面做正音练习的训练，可以收到较好的效果。与语音相关的还有吐字问题。教师应口齿伶俐、吐字清晰，做到字音轻弹，如珠如流，气随情动，声随情走。

在教学中，把话说清楚，让学生听懂，这是对教师运用语言表达技能最起码的要求。因此，教师应尽可能地用规范的普通话语音来表达所要讲述的内容。另外，语音要力求准确，一音之差影响很大。例如：一次体育课上，教师要求一组同学自由结合，四人一小组进行练习。命令发出后，教师就去辅导另一组同学去了。可是过了一会儿教师发现刚才布置任务的那组同学还没有练习，究其原因才发现是自己的发音不准确，学生听成"十"人一组，而该组只有十六位同学没法分组。语言不准确引起了教学组织的混乱，浪费了学生的练习时间。语音准确还要求教师不读错字，常见体育教学中的读音错误有：把畸(jī)念成奇，肤 (fū)念成扶，脂(zhī)念成旨，臀(tún)念成殿，踝(huái)念成果，肱(gōng)念成宏等等。教师在公开场合点名时尤其应注意发音力求准确，否则还会引起笑话，甚至使学生自尊心受到伤害。

二、音量

音量是指音的大小。音量大小和气息的控制有密切的关系。要达到一定的音量，就要注意深吸气。教师在讲解时就要有控制地、合理地用气，气要用得匀、用得长，口语音量不能忽大忽小，以免影响表达效果。

教师上课说话声音太小，学生听不清楚，听讲感到吃力、费劲；声音太大，对学生的听觉器官刺激过强，学生会感到不舒服，而且还容易产生疲劳。所以，音量大小的控制是非常重要的。一般来讲，讲课音量的大小以全体同学都能够清楚地听到为准。在运动场上，教师要把每一个字、每一句话都清楚地送进全体学生的耳朵里，就既要保持较高的音量，又要注意保护嗓子。音量较小的教师可以进行专门的训练加以提高。另外，由于每位教师的声音条件和用声习惯不同，音量的强度有强弱的变化。有的人声音强些，有的人声音就弱些。相对来讲，男教师声音比女教师声要强。声音强弱的运用,要根据教学的内容、教学环境、教学场面、学生的心理状态等有目的地合理利用。

三、语调

语调即说话的腔调,这里主要指的是声音高低升降、抑扬顿挫的变化。语调的作用在于唤起语义,提供概念。从教师所表达的内容和情感出发,合理地运用停顿、轻重、高低变化的语调,可以大大加强口语表达的准确性、形象性、趣味性和生动性。

在体育教学中,教师声音的高低强弱必须适度,以全体学生都能听到为准,不要过高。因为持久的强烈声波刺激会使学生的差别感受性降低。只有在教师需要强调某些教学内容必须提醒学生高度重视,课堂声音嘈杂或一般语言难以发生效力时,才使用较高的声调。有些教师讲课,一开口就如雷贯耳,始终保持高调,这不但不受学生欢迎,还会影响教学效果。当然声音也不能过低,否则会使一些学生听不到,而且不容易使人精神振奋。

语调的高低强弱,要根据教材的内容、性质、要求、教学环境和学生情绪等不同情况灵活运用。如快速有力的动作,语调应该短促有力;柔韧性、协调性强的动作,音调一般要平和、富有节奏感;对重点和难点要运用"重锤敲打",把语调提高,以引起学生的注意和重视。

四、语气

语气即语言的感情音调。感情音调是把声音作为情感的表现,给人以直接的感染。语气在语言学里属于句子的式,即用一定语法关系表示具体态度和情感。如"全体起立"、"全体坐下"是命令语气;"你练习完了"是陈述语气;"你抽筋了吗?"是疑问语气。语言学认为,从语气词(的、了、吗、呢等)和语调上可以了解表达人的各种语气。

在讲话时情感变化的各种语气包括语气的感情色彩和分量。语气的感情色彩是指语句包含的是非态度(这是正确的、这是错误的)和爱憎的感情(我爱你、我恨你等)。态度和情感交融一体,可以展现各类语句的丰富多彩。语气的分量是指要显示出是非、爱憎不同程度的区别(我同意、我不同意、我非常不同意、我反对、我坚决反对等),也就是讲话时的分寸、火候、深度和广度的不同(你去不去?你去吧!你必须马上就去!个别学生、部分学生、全体学生等),语气的感情色彩和分量必须出自于对学生的爱心,以真、善、美为标准。

声音是感情的使者,教师在讲话中总要流露出自己的情感,这种情感的外部表现就是语气。在体育教学中,随着讲话的内容不同,感情的变化,语气也理应有所改变,时而响亮、时而温和、时而深沉,给学生一种风吹浪涌,起伏有致的感觉。教学中语气的变化是多种多样的,如表示同意、反对、命令、赞许、感叹等。语气最富于感情色彩,最能表露言者之心,产生感染力和号召力。如起跑口令:"各就位!"发令员用不同的语气发令时,能使运动员产生不同的心理反应。倘若用带有强烈刺激的语气发出来,就会使运动员产生紧张心理;如果发令员的语气比较平和,运动员的情绪就比较从容。这是因为声音的听觉感受能通过语气引起情感的共鸣,是感情音调所发生的效力。如学生要求教师评定自己的动作,教师的回答是:"不错!"语气不同,效果是不一样的。用肯定、赞许的语气,能产生鼓励学生的效果;用漫不经心的、轻视的语气,就会对学生产生消极的效果;用不文明的、缺乏修养的粗俗的语气,学生则会产生厌恶的情绪;用讽刺、挖苦、怪声怪气的语气,学生会产生抵触的情绪。有位教师曾有过这样的教训:一个基础较差的学生在课堂中高兴地问他:"您看我做得怎么样?"因为该学生的动作"走了样",当时这位教师只想借机活跃一下课堂气氛,贸然用戏谑的语气说:"行呀!"结果课堂哄然,这名学生受了屈辱,不再认真练习了;又如,教师讽刺学生"中学六年,你能学会一个动作不错呀!"使用这样的语气会使学生受到伤害,自尊心受到羞辱,学生会产生抵触心理,造成不良后果。对女学生更应该注意这一点。

在体育教学中,由于参加的人数较多,练习的形式多样,具有对抗性、竞争性等特点,课上常会发生碰撞、摩擦等问题。有经验的教师会根据实际情况,采用多种变化的语调、语气讲清道理,恰当地解决已经发生的问题。但有的教师缺乏调查研究,用生硬的态度,甚至用不文明的、缺乏修养的粗俗语气,不分青红皂白地大声呵斥,以简单的方法压服学生,往往会事与愿违,使学生产生不服气的反感情绪,造成以后教学的障碍和困难,影响师生关系和教学效果。因此,体育教师在教学中,要特别注意语气的应用,要多使用果断的、鼓舞的、肯定的语气;切不可用嘲讽的、淡漠的、鄙俗的、威胁的语气。

五、语速

语速是指讲话的缓急,即发出语言信息的速度。人的感官是对外界事物感觉的第一门户,外界信息的接收效率与语速有一定的关系。语言的表达除有手势和身体姿势的配合之外,很重要的是声音信息传递的速度是否适宜。在日常生活中,每个人讲话的速度是各不相同的。但是,教学语言是一种专门的工作语言,不应该用日常习惯的语言速度去讲课,而必须受课堂教学自身规律的制约,受与教学有关诸多因素的支配,不得有随意性。电影、电视解说的速度为每分钟 250—300 字,课堂教学语言的速度还要慢一些,以每分钟 200—250 字为宜。

从信息加工的角度来看,学生接受的语言信息,首先是通过感官进入大脑的"临时储存器",在这里经过选择或立即进行反馈,或再进入"短期储存器",再经过选择加工,一部分进入"永久储存器",于是形成了记忆。在这个信息输入的过程中,信息在"临时储存器"停留的时间为6—8秒,在"短期储存器"中则可达到20分钟左右。从生理学的角度来看,人们听的能力有一定的承受量。瞬时发送的信息量过大,超过了人体接收的能力,也就是超负载后,反应跟不上,则听不懂。从上述两个信息传递的不同角度可以明显地看到,教学语言的速度是否合理,对学生的学习效果有重要的影响。发送信息的频率太高,会使学生大脑对收取的信息处理不迭,势必会造成信息的遗漏、积压,而导致信息处理的障碍。如果信息发送得太慢,跟不上学生大脑处理的速度,不仅会浪费许多时间,而且会导致学生的精力涣散。因此,语言速度太快或过慢对学生的学习都会产生不良的影响。

在体育教学中,教师在不同的教学环节,对不同的讲授内容,讲话的速度也应有所不同。我国的男女乒乓球运动员,多为快攻型选手,他们反应敏锐,速度快捷,以快速推挡和有力的扣杀造成强大的攻势,多次为祖国争得了荣誉。快速的语言同样能够起到加强语势的作用。在体育教学组织中,变换队形等为了节省时间利用快速的语言,形成较强的语势能起到较好的效果。在讲解动作要领时,语速就不能太快,语速太快,超负载,则听不清楚,也不便于理解。教师应根据实际情况根据不同的教学环节和内容灵活掌握语速的快慢,以达到最佳的教学效果为目的。

六、节奏

节奏是指讲话时的快慢,声音的高低、强弱和长短的变化,是多种因素的综合表现,是有声语言运动的一种形式。讲话的节奏是教师合理运用语流运动的一种艺术。丰富变化的节奏需要长期实践的磨炼才能形成。合理的节奏是吸引学生、集中学生注意力、提高学习的兴奋性和趣味性的重要手段。一位造诣很深的音乐界前辈说:"节奏实际上是一种秩序,没有秩序,音乐便溃不成军。"教学语言也离不开节奏,也应有秩序,有了节奏,声音才优美悦耳。一般讲话的节奏类型大体上可分为轻快型、凝重型、低沉型、舒缓型和紧张型等。它们之间不是单一孤立的,往往在运用中相互渗透和结合使用,根据讲话内容的需要和情感的变化而变化。

体育教师讲课时,不能总是一种节律,而要做到长短缓急,快慢起伏,错落有致,即所谓的抑、扬、顿、挫。抑扬顿挫是节奏变化的重要方法。教学中,教师始终要把握住教材,对学生难于掌握的教材,要有意把节奏放慢,给学生回味、思维的机会。口令运用应有短促、悠长、柔和、激扬等音调的差别,要经常显示出韵律和情趣,使动作和口令和谐统一,优美动听。例如广播体操中的全身运动、跳跃运动、整理运动,在运用口令指挥时,其音调和节奏就有明显的不同要求。整理运动的口令就特别要显示出弧形音和轻盈的节律来,不然就收不到良好的放松效果;而跳跃运动则必须短促有力,才能引导动作干净利落。

停顿在教学语言中对教师传达思想、表达感情有着重要的意义,也是控制语言节奏的一种手段。教师在讲话中,恰到好处地运用停顿,可引起学生的思考,让学生的想象得以发挥。一般在提问以后,都要停顿一会儿,给学生以思考的余地。但往往有些年轻教师,就怕在授课时出现停顿,怕冷场,遇到这种情况就手忙脚乱,不知所措,经常在课堂上自问自答,这些不足是可以通过训练得以克服的。

七、词汇

词汇是语言中能够独立运用的最小单位,是语言中最基本的建筑材料。没有词汇也就没有语言。因此,修辞在教学语言中就显得非常重要。修辞是使语言表达准确、鲜明、生动、得体的基本手段。规范的用词不但能够正确地表达信息内容,而且能为学生做出典范。如果做不到这一点,语病百出,就会影响教学效果。在课堂教学语言中,对用词的要求是规范、准确和生动。能正确地使用专业词汇是用词规范的一个重要方面。如体育教学中常用的一些专用术语"有氧代谢"、"靶心率"、"超量恢复"、"去脂体重"等。教师在说明概念、动作等时,所用的词一定要准确,防止词不达意,更不能自编自造"土语"。如把"分腿"说成"叉开腿"、把"屈腿坐"说成"盘腿坐"、把"拉韧带"说成"拉拉筋"等。

用词准确是对教学语言的基本要求。否则就不能正确地表达教师的意图。

例如,有位教师说:"现在,迟到的现象比刚开学时有进步了。"学生听后不知所以然,是迟到的人数减少了还是迟到的人数又增加了? 教师是在表扬还是在讽刺? 教师在讲解、指导、反馈的过程中,准确地使用词汇更为重要,应坚决杜绝似是而非、模棱两可的词语。教师只有具备了一定的词汇量,并能够正确、熟练地运用于口头表达之中,才能保证用词的准确性。

要做到用词生动就要在选词和用词上精选妙用,注意词的形象性、感染力和感情色彩。语言的生动不是辞藻的堆砌就可以实现,往往一个很平常的词,由于用得精确巧妙就会格外生动传神。语言的生动与教师的科学知识有关,也与教师的语言文学水平、讲话的技能技巧有关。教师通过不断学习和训练,具有一定的口语技能,讲课时教师才能表现出简练、生动、形象、深刻的语言艺术。相反,缺乏文学修养,词汇贫乏,很难体现教学语言的艺术魅力。

第三节　运用语言的技能

蕴涵着艺术魅力的教学语言,能表达教师的思想内容,吸引学生的注意力,激发学生的学习兴趣,提高教学效果。如果教师的语言拖泥带水,枯燥无味,矫揉造作,平铺直叙,没有起伏,使学生昏昏欲睡,课堂上丝毫没有活力。即使教师怀瑾握瑜,腹藏锦绣也很难引起学生的情感共鸣,其教学效果也就可想而知。因此,教师有意识地加强自身的语言训练,是提高教学质量的一个重要环节。

学生练习的目的、运动的方法手段和运动的结果都是借助语言来实现的。如果说学生在练习过程中,只能模仿教师的示范,而不能正确地表述自己所做的动作,那就说明他还没有获得关于动作的清晰表象,他也就不可能真正学好动作。只有把生动的直观与明确的语言结合起来,才能使学生获得明确的感知和动作表象,从而建立运动条件反射,巩固动力定型。体育教师运用语言不仅要把体育的知识、动作方法、动作要领表达清楚,而且还应具有较强的启发性、鼓动性、夸张性和趣味性。体育教师在训练和运用语言时,应注意以下几个方面。

一、准确、精练、简洁

体育教师如何运用准确简洁的语言,将诸多的知识信息按照一定的顺序、层次、条理输送给学生是十分重要的。教师在运用语言时,要经过反复地、仔细地推敲,词语要经过慎重地选择,力求做到重点突出,条理分明,由易到难,由浅入深。绝不允许颠三倒四,啰嗦重复或出现病句。由于体育教学是以身体练习为主的教学形式,为了完成教学任务,教师不可能,也不允许长篇大论,滔滔不绝地讲个没完,尤其在学生练习时,更不宜经常中断练习停下来让学生听讲。所以体育教师的教学语言务必力求准确简洁。

准确是指语言的科学性。教师运用准确的语言表述术语、动作要领及阐明概念,有利于诱导学生练习得法,提高练习效果,例如,教师是"甩鞭子"来形容排球时的手臂动作就比较准确。因为扣球动作与甩鞭子的发力过程和顺序是一样的,即用肩关节带动肘关节、腕关节的快速甩动。恰当地用词也是语言准确表达的重要环节。首先教师必须贮备大量的专业词和术语,在选择运用这些词语时,应确切了解它们的含义和运用范围,做到用词准确,恰如其分。比如在教途中跑时,教师就应贮备诸如后蹬、前摆、扒地、步幅、步频周期、节奏、关节及韧带等许多专业用语。

简洁是指说出的话要简明通畅。体育教师在课堂教学中要长话短说,一句顶一句,摒弃废话,化长为短,使语言简短明快。在体育课上常听到学生问:"老师我知道这个动作怎样做,可就是做不好,为什么呢?"一般来说这是运动技能形成的生理机制问题,三言两语是很难讲清楚的。有位体育教师就用简洁的语言,通过吃饭使用筷子的例子说明了熟能生巧的道理,使学生很快投入到练习中去。体育教学中,运用口诀教学就是简洁语言的范例。它能激发学生的学习兴趣,使他们乐意听,便于记,同时也可节省时间,增加练习次数。如立正动作的口诀是:头正颈直眼平视,下脖微收口要闭。两肩稍张两臂垂,五指并拢微弯曲。挺胸收腹腿夹紧,脚跟靠拢角六十。再如,二十四式简化太极拳的口诀是:起势野马白鹤飞,搂膝拗步琵琶挥。倒卷肱接揽雀尾,云手夹在单鞭内。探马右蹬双贯耳,左蹬下势穿梭随。海针闪臂搬拦捶,如封似闭收势回。

在篮球教学中教"持球突破"动作时,如按教科书上的要求进行讲解,学生不易记,也很难抓住动作的要点和关键。体育教师在多年实践经验的基础上,通过对持球突破这一动作技术探索和研究,把"持球突破"的技术动作要点概括为:蹬、转、探、拍、蹬五个字。这样准确简洁的语言是我们教学语言中的精华和宝贵财富。在编写动作口诀时,要在认真钻研教材的前提下,力求口诀合辙押韵,读起顺口,不宜过长,形象生动,便于记忆,便于理解。

体育教学语言既要准确简洁,符合语言规范,又不能因词损义,削足适履。因此,体育教师的课堂语言要力戒空话、废话,坚决杜绝鄙俗不堪的语言。古人那种"吟成一个字,用破一生心"的认真精神,是值得我们学习的。只要肯下工夫,认真推敲,就一定能够达到准确精练,简洁明白的语言艺术水平。

二、生动、形象、具体

教学语言只是精练通畅、简洁明白还不够,还应具有生动性和形象性,即简明活泼、具体形象、逼真有趣、简明易懂、深入浅出。生动形象是语言艺术性的主要特征,也是语言直观作用的要求。因此,这就要求教师首先要善于巧妙地运用语言艺术,要能引人入胜,要善于联系实际,恰当举例,把深奥的事理形象化,由近至远,由具体到抽象,把技术动作的概念、要领和过程变成生动形象的语言并引起学生丰富的联想和深入的思考,使学生从感性认识升到理性认识。

为了使体育课上得生龙活虎,朝气蓬勃,表现出体育运动的特点,充分调动学生的主观能动性和积极性,体育教师在教学过程中要通过生动形象的语言刺激激发学生的再造想象和创造想象。通过生动形象的语言使学生对未见未闻的东西产生感性认识,在头脑中建立生动的运动表象,这对学生掌握运动技术动作、完成教学任务、提高教学效率都具有十分重要的意义。体育教师要使自己的讲话生动,就必须增强语言的形象性。所谓形象性的语言就是能够使人如临其境,如闻其声,如见其人。体育教师通常可以通过形象化的修辞手法,来增强语言的形象性。如比喻,即我们常说的打比方,就是借具体常见的事理,说明生疏抽象的事理,如"失败是成功之母"。比喻形象鲜明,情趣盎然,它能沟通多个孤立的表象,借助联想建立起恰当的内在联系,从而有利于启发学生的形象思维,深刻理解动作要领和加深记忆。作为体育教师,如果能在自己的教学活动中,巧用比喻,言事明理,化抽象为具体,化平庸为生动,笃实为一种好的方法。又如,在教学生蛇形跑时,用"游龙戏水"、"金蛇盘舞"形象化的语言来比喻这一动作,以达到以趣引思,提高学生的学习兴趣,增强学生有意注意的目的。再如,在武术基本功教学中,教师运用"拳如流星,眼似电,腰似蛇行,步赛粘"这样生动形象的语言,不仅能激发学生对枯燥乏味的基本功练习产生兴趣,而且对于武术基本功的手、眼、腰、脚四个部位的动作,提出了形象的要求。仕球类教学中,教师运用"动如脱兔,静如象,跃如猫窜,展似鹏"的形象比喻来要求学生在做某些动作时,起动要快,停转要稳,跳跃要舒展大方,具有强烈的生活气息和感染力。

绝大多数的体育教材,都具有强烈的生活气息,在客观上给体育教学的讲解提供了丰富、生动、形象的语言基础。如体操中的"空中一个面,地下一条线",武术中的"枪扎一条线,棍打一大片"都会使人感到生动有趣,给人以联想和启示。教师语言运用的巧妙,不仅有助于提高学生对技术动作的理解能力,而且也易于激发其学习的积极性,使他们记得牢、想得到、联得广、兴致高。语无伦次、呆板生硬、晦涩干瘪、重复啰嗦的语言,不仅使学生难得到要领,而且还容易使学生注意力分散,甚至对上体育课产生厌烦和反感的情绪。

三、情感真挚,富于启发

教师的语言必须富于情感,情是语言的结果,又是语言的先导。"感人心者,莫先乎情",要使讲话生动,必须增强语言的感情色彩。感情色彩浓厚的语言,有强烈的感人力量,而语言的感情色彩,又来源于教师的思想感情。只有忠诚党的教育事业、热爱体育教学工作、热爱学生的教师,才可能激情满怀,缘情体物,以言传情。教师的语言富于情感,会使学生产生感情共鸣,也会使学生心心相印。心理学家的研究表明:当教师讲得出神入化、富于情感时,学生留下的印象最深刻,也是效果最好的时候,能起到潜移默化的作用。

在体育教学中,对学生进行思想教育时,更需要注意语言的情感。体育教师要善于发现问题,抓住时机,"动之以情,喻之以理",语重心长,真切诚恳,把教书和育人水乳交融、自然巧妙地结合起来。有位体育教师发现学生对上体育课的情绪不高,态度不认真时,就感情真挚地向学生讲了这样一个故事:"著名力学家钱伟长,小时候体弱多病,但考取清华大学后,经常参加长跑、足球和十项全能等体育运动,成了全校闻名的体育健儿。在清华大学时,虽然学习很紧张,但他几乎没有一天停止体育锻炼。现已是古稀的钱老,仍然能从事繁重的科研和教学任务。"学生听完这个故事后很受启发,表示要以科学家为榜样完成体育课学习任务。体育教师还可以通过引用一些成语、格言,使语言更富有启发性,如在培养学生意志品质时,引用居里夫人的话"我的最高原则是:不论对任何困难都决不屈服!"在教育学生要重视身体锻炼时引用"健康和友谊一样,只有失去时,才觉得它的可贵!"这些话言简意赅,新颖生动,使学生经久难忘。当学生对学习内容感到枯燥或因身体疲劳完不成动作而情绪低落时,为活跃课堂气氛,教师可有目的地选择一些铿锵有力、鼓动性强、富于感情色彩的语言,以激发学生克服困难的决心和学习的热情,激发他们跃跃欲试的学习劲头,如"不入虎穴,焉得虎子"、"人生能有几次搏?此时不搏待何时!"等。教师的情绪可以对学生的情绪产生诱导作用,教师真挚饱满的情绪,热情耐心的辅导,都能大大促进学生练习的积极性。体育教师应以高度的责任心和事业心去教书育人,语言运用要体现出对学生的关心和爱护,并应具备控制自己情绪的能力。当学生练习成功时,及时给予表扬;当学生动作失败时给予鼓励;当学生焦躁不安时,及时给予安慰,用诚挚的、鼓励性语言启发学生,以强化学生的学习情绪。

四、语言幽默,富有情趣

美国著名小说家、幽默大师马克·吐温曾经这样说:"幽默,是地球上任何一个民族都不能拒绝接受的财产。幽默使智慧的机器灵活运转。"伟大导师列宁在论述幽默时说:"幽默是一种优美的、健康的品质。"体育教师也应具备这种优美健康的品质,并将幽默的语言运用到课堂教学中去。幽默是对生活中不协调事物的善意思索和艺术表现,也是一种欢快、敏锐、令人发笑的智慧气质。体育教师若具备这种素质,就可以通过幽默的语言来密切师生关系、调节课堂气氛、缓和矛盾冲突。

幽默之所以能够密切师生关系是因为幽默的语言可以消除学生的紧张,缩短师生间的距离。在这里,幽默表现为一种亲切感。例如:有位体育教师与学生初次见面,他说:"我姓许,言午许,叫金榜。我的名字是我爷爷起的,他希望我长大了能有出息,能够金榜题名。现在我大学毕业了,没能在研究生的金榜上题名,但是我寄希望于我班的每位同学,现在好好锻炼身体,将来有更充沛的精力考大学,当研究生,甚至获得世界上最高奖励诺贝尔奖,为祖国争光。"

这种幽默而不失庄重、自信而不失文雅的语言给学生留下了美好的第一印象,学生们报以热烈的掌声,这掌声缩短了师生间的距离。教师这种被美化了的语言像一股清泉滋润着学生的心田,密切了师生关系。

体育教师的幽默语言还可以缓和课堂中的矛盾冲突,打破僵局。例如,在篮球课教学中,有位调皮的学生手持橡胶篮球,在队列中向教师发问:"老师,一个球的表面有多少颗胶粒,您知道吗?"课堂上立时出现了一片寂静,全体同学用不同的眼神注视着教师,如果是您应该怎样回答这个问题呢? 把这位学生训斥一顿,还是将他驱逐出列? 可这位幽默的教师却表情自然地回答说:"应比你眉毛的数量多。"顿时,这位发问的同学没趣地低下了头,全班同学无不为这精彩幽默的回答向教师投以敬佩的目光。这小小的矛盾冲突,就被这幽默语言完全地缓解了,打破了课堂上出现的僵局。

体育教师幽默而有情趣的语言还能调节课堂的气氛或使批评更易于学生接受,例如:有位教师在体育课上看到学生无精打采时,就对他们说:"怎么啦,现在已经处处闻啼鸟了,你们还在春眠不觉晓啊!"大家听了立刻情绪活跃起来。

幽默是人人皆有的,只不过有人善于发掘,有人疏于发现而已。在体育课堂教学中,本来就有许多能产生幽默的事物,但由于有些体育教师不善于去发现去挖掘,因而也就自觉地扼杀了自己的幽默感。体育教师要想使自己妙趣横生,深得学生喜爱,首先就要有意识培养自己的幽默素质,以创造性的思维,从平淡中看出奇,于正常中看反常,将幽默的语言运用到教学中去。因此,体育教师就需要尽可能多地掌握跨学科知识,旁征博引,融会贯通,还要善于把握事物的特征和幽默的时机。

在运用幽默时,要力戒故弄与炫耀。幽默绝不是充滑稽,要贫嘴和咄咄逼人的嘲笑,它讲究要言不烦,恰到好处,它要求控制情绪,留有余地,做到与人为善,心平气和。运用幽默的语言还要力戒庸俗和无聊。它不是以表面的笑容来伪装苍白的内容,不是以多余的笑声来填补空虚的心胸,它是在庄重、深沉的基础上所产生的健康、轻松的微笑,笑意中带着思考、带着哲理、带着情趣。同时教学是一项十分严肃的工作,它不可能也没有必要时时处处都幽默。

五、体态助语,异曲同工

关于语言产生之前人们是以什么方式交流思想、传达感情这一问题,在语言学界众说纷纭,但原苏联语言学家马尔提出的"手势起源论"较有影响。他认为在有声语言产生以前,人们用手势比划沟通和交流思想。对于马尔的理论是否正确,我们不去深究,但对于人的动作可以传递思想和感情这一点,则无可置疑。语言学家的研究表明,人们在谈话时大约只有35%的内容是通过语言来表达的,而另外65%的内容主要是靠语言行为来表达。人们在日常谈话中,除了有声语言外,还常常伴有一定的动作和表情以补充语言表达之不足。

教学过程中师生相互的交流,除了有声语言之外,体态语言也起着十分重要的作用。事实上,只要稍微留神一下,我们便不难发现,任何一位体育教师上课,都不同程度地自觉或不自觉地使用着丰富的体态语言。体态语言主要是指人体动作、面部表情和眼神。在体育教学中,充分运用体态语言能够节省讲解时间,表达有声语言无法表达的内容,提高教学效率和质量。

人体的所有动作都具有特殊的意义。如在众多国家里,摇头表示否定,点头表示赞同,昂首表示振作,侧首表示询问。手是人体最灵活、最丰富的表情器官之一,通过不同的手势、造型也可起到表情达意的作用。在体育教学中,教师的示范本身就是一种体态语言,通过示范向学生表达技术动作的结构,建立清晰的动作表象。但有时对于一些难于做静止示范的技术难点,关键之处,教师可以用手来指点动作的用力方向,用手臂的摆动来代替动作的幅度与速率,用手比划高度、长度等,使学生对动作技术建立时间、空间的概念,加快对动作技术的领会。

表情,顾名思义,是人的内心情感的外在表现。国外心理学家曾推出这样一个公式:

$$感情表达 = 7\%言词 + 33\%声音 + 60\%面部表情$$

该公式正确与否姑且不论,但它至少说明面部表情的作用。微笑的面部表情是热情的表现,一般来说,微笑可以造成一种融洽和谐的课堂气氛,和谐的气氛可以提高学生的学习积极性和学习成绩。例如,体育教师在教跳山羊、跳箱、跳高时,对一些学生(特别是女生)来讲是有一定困难的,这些困难往往是心理原因造成的,遇到这种情况教师如果用亲切和蔼的目光捕捉学生的视线,用温和的微笑对待他们,能使学生从教师的面部表情中受到感染得到鼓励,从而减轻了心理压力,容易产生"教师相信我,我能跳过去"的自信心理。

眼神的运用经常涉及教师的行为效果,凝视的形式和次数对体育课堂管理和课堂教学是十分重要的。有人研究过,每当教师注视学生的次数减少时,学生注意力分散的情况就增加;每当教师注视学生的次数、时间适量增加时,学生参与教学活动的次数就增加,练习的质量就提高。眼神还能起到暗示的作用。暗示是相对于明示而言的,指的是教师采用不挑明的方式对学生行为产生影响。教师一般不公开要求学生接受自己的意图,而学生往往在不十分清楚教师意图的情况下,接受教师的暗示。在体育教学中,教师的一个眼神或一个手势都能成为一种暗示,引起学生的行为反应,如停止说话、不做小动作、继续练习等。例如:教师在教学过程中,发现有位学生精力分散,东张西望或与他人打闹,此时,教师如果直呼其名:"××,认真练习!"该学生迫于压力可能表面服从,但由于在众目睽睽之下受到批评,自尊心受到伤害而容易产生抵触情绪,这种情感障碍可能造成该生拒绝接受教师的教育。此时,如果教师采用体态语言,当师生的视线接触后,向他努努嘴、皱皱眉给予暗示,既能引起学生的注意,改正错误,又能保护其自尊心,达到教育的良好效果。

[本章小结]

体育教师在教学中成功地使用体态语言,首先可以在不中断正常运用语言进行教学,不影响其他学生学习的情况下,对个别的学生实行调控,把他们的注意力集中到听课或练习上来;其次,还可以避免与学生的自尊心直接发生冲突,防止引起学生的"逆反心理",便于学生接受;再次,可以起到补充和加强教师语言的作用,使教学语言的含义更加明确,更加有力,在一定的条件下,甚至可以代替语言的作用;最后,体态语言配合有声语言,能增强语言的直观效应,有利于学生对所学的动作建立正确的运动表象,利于学生理解、记忆和掌握技术动作。体育教师如果能很好地掌握和运用体态语言这一技能,就能使师生彼此心心相印。

[思考练习]

1. 什么是语言表达技能?
2. 语言表达有哪些功能和构成要素?
3. 在体育教学中精练的语言有什么作用?
4. 在体育教学中语言的运用要注意什么?
5. 在体育教学中如何使用语言?

[阅读材料]

1. 王皋华. 体育教学技能微格训练[M].北京体育大学出版社
2. 于素梅.体育与健康课教学问题探索[M].北京体育大学出版社
3. 王少华.体育基础与实践教程[M].北京体育大学出版社

中
学
体
育
教
学
技
能
训
练

Zhong Xue Ti Yu Jiao Xue Ji Neng Xun Lian

第七章　导入技能

[内容提要]

导入既是课堂教学的重要环节,也是教师应该掌握的教学技能。体育课的内容是多种多样的,因此不可能存在固定不变的导入方法和模式。教学导入的方法是多种多样的,包括方法如何去选,在选择方法的过程中应注意哪些方面。

[学习指导]

1.导入是教学进入新课题时的教学行为,平时上课开始的开场白。

2.导入技能是指教师在新的教学活动开始前,运用简练的语言引起学生注意、激发学习兴趣、唤起学习动机、明确学习目的、建立知识间联系,使学生快速进入学习状态的一种教学行为方式。

3.导入的主要功能有:正确的导入可使学生的注意力集中到将要学习的教学内容上来。激发学生的学习兴趣和积极参与的欲望。启发学生积极思维,增强学生学习的主动性和积极性。在体育课堂教学中,利用导入的方法将学生的注意力吸引到一个特定的教学任务和学习程序上来。

4.教学导入的方法是多种多样的,有直接导入、经验导入、旧知识导入、实验导入、直观导入、设疑导入、事例导入、悬念导入、故事导入、对比导入。

5.选择导入的方法应做到:导入要有明确目的、紧扣教材;导入要引起兴趣、激发动机;导入要集中注意、启发思维;导入要形式多样、引入自然。

第一节　导入技能及其功能

导入是教学进入新课题时的教学行为,平时上课开始的开场白就是导入。俗话说:好的开头,是成功的一半。好的教学导入,就像小说中的"引子",戏剧中的"序幕",起着酝酿情绪,集中注意,渗透主题和带入情境的作用。导入技能是教师在一个新的教学内容或活动开始时,引起学生注意、激发学习兴趣、引起学习动机、明确学习目的和建立知识间联系的教学活动方式。导入既是课堂教学的重要环节,也是教师应该掌握的教学技能。教师在组织教学的时候,开始总是应该力求用最短的时间,使全班学生集中精力进入对新知识的学习,引导他们注意应当完成的学习任务。万事开头难,教学一开始就给学生留下最鲜明、最有感染力的印象,将促进整个教学过程中的师生交流,这在心理学上被称为"首因效应"。能否使学生做好课堂学习的心理准备,这是一堂课成败的第一关。教师运用导入技能,指出教学本单元、本课题、本节课的方向和要求,可以使学生明确学习目标,形成适宜的课堂氛围,并对学生起到收心、引趣、激情、启思的作用。导入应用于上课之始或进入新单元、新段落的教学过程之中。

一、导入技能

导入技能是指教师在新的教学活动开始前,运用简练的语言引起学生注意、激发学习兴趣、唤起学习动机、明确学习目的、建立知识间联系,使学生快速进入学习状态的一种教学行为方式。

二、导入的作用

导入的作用在于集中学生的注意力,引起学生的兴趣,明确学习的目的、要求,为学好新知识创造良好的前提条件。有效地导入新课,是课堂教学中的一个重要环节。好的导入可以点燃学生的思维火花,开拓学生思维的广阔性和灵活性。富有启发性的导入,不但能活跃学生的思维,还能起到培养学生定向思维的作用。运用正确的方法导入新课,能集中学生的注意力,明确思维方向,激发学习兴趣,引起内在的求知欲望,使学生在学习新课的一开始就有一个良好的学习境界,为整个教学过程创造良好的开端。

三、导入的主要功能

心理学家指出:"保持和复现在很大程度上依赖于有关心理活动的第一次出现时注意和兴趣的强度。"课的开始能否吸引和抓住学生的注意力,激发起学生的学习兴趣,是一堂体育课成功与否的重要一环。精心设计的导入能扣住学生的心弦、渗透主题、带入情景,使学生步入精神振奋的学习状态,产生直接的学习动机,有助于学生获得良好的学习结果。导入的主要功能有以下几点:

(一)引起注意

正确的导入可使学生的注意力集中到将要学习的教学内容上来。每一位体育教师都熟悉田径比赛中短距离跑发令员的指令:"各就位,预备,跑!"这简短六个字,可使运动员的注意力高度集中到将要进行的工作中去。体育课开始前,学生的心理状态、兴奋程度、情绪高低等经常处于一种不稳定的状态中,如刚结束一门学科的测验或考试后来上体育课,学生往往表现为大脑兴奋性过高,短时不易抑制的现象;而学生在上下午第一节体育课时,往往又表现出大脑兴奋过低,加上室外体育教学容易受外界干扰的这一特点,体育课堂教学开始时,学生的注意力往往不易集中。教育心理学研究表明,一旦学生从学习开始就没有引起注意,那么在教学过程中去集中他们的注意就不太容易了。体育教师如果能够结合学生的实际情况、教学内容的特点,选用适宜的导入方法就能够引起学生对所学教学内容的注意,抓住学生的注意力并使它集中到将要进行的学习活动中去。

激发学生的学习兴趣和积极参与的欲望是导入的又一功能。唤起学习兴趣是使学生积极学习的重要条件,学习的积极性,首先来源于兴趣,兴趣是入门的老师。两千多年前孔子就说过:"知之者,不如好之者;好之者,不如乐之者。"爱因斯坦说:"对一切来说,只有热爱才是最好的老师。"在体育课堂教学中,教师认真地选择和运用导入的手段和方法,就能够巧妙、自然地激发起学生对所学教学内容产生兴趣。兴趣是学生参加体育活动的直接动机,也是直接推动学生主动参与练习的实在动力。浓厚的学习兴趣必将引起学生强烈的求知欲望,使他们产生坚忍不拔的毅力,克服在练习中由于气候、教学环境、身体等带来的困难和不适反应,心情愉快,情绪饱满,精神振奋地投入到教学活动中去。

(二)启发思维

启发学生积极思维,增强学生学习的主动性和积极性是成功教学的基本保证。启发教学是教学过程本身的需要,也是开发学生智力最基本的方法。体育教师在教学中也要树立学生是学习活动主体的教学思想,应利于活跃而不是束缚学生的积极思维。在体育课的导入过程中,教师用生动形象化的语言向学生陈述富有启发性的问题,或通过演示、示范来展示一个问题,并要求同学们通过本次课的学习找到解决问题的正确方法,这样就能吸引学生的注意力,启发学生的积极思维,增强学生学习的主动性和积极性,达到发展学生思维和解决问题能力的目的。

(三)明确目标

在体育课堂教学中,利用导入的方法将学生的注意力吸引到一个特定的教学任务和学习程序上来。教师通过导入说明,使学生明确本次课将要学习什么内容,要求达到的目标,基本的教学程序以及该教学内容对身体素质、机体能力的影响和作用;使学生对为什么学,怎样学,以及努力方向有一个清晰的学习心理定势,以便于学生全神贯注地、积极地去接受新知识,圆满完成学习任务。

第二节 导入技能的类型

体育课的内容是多种多样的,一般来说大致分为理论和实践两部分。实践部分又包括游戏、田径、体操、球类、武术、水上项目、野外项目等许多种类。而每一类又包括许多不同的教学内容。由于体育课堂教学的内容较多，经常更换，因此，也不可能存在固定不变的导入方法和模式。体育教师应根据学生的年龄、面貌、心理特点等，结合教学内容经常思索、认真选择导入的方法，精心设计每一堂体育课的导言，组织好课堂教学的开端。体育课堂教学导入的方法很多，在教学实践中许多体育教师在这方面积累了不少宝贵的实践经验，创造设计出许多简明生动、哲理分明、思路清晰、富有实效的体育课导入的好方法、好形式，下面对一些导入的类型和方法举例加以说明。

教学导入的方法是多种多样的，方法的选择要依据学生的年龄特点和心理需要，以及学科教学任务和教学来选择内容。

一、直接导入

直接导入就是简洁明快地直接阐明学习的目的和要求以及教学程序等，以此来引起学生的注意，调动他们意志力量中的积极因素。

二、经验导入

经验导入就是以学生已有的语文知识和生活素材为基础，通过讲解、提问等方法，引起学生的回忆，激起学生对问题进一步探求的欲望。

三、旧知识导入

以旧知识导入是使学生达到温故而知新，以旧知识为基础发展深化，引导学生去发现问题，明确探索的目标，从而进入新教学内容的学习，这是目前教师在课堂教学中常用的一种导入方法。它以回忆、提问、做练习等方式复习旧教学内容开始，从新旧内容的连接点上"水到渠成"地过渡到新知识的学习。

四、实验导入

学生普遍具有好奇的心理，一般都爱观察，特别是一些新奇的东西，教学中有很多内容涉及自然科学方法的东西，这些内容就可以通过实验来吸引学生，引起学生对所学内容的关注。通过新、异等多种教学手段，使学生在学习之始便在感官上受到大量的刺激，获得大量的信息，促进学生有条理地思考问题。

例1：在教学生做前滚翻前，教师用一块长方形的物体和一个球体做滚动实验，并演示滚动时的情形，使学生明白为什么教师要求在做前滚翻时要"含胸、收腹、低头、手撑、滚动、似球"的道理。

例2：在教授"状态反射"这一概念时，教师可以让学生做低头摸高和抬头摸高的对比实验。根据实验的结果，讲解头部的位置与躯干伸肌和屈肌紧张程度的关系，从而引出"状态反射"的概念。教师还可以通过状态反射的原理，来讲解为什么在做跳远、篮球跑投篮等跳跃动作时一定要抬头的道理，进一步加深学生对状态反射概念的理解和运用。

五、直观导入

直观导入即上课开始时先让学生观察某种形象或物体的导入方法。在课堂教学中，常常需要借助一些教学媒体。上课时，教师可先挂出一幅图画或一张图表，拿出一件实物或物体的模型，放一段录像或幻灯片，让学生观看、议论，由此导入教学内容。直观导入由于增强了直观性，有了具体感，可以迅速引起学生的注意，增强学习的兴趣，还能有效地培养学生的观察能力和思考能力。在课堂教学中，根据学科的特点，要尽量采用直观教学。把抽象的知识具体化、形象化，为学生架起由形象思维向抽象思维过渡的桥梁，同时也为学生的学习创设了有利的情境。训练直观导入的关键是选择好供学生观看的形象、物品，做到准确、生动、大小适宜、色彩鲜明，既能引起观察兴趣，又能经得起科学分析。

例1：有位教师在游泳课开始时，向同学展示了一组国外女子游泳运动员的技术动作图片，其目的是想让学生观察正确的技术动作，建立生动的运动表象，激发学生的学习动机。但由于这一直观材料选择得不好，学生虽然观察得很仔细，但注意力主要是集中在运动员新颖的服装和运动员的体型上。观察结束后，学生不但对游泳的技术动作没有产生感性认识，反而在下面窃窃私语，分散了课堂的注意力，影响了课堂纪律，产生了与教师演示动机相反的效果。

例2：有位教师在给女生上背越式跳高课时，一开始，向学生展示了他精心选择的国外著名男运动员的背越式跳高技术动作图片。在同学观看图片时，教师对图片中运动员漂亮的动作，轻盈的腾空，优美的造型，津津乐道，滔滔不绝地讲个不停，目的是让学生对背越式跳高运动产生兴趣，获得美感。却不知，当教师的讲解停止后，一位女生说："老师，背越式跳高是男生的动作，我们做不了。"与此相反，有位体育教师在教背越式跳高时，他选择的直观材料是事先用照片翻印的幻灯片，示范者是本校同年级的三名女同学。课一开始，当教师向学生展示幻灯片时，学生们顿时兴奋起来，因为她们已经认出了示范者是谁，感到很亲近，容易接受。因此，她们对幻灯片中的技术动作观察得很仔细，对背越式跳高的技术动作产生了学习的欲望，激发了学习兴趣，增强了完成动作的信心，为教学的顺利进行开了个好头。

因此，体育教师要想成功地利用直观的方法来导入新课并取得较好的效果，除了正确地选择直观教材外,还要考虑演示的对象,达到动机与效果的统一。所以体育教师在课前,要认真准备,精心设计,使直观导入方法在教学中起到它应有的作用。

六、设疑导入

设疑导入即教师向学生提出与本课本次教学内容相关的一个或一组问题,设置疑问,然后组织学生围绕主题,讨论发言,由此导入。问题提得好,会"一石激起千层浪",激发学生的求知欲,迅速调整学生的思维指向,活跃课堂气氛,为课堂教学打下良好的基础。亚里士多德说:"思维始于惊讶和疑惑。"所以悬念、疑问常常是探索的出发点。

例1:有位教师在篮球教学课上教单手胸前传球。他叫两名学生出列,教师传球,一位学生接传球,一位学生抢断教师的传球。该教师面向全体同学说:"上节课我们学习了双手胸前传球,假如在传球时面前有防守,我们该怎样传球呢?"同学们纷纷回答,提出许多种传球方式。教师接着说:"下面我在××同学积极防守的情况下,采用一种方式传球,请大家注意观察我的传球动作,回答两个问题:第一,球是从防守者的什么位置传过去的? 第二,为什么能够传过去,而××同学却断不到球?"教师的提问立即将学生的注意力全部吸引到教师的示范动作上,随着教师的示范,课堂的气氛活跃了,同学们不时对教师精彩巧妙的传球发出赞叹。示范结束,同学们兴致勃勃、争先恐后地回答了教师的两个问题。教师接着说:"刚才大家看到的传球方式就是我们今天要学习的单手胸前传球。"

通过提问,教师巧妙地把教学内容引入课堂,使学生对即将要学习的传球方式、传球路线和传球的时机有了比较清晰的了解,激发了学生对学习内容的兴趣。

七、事例导入

即用学生生活中熟悉或关心的事例,例如身边发生的事情,报纸、电视所报道的新闻来导入新课,使学生产生一种亲切、关注的感觉。也可以介绍新颖、生动的事例,为学生创造引人入胜、新奇不断的学习情境。

八、悬念导入

提出带有悬念性的问题来导入新课,能够激起学生的兴趣和求知欲。在悬念中既巧妙地提出了学习任务又创造出探求知识的良好情境。

九、故事导入

学生都爱听故事,特别是语文教材充满了动人的故事,以及妙趣横生的典故。

在体育学科的发现史、发展史以及体育名人的传记中，在对学科现象的认识过程中，有许多动人的故事。适当地选讲这些故事的片段，不仅有利于学生思维能力的培养，而且能够引起他们学习本学科的兴趣。我们就是要利用这些优势，来引发学生学习的兴趣。

有位体育教师在给大学数学系的同学上体育课时讲了这样一个故事："挪威数学家阿贝尔（1802—1829）22 岁时就在数论方面作出了卓越的贡献。可是，当柏林大学决定聘请他为数学教授，把聘书寄到他家时，他已于三天前因病去世了，终年只有 27 岁。"通过这一故事，使同学们加深了对身体锻炼重要性的认识。要成为一名科学家，首先要成为一名业余的运动家，成为了学生的共识。在体育教学内容中蕴藏着大量的故事情节，只要体育教师根据教学内容，通过有针对性地讲述一些与教材有关的趣闻轶事来导入授课内容，都能激起学生对所学新课的浓厚兴趣，收到寓教于乐之效。

学贵刻苦，教贵诱导。导入的类型很多，其目的都在于为学生创造出一个最适宜寻求知识的意境来，然后循循诱导，使学生产生强烈的学习愿望，最大限度地激发学生的学习兴趣，调动学生主动积极的思维。教师要具有较高的导入技能，必须学识雄厚，视野开阔，善引博喻，步步深化。除此之外，教师要在备课时深入钻研教材，在切实掌握学生的知识、技能和接受能力的情况下，围绕着教学重点、难点及内容，精心设计课的导言，恰当选择导入方法。

十、对比导入

我们常说没有比较就没有鉴别，教学中经常要用对比导入的方法来引导学生比较异同，从而更好地激发学生刻苦练习的兴趣。

第三节　导入技能的应用要点

创设一个良好的开端是整个体育课教学过程中的一个很重要的环节，也是教学步骤、教学方法中不可缺少、需要加以研究的一项重要内容。导入的方法很多，教师选择导入方法，设计课的导言，使"开场白"能够将学生的注意力吸引到一个特定的学习任务或学习程序上去，应做到以下几点要求。

一、导入要明确目的、紧扣教材

导入方法的选择和设计要从课堂教学的目标出发，要有明确的目的性，使之为实现教学目标服务。所设计的导入一要具体、简洁，尽可能用少量的语言说明学习的内容、意义和要求。通过不同的导入方法,使学生明确本次课的学习内容和学习目的。同时,为了使学生确立为什么要学和应怎样学等,导入还应包括学习态度和学习动机在内的学习心理定势。导入方法的选择和设计还要紧密地同教材相结合,不能脱离教学内容,应使导入充分体现新的教学内容和特点,并能将学生的思路导入将要学习新知识的情境中去。

二、导入要引起兴趣、激发动机

导入方法的设计应具有艺术性,应以新颖活泼的面貌出现在学生面前,增强导入的吸引力和艺术感染力,最大限度地引起学生的兴趣,激发他们的学习动机,引导和促进学生接受新教材,主动学习新教材,创造轻松愉快、生动活泼的学习气氛。但也要防止华而不实,单纯追求新异刺激,脱离教学内容的错误倾向。

三、导入要集中注意、启发思维

导入方法的设计应对学生将要学习的教学内容具有启发性。要通过导入拓宽学生的思路,引起认知冲突,促进学生的注意力高度集中到将要学习、将要解决的问题中去,激发学生产生寻求解决问题的强烈愿望,发挥学生的思维能力,充分体现学生学习的主体作用。

四、导入要形式多样、引入自然

导入的形式和方法很多,教师应根据教材和教学内容的特点、学生的认知水平、心理状态、精神面貌等灵活运用不同的导入方法,不可千篇一律。但在设计导入方法时,也要考虑它的运用性,既要做到新颖、别致、精彩,吸引人,又不能牵强附会,甚至哗众取宠,应使导入自然地与将要学习的教学内容相吻合,自然地过渡到学习内容中去,为整体课堂教学服务。

[本章小结]

体育教师熟练掌握和成功地运用导入技能,能有效地利用上课时间,能够使学生全神贯注,精力集中地投入到教学活动中去,能够在较短的时间内使学生获得较多的体育知识和掌握运动技术技能。

[思考练习]

1.什么是导入技能?

2. 导入技能有哪些功能和要素？

3. 使用导入技能时要注意哪些方面？

[阅读材料]

孟宪凯.微格教学基本教程［M］.北京师范大学出版社

第八章　讲解技能

[内容提要]

　　能讲、会讲、讲好课是教师最基本的教学技能。对讲解技能进行系统的学习和训练，能精准地给学生传授体育的知识和技能。可以将学生已知和未知的知识联系起来，体现教学过程的逻辑性、系统性和启发性。讲解的方法或类型是多种多样的，每种讲解方法都具有它的特性，都具有不同的思维方式、语言组织和内在的逻辑特点。

[学习指导]

　　1.讲解是指教师在教学中，注意师生双边活动和双向活动，并且从学生实际出发，突出教材的重点，用精练的语言，准确地揭示教学内容的本质特征和知识间的内在联系，教给学生认知规律和解决问题的方法。

　　2.讲解技能是指体育教师通过运用语言表达技能，对事实及运动技术动作进行描述、解释、分析、概括，以便对学生认知、情感及运动领域施以积极影响的一种教学行为方式。

　　3.讲解技能的主要功能：引导学生以原有的认知结构为基础，认识、理解和掌握新知识；帮助学生明了获得新知识的思维过程和探讨方法，提高学生的认识能力；结合教学内容影响学生的思想和审美情趣。

　　4.讲解类型有：事实性讲解、选择性讲解、概念性讲解、归纳性讲解、演绎推理性讲解、对比性讲解。

　　5.讲解技能的要点：讲解要有明确的目的；讲解要通俗易懂，简明扼要；讲解要内容正确，符合学生水平；讲解要深入浅出，富有启发性；讲解要注意时机和效果。

　　讲解是体育教学重要的组成部分，是值得深入探讨的永久性课题。讲解是为了帮助学生了解教学的目的、任务，练习的要求和方法，是对学生进行思想教育、基本理论和基本技术教学的主要手段之一。讲解是指教师在教学中，注意师生双边活动和双向活动，且从学生实际出发，突出教材的重点，用精练的语言，准确地揭示教学内容的本质特征和知识间的内在联系，教给学生认知规律和解决问题的方法。

教师通过语言讲解,使学生明了学习内容的名称、要领、意义和练习方法等,传授体育的知识和技能。要运用好讲解法,教师必须深入钻研教材,了解教材的纵横关系,明确各类教材的共性和特性,区分各类教材的重点、难点及关键点,了解学生的实际水平,避免在讲解中出现重复和错误。

第一节　讲解技能及其功能

　　讲解技能是指体育教师通过运用语言表达技能,对事实及运动技术动作进行描述、解释、分析、概括,是对学生认知、情感及运动领域施以积极影响的一种教学行为方式。

　　在体育教学中,教师对学生学习的指导是通过多种方式和方法进行的,如直观演示法、语言法、练习法等。其中,语言法就是运用语言多种不同的形式来指导学生学习,从而达到教学基本要求的方法。语言表达技能是讲解技能的基础,而讲解技能是针对教学的实际,有目的地运用语言,实现教学目标而采用特定的、较高层次的语言手段。

　　讲解是教师向学生传授体育知识、动作技术、技能的主要方法之一。讲解可以使学生了解体育课的目的、任务、教学目标、基本概念、动作名称、作用、要领、方法、顺序及要求等,帮助学生明确学习目的,建立运动技术概念,以指导学生进行练习,掌握所学的体育教学内容。在体育教学中,许多体育的知识、动作技术、技能只有通过教师的讲解,学生才能比较透彻地理解和牢固地掌握。讲解技能不仅用于新知识、新技术的学习过程,也运用于复习巩固旧的知识和动作技术之中,它在教学中的应用最为广泛,其他许多教学方法,如示范、展示图片等也需要讲解的配合。讲解不仅可以使学生把动作的技术要领与所观察的结果联系起来,从感性认识逐步提高到理性认识,还可以启发学生积极思维,对学生进行思想品德教育。因此,讲解可以说是体育教师的中心教学技能之一。

　　对讲解技能进行系统的学习和训练,其目的在于使教师的讲解技能从理论知识方面更加系统化,从运用方式方法上更加规范化,便于教师理解、操作与提高。当然,在实践性很强的体育课堂教学中,室外复杂的教学环境对教师的讲解增加了一定的难度,精讲多练对体育教师的讲解能力和水平又提出了更高的要求。

　　语言是人类独有的刺激信号,教师通过运用生动形象的语言及不同形式的讲解方法,可以将学生已知和未知的知识联系起来,体现教学过程的逻辑性、系统性和启发性。讲解是体育教学中运用的一种最主要、最普通的教学方法,是充分发挥教师在课堂上主导作用的重要途径。讲解技能的主要功能如下:

一、引导学生以原有的认知结构为基础，认识、理解和掌握新知识

认知心理学的同化论是讲解技能的理论基础。同化论是美国认知学派教育心理学家奥苏伯尔提倡的有意义接受学习的理论。同化论说明了新知识的获得要依赖原有认知结构中的适当概念,而且必须通过新旧知识的相互作用,即新旧意义的同化。通过新旧认知的同化而形成更高分化的认知结构。例如:学生在已掌握健美操的基本创编原则后,教师要求每位学生自编一组健美操的动作组合。这时,在教师的讲解辅导下,学生利用已掌握的创编知识、方法和健美操的基本动作,利用结构重组的同化迁移,编出一组新的、自创的动作组合。

启发式讲解是实现有意义学习的讲解。利用迁移的规律帮助学生利用原有的知识、技能去理解新知识是讲解具有启发性的基本途径。因此,接受学习是学生学习的根本特性,接受学习是学生以教师的讲解、传授为条件,用积极的方式接受和吸取前人的经验。所以,学生形成心智技能和动作技能,首先要借助教师有声有色的形象语言讲解,通过感官在脑子里留下一系列表象,再通过感知、认识到联想的认知过程。教师的讲解就是要使学生能够在新问题或新情景中应用已掌握的概念、知识和经验,利用迁移的规律与新授内容建立起新的联系,帮助学生领会、理解、掌握体育新知识、动作技术和方法。

二、帮助学生了解获得新知识的思维过程和探讨方法,提高学生的认识能力

学习不只是要让学生掌握一门学科或几门学科的具体知识与技能,而是要让学生学会如何学习,这一点比掌握具体的学习内容更为重要。学习方法也是一种学习经验,它可以对后继学习产生一种比较广泛的一般性迁移。迁移的产生要经过复杂的认知活动,分析、抽象、综合与概括是学习迁移过程中不可缺少的认知活动成分。

在体育教学中,首先让学生在直观演示的过程中掌握感性知识,然后利用讲解,概括的思维活动对感性知识加工、提炼、改造形成理性认识,上升为动作要点。这里包括了学习迁移中的分析、综合、抽象、概括的认知成分,然后进入记忆和知识储存。但学习的根本目的不是把经验储存于大脑之中,而是要将所获得的经验应用于实际的各种不同的情境中,去解决现实世界中的各种问题,实现知识的价值,这就是应用知识。学生的认识过程是教师定向讲解的思维过程,教师将学习的内容向学生清楚地呈现出来,引起他们的注意、思考、概括,使之最终获得。

充分准备的精心讲解,既是教师的义务又是教师的责任。如果教师事前缺乏准备,讲解的内容杂乱无章,语无伦次、声音平淡,学生会感到乏味、困倦,这不仅影

响学生学习的积极性,还会直接影响到教育和教学效果。在课堂或操场上讲解,不仅是知识的传授,而且也是思维过程和学习方法的传授,这是每位教师应当引起注意和重视的问题。

一个事件、一种现象、一个动作或技术、一个问题如何去讲解和分析,如何选择讲解的内容,讲解的重点是什么,每个问题分几个层次,讲解的顺序如何安排,通过什么方式讲解效果最好等等,这一系列问题都需要教师在讲课之前进行认真的思考、琢磨、推敲和准备。一名优秀的教师,应当思考成熟后进入教室或走上操场,在传授知识和技能的过程中,运用分析、综合、概括、抽象的认识方法,向学生表演自己的讲解技巧,展示辩证的思维过程和科学探讨问题的方法。教师的讲解过程本身就是学生学习分析问题、解决问题的过程,也是潜移默化地传授认识论和方法论的过程。所以,教师讲解必须具有严谨的科学态度,讲解内容正确、层次分明、循序渐进、由浅入深、由表及里,这样的讲解才会给学生留下极其深刻的印象。

三、结合教学内容影响学生的思想和审美情趣

教书育人是教师的天职。结合教学内容用马列主义观点、思想教育学生,是体育教学要完成的一项重要任务。体育教学既是一门科学,又是一门艺术。体育教师的教学能力、教学艺术水平是建立在教师深厚的知识和熟练的教育技能基础上的,教师在教学中运用讲解技能,如同艺术表演家一样,利用自己的风度、气质、语言、声调和姿势变化,表情和情绪的变化,结合准确优美的动作示范,使学生不仅获得知识和方法,而且受到思想道德的教育,得到精神上的满足、艺术上的享受、情感上的熏陶、心理上的健康发展。

在体育教学中,思想道德、心理健康的教育与技术动作的教学是同步进行和提高的。在不同的教学阶段,针对不同的学生和问题,采取灵活多变的讲解形式,耐心地说服和热情地帮助相结合,使学生端正学习态度、克服困难、排除心理障碍、完成学习任务。对进步较慢的学生,更要关心和爱护,讲解时态度要亲切、和蔼、自然、耐心,从积极的方面鼓励学生。这样可以调动学生学习的积极性,激发学生向上的情感,特别是教师在生动、合理、多变地运用讲解技能的过程本身,就是教师主观意图的实现。一节课讲解得好坏不是只看教师讲授了多少信息,而是看学生接受了多少信息量,这就是主观与客观、讲解与效果的统一问题。因此,教师要随时善于观察学生的表情、态度、行为动作和对问题的理解程度,及时得到学生各方面的反馈信息,并准确地加以判断,不断调整自己讲解的内容、速度和方式。

教师在课堂上应始终保持反馈信息传输的畅通,这样才能保持讲解的效率,提高讲解的质量和效果。

第二节 讲解技能的类型

教师讲解的最终目的是使学生能够接受、理解所学知识、技能。学生对教师的讲解是否能够接受及理解，除了受学生的能力、技巧知识水平的制约外，在很大程度上还受教师选择讲解方法的影响。讲解的方法或类型是多种多样的，每种讲解方法都具有它的特性，都具有不同的思维方式、语言组织和内在的逻辑特点。教师能通过运用某种讲解方法的特殊作用，作为向学生施加某种思想及动作技术概念的媒介，也可以成为了解探索并最终使学生掌握所学技术动作的渠道。体育教师讲解类型大致可分为以下几种。

一、事实性讲解

该讲解的特点是用直述的方式将与教学内容有关的事实，有条理地呈现在学生面前，使学生明确教学任务、教学内容、教学目标，获得学习内容的背景知识，建立运动表象，发展形象思维，了解技术动作的名称、结构、顺序、方法、要求和对人体健康的作用等。

在进行事实性讲解时，语言节奏要舒缓，层次要分明，条理要清楚，对某一事物或事件需作正确、具体的交代。在讲解技术动作时，除了要讲明它的结构、顺序、方法外，还需讲明它们之间的关系。例如，在讲授篮球技术时，要讲解从球传出到同伴接到球这一过程，它应包括：传球的动作方法、球飞行路线和球的落点（球到的位置）以及动作方法、球飞行路线和球的落点三者的关系及相互影响。运用事实性讲解方法时，还要注意对事物或事件陈述的准确性，如某运动的起源、创始人、发展过程及目前国内外的最好成绩等。简洁的语言是事实性讲解是否能抓住学生注意力的重要环节。好的讲解并不意味着要面面俱到，教师应懂得在体育教学活动中，讲解只是其中的一部分，另外还包括许多其他部分。简洁的事实便于学生理解、记忆和回忆。在进行事实性讲解时，可通过声调的变化、提问、反馈，给学生以广泛的非语言信号，如手势、表情和体位的移动及强有力的沉默等手段来吸引学生的注意力。

事实性讲解一般多用于新授课、变换练习及课的开始部分，在课的结束时，教师也常用事实性讲解对本次课的课堂表现、学生完成学习任务是否达到教学目标进行评价、总结。

二、解释性讲解

该讲解的特点是教师根据学生已掌握的知识、材料或亲身体验，通过解释性讲解使学生对所学内容或将要完成的技术动作获得较透彻的理解。因为解释是根据一些信息资料作出的,所以教师在应用解释性讲解时,应使学生能够通过记忆或直接观察获得必要的信息和资料。

在体育教学中,教师对教学任务、目的、内容、练习方法、常规要求、注意事项、比赛规则以及概念、名词、典故、文言词句等方面都可采用解释性讲解。

例1:对"铁人三项"运动的解释性讲解。"铁人三项"运动是由游泳、自行车和马拉松跑三个运动项目组成的混合运动。其中游泳赛程为3.8公里;自行车赛程为179.2公里;马拉松跑赛程为42.195公里,全部赛程共225.195公里。比赛时要求三个项目连续进行,并必须在一天之内完成。1980年在美国的夏威夷举行了首次国际三项运动锦标赛。此项运动需要参加者有坚强的体魄、全面的技艺和坚忍不拔的顽强意志品质。"铁人三项"运动虽然对身体、心理和意志品质有较大的锻炼,但开始练习时一定要循序渐进,需要充足的营养和休息,不可贸然行事,否则会适得其反,给身体带来伤害。

在进行解释性讲解时,要保证解释的科学性,根据学生的年龄、知识水平和接受事物的能力,选择解释的深浅程度及运用专业词汇的多寡,同时还要注意解释要简练,抓住事物的本质,恰如其分。如有位教师在准备活动中要求学生做股四头肌静力性牵张运动,练习开始前,他向学生展示了股四头肌的解剖挂图,并根据图示讲解股四头肌的起止点,解释为什么称它为双关节肌及其特点。学生通过教师的解释懂得了双关节肌只有在起止点同时固定的情况下才能被拉长。通过对直观资料的观察及教师的解释性讲解,学生对做股四头肌静力性牵张练习的动作要领明确了,因此在做股四头肌静力性牵张练习时,学生能够自觉地按照教师提出的"屈膝、伸筋"的要求去练习。同样,在上短跑课时,如果教师采用解释性讲解对小腿后肌群的起止点及踝关节柔韧性与拉长小腿后肌群收缩前的初长度,获得较大的地面反作用力的关系加以解释性讲解,就能克服学生往往对踝关节柔韧性的练习不认真的现象,提高对踝关节柔韧性练习重要性的理解。在体育教学中,运用人体运动科学原理对学生将要进行的练习进行解释性讲解的内容十分广泛,如姿势反射与运动中的转身、杠杆作用与投掷、压力、弹力系数、惯量、动量、阻力、引力等等都能与学生所学的技术动作紧密地结合起来进行解释性讲解,使学生不仅懂得怎样做,而且真正懂得为什么这样做。

在体育教学中,解释性讲解运用的范围很广,凡是对要求学生完成的技术动作需要附加理由加以说明的都可采用解释性讲解。

三、概念性讲解

该讲解的特点是教师通过对动作技术进行分析、综合、概括,最后使学生形成并获得动作技术概念。

在体育教学中,当学生获得了对教学内容的感性认识以后,教师要及时把学生的认识提高到理性认识的高度,即形成概念。概念是学生掌握体育知识、动作技术的前提和基础,也是学生完成技术动作的重要依据。

在体育教学中,概念又可分为基本知识概念和运动技术概念。常用的基本概念有速率、节奏、体质、体格、体能、额状面、矢状面、正中线、屈伸、原动肌、对抗肌、固定肌、中和肌、重心、向心力、离心力、运动量、生理负荷量、生理强度、反应时、灵敏、耐力、柔韧、准备活动、赛前状态、进入工作状态、极点、第二次呼吸、恢复、整理活动、有氧代谢、无氧代谢、乳酸供能、非乳酸供能、水感、球感、脉搏、肺活量、呼吸差、腹痛、岔气、重力休克、中暑、运动性贫血等。运动技术概念有俯卧式跳高、背越式跳高、蹲踞式起跑、疾跑、途中跑、弯道跑、冲刺跑、小步跑、高抬腿跑、后蹬跑、车轮跑、加速跑、变速跑、跨步跑、间歇跑、复步、前蹬、后蹬、步长、步频、脚内侧踢球、脚背内侧踢球、滑步、变向、急停、双手胸前传球、单手肩上传球、飘球、扣球、垫球、传球、探头球、滑板球、提拉球、弧圈球等。

基本知识要领的掌握对体育教学的效果有直接的影响。如在体操教学课中,如果学生对屈足的概念没有掌握,那么教师在要求屈足时,学生很可能做相反的伸足动作即勾足尖。教师在对基本概念进行讲解时,为了使学生形成正确的概念,可通过直观的方法,使学生观察对概念形成感性认识。如在上述例子中,教师可通过示范,使学生建立屈足的概念,并通过讲解与手屈的动作相比较,加深学生对屈足这一概念的理解和记忆。教师在对基本要领进行讲解时,还可通过学生的亲身感受,用生动形象的语言描述建立概念。如教师在对“第二次呼吸”这一概念进行讲解时,可在学生完成长距离跑练习后,通过学生的亲身感受,应用语言来唤起学生对运动经验的回忆,建立“第二次呼吸”这一概念。运动技术概念具有某些独有的特征,教师在讲解时可以与其他概念对比来进行,概念性讲解运用得不好,往往使学生明确了运动技术的概念,却不知道这一概念与其他概念之间的联系,或者知道这种联系,但却不知道这一动作技术的特征,这一点必须引起教师的注意。例如,教师在讲解跳高技术动作概念时应与跳远技术动作概念加以对比讲解,给学生阐明这两个技术概念的联系和它们各自的特征。跳高、跳远都需要通过助跑、起跳获得较大的水平速度和一定的起跳高度,这是它们的联系所在,由于它们最终目标一个是获得远度,一个是获得高度,所以它们在助跑形式、速度、踏跳脚落地及身体重心的移动等方面都有各自的特征。通过两者对比来讲解跳高技术动作概念,才能使学生真正理解跳高技术动作的概念及实质,进一步认识和掌握跳高技术动作在跳跃运动中的普遍性和特殊性,加深对这一概念的认识。

概念性讲解在体育教学中运用极为广泛,在教学实践中,许多教师把复杂的要领用精练的语言编成口诀,方便了学生的理解和记忆。概念性讲解除了要准确地阐明事物的本质特征外,还要通过学生的练习,使概念的抽象认识向解决实际问题的方向转化,只有经过这一过程,对概念的掌握才能巩固。

四、归纳性讲解

该讲解的特点是学生通过观察或实际操作,获得大量的观察资料和感性认识后,教师对它们进行归纳概括,从而形成动作技术概念得出结论。采用归纳讲解的目的是通过学生的积极观察与思考,引出某种正确的结论或技术动作概念,使学生在脑子里对教师的讲解留下一幅清晰的图像。

归纳性讲解是一种能够达到多种目的的教学策略。第一,归纳讲解是形成概念和讲授概念的有效手段。第二,归纳讲解也是激发学生学习动机的一种有效方法。第三,体育课上多采用的是直接讲授的方法,归纳讲解使教学多样化,可以引起学生的兴趣。第四,由于归纳讲解前必须要鼓励学生进行观察或参与一定的活动,所以它使绝大部分学生有参加学习活动的机会。

教师在采用归纳讲解时应明确,观察是归纳讲解的必要前提和基础。教师在进行归纳讲解前,首先要求学生对课堂中提供的全部观察资料进行认真细致的观察,并认真听取学生的提问,鼓励学生发现问题,总结概括,形成概念。教师在学生观察并提出自己的观点后,对来自学生的各种信息进行归纳讲解,形成技术动作概念或结论。在体育教学中,教师应根据教学目标,在课前设计好学生的观察资料和活动,如动作技术图片、教学影视片、示范的动作方法等,通过这些观察资料和实例,使学生获得形成技术动作概念或结论的多种信息。教师课前设计的观察资料的好坏影响着学生所获得技术动作概念或结论的完整性和准确性。教师在设计观察资料和指导学生观察时,要考虑到学生已掌握的背景知识,指导学生进行观察,提高学生观察的效果。在提倡培养学生分析能力、解决问题能力的今天,归纳讲解在体育教学中具有更重要的意义。它能发展学生的过程技能,在发展小学生的感知技能和观察技能,以及中学生的推理技能方面都是有效的。

例1:一位小学教师在教三年级学生跳远概念时,安排了下述观察活动。他先让三位学生做立定跳远动作,然后再做上前一步跳,最后做五步助跑跳远动作,让其他学生观察三种形式的跳跃方法对远度有何影响及为什么。学生通过观察得出步数增加远度也相应增加的结论。教师最后归纳学生的观察结果指出:步数增加使身体获得了向前的水平速度,远度就增加了。因此,水平速度是跳远技术的一个关键,是直接影响远度的一个重要因素。

在教学实践中,这样的例子很多,学生通过观察得出结论,教师最后进行归纳讲解形成技术动作概念。

归纳性讲解在体育教学中越来越引起人们的重视,特别是在发现教学、启发教学、自主教学等旨在培养学生独立思考、积极参与教学活动,提高学生分析、判断、综合、概括诸能力方面有独到作用。归纳性讲解不仅在形成技术动作概念方法,而且在纠正错误动作中都有积极的作用。

五、演绎推理性讲解

该讲解的特点是以一个概念或定义为前提,以事件或所观察的资料为依据,通过解释推理或预测推理得出结论。演绎推理的一般形式是三段论法,即以一个前项、一个中项和一个结论来表示。

在体育教学的实践中,教师运用演绎推理讲解得出的结论更易被学生所接受,使学生加深对技术动作概念的理解,增强结论的可信度,能够培养学生正确的逻辑思维能力。教师在运用演绎推理讲解时,必须满足两个条件:第一,学生必须掌握作为大前提或推理过程起点的抽象概念或定义。第二,学生必须能够把观察到或在记忆中的事实与已有的抽象概念联系起来。运用演绎推理讲解时,教师一定要懂得推理过程是学生回忆及观察过程的延伸,因此教师要避免依据不清晰的概念或不充足的观察资料进行演绎推理。

演绎推理讲解在对事实、概念加以因果关系的解释说明中经常被采用。在体育教学实践中,教师在讲解准备活动与运动成绩、有氧代谢运动为什么能够改善心血管系统的功能、长时间脑力劳动后为什么需要进行体育活动等都可采用演绎推理讲解说明它们的因果关系。

六、对比性讲解

对比性讲解是把相应的两个方面或几个方面加以对比,指出正误、优劣、差异区别。如在体育教学中,时常有数量、质量、姿势、远度、高度等的对比。进行对比讲解,反衬性大、形象具体、感觉鲜明、容易理解、印象深刻,有较好的启发性。

(一)正误对比讲解

在改进和掌握运动技能的教学阶段,当学生练习到一定程度,教师总是找出几个运动技能掌握相对好一点的学生做动作示范,然后再找出几个运动技能掌握相对差一点、存在典型错误动作的学生也做动作示范。在示范之前教师要向学生提出需要思考的问题;在动作示范时,要求学生认真仔细地观察。正确与错误动作示范后,在师生共同讨论的基础上,教师常采用正误对比的讲解,分析正确动作的特点和错误动作的表现形式,明确正确完成动作的规格要求,找出产生错误动作的原因,提高学生对正误动作的鉴别能力,明确练习中应注意的问题,促进运动技能的学习、改进与提高。

(二)特点对比讲解

特点是指人或事物所具有的独特之处。分析、综合出不同人的特点或不同事物和现象的特点进行对比讲解,在体育教学中也是常用的一种讲解方法。

(三)差异对比讲解

从身体指标、健康状况、技能水平、纪律现状、服装、色彩、语言、胜负等差异进行对比讲解,可以帮助学生客观地评价自己、找出差距、明确方向和目标、制订计划、采取措施、稳步前进。

利用具体研究数据的实例分析,结合差异对比的讲解,让学生对自己心血管系统的功能水平进行诊断性评价,发现问题,找出差距,提高学生对自己健康状况的认识,激发学生自觉参加体育锻炼的主动性和自觉性,实现教育的目标。

第三节　讲解技能的应用要点

一、讲解要有明确的目的

体育课的讲解,无论是指导学生学习知识技能,还是思想教育都要有明确的目的。通过讲解使学生明确学习的目的、任务,调动他们学习的积极性和主动性,培养独立思考的能力,使学习变成一种自觉行为。在学习某一教材时,要讲明它的作用和练习方法,使学生做到心中有数,有目的地去进行学习。如在耐久跑的教学中,向学生讲解学习的目的是非常重要的。对青少年来说,耐久跑是改善心血管系统,提高一般耐力的最好锻炼手段之一,是青少年走向健康之路的好途径。其目的就是发展速度耐力,提高健康水平,其任务则是通过各种方法和手段改进途中跑的基本技术,同时还能克服途中跑易犯的错误和掌握纠正的方法和手段,使学生知其然又知所以然,从而提高学生主动学习的积极性。

二、讲解要通俗易懂,简明扼要

在体育课中,讲解不但要有明确的目的,而且要努力做到通俗易懂,简明扼要。由于体育课的时间、场所、任务所限,讲解不应长篇大论,要紧紧地抓住教材的重点、难点和关键点,明确讲解各类教材的共性和特性,尽量做到语言生动有趣,反对那种主次不分、平铺直叙、不求实效的讲解。

跑的教学,在各类运动教学中被普遍采用,而各种跑的技术要求不完全一致,重点要抓好途中跑技术,而途中跑的教学重点又是后蹬技术。由于各类运动对跑的要求不同,技术上也有差别,短跑要以"速度"和"力量"为核心,耐久跑则以速度耐力为关键,项目和距离不同,跑的技术也有差异。在篮球教学中,由于跑的距离短,起动快,经常急起急停,变向变速,所以篮球运动中的跑和田径运动中的跑在技术上也不太相同,后蹬技术也有差别。这就要求在讲解时各具特点。

要想讲解通俗易懂,简明扼要,就必须认真钻研教材,吃透教材的内容,讲解才能恰到好处。

三、讲解内容要正确,符合学生水平

中学时期是学生学习文化科学知识的重要阶段,也是学生求知欲最强,接受事物最快的一个阶段。教师在讲授时所讲内容一定要正确,而且要从学生的实际水平出发,使学生掌握正确的理论概念。切忌在讲解时脱离实际,故弄玄虚,哗众取宠。在教学中学生还没有学习物理中的力学,教师就用力学知识去讲,虽然讲得正确,但学生听不懂,效果不好。当学生学过力学原理后,结合讲解,不但有利于学生掌握体育知识,同时还有利于学生将所学的科学知识应用于运动。只有通过内容正确、符合学生实际水平的讲解,才能向学生传授正确的理论概念,使其较快地理解动作要领,较好地掌握知识技能。

四、讲解要深入浅出,富有启发性

在体育教学的讲解中,不注意语言艺术,就不能充分调动学生学习的积极性和主动性,不能使课堂气氛愉快活泼。因此在讲解中一定要注意深入浅出,富有启发性。用生动有趣的语言引起学生积极的思维,使看、听、想、练有机结合起来,用各种行之有效的方式启发学生积极思维,深入理解动作要领及技术动作的结构。

在教技巧前滚翻时,可向学生提出,球为什么容易滚动,然后再讲前滚翻要团身的道理,这样学生就很容易明白。在教弯道跑时,可以结合学生已学过的力学知识,提出为什么会产生离心力,如何克服离心力,然后再讲弯道跑时身体向内倾斜的道理,这样一步步深入浅出地引导学生积极思考,从而培养学生分析问题和解决问题的能力。蹲踞式起跑技术,要求姿势稳定,反应迅速,后蹬有力,可用"弯弓搭箭待命发,起动快似离弦箭"来比喻起跑前的姿势和起动时的速度,生动形象,学生便于理解和接受。

五、讲解要注意时机和效果

在体育课上,为了取得讲解的效果,应根据课的具体情况和要求,灵活机动,合

理地进行安排,注意讲解的时机和效果,有的内容可以先讲后练,有些内容则可以先练后讲,同时还要注意选择讲解的地点和位置,使学生都能看得见听得到。在学生紧张练习时,教师只能作提示性的讲解。讲解还要注意气候、阳光、风向等因素,尽可能做到精讲多练,讲练结合,选择合适的时机,取得良好的效果。

以跳远来说,因起跳不高,腾空时间短,没有充分的时间做空中动作,就要进行讲解,并在起跳处放置踏跳板,为完成腾空动作创造条件。当发现不少同学落地时腿伸不出去,甚至前栽,直接影响了跳远的远度,这时就要进行讲解,其主要原因是:板前助跑和起跳姿势不正确;腾空动作不对;当腾空到最高点时,没有先举大腿再伸小腿,并用两臂和上体前倾来配合,而是低头屈上体,造成前栽。这时可在沙坑上放一根竿子,提醒学生要落在竿前,抓住有利时机进行讲解,使讲解和练习有机地结合起来,收到明显的效果。讲解还应考虑教学的进程和动作技术的特点,起到画龙点睛的作用。恰到好处,才能事半功倍。

[本章小结]

本章对教师的业务能力提出了"会做、会讲、会教",其中会讲就是讲解技能。讲解技能是每一位体育教师的基本功,通过学习和训练提高讲解技能是教师的责任,也是教师的义务,教师讲解得好坏对教学效果所产生的影响和作用是潜在而又深刻的。

[思考练习]

1.什么是讲解技能?

2.讲解技能有哪些功能和要素?

3.使用讲解技能时要注意哪些方面?

[阅读材料]

谢正义.初中体育与健康新课程教学法[M].东北师范大学出版社

第九章　直观演示技能

［内容提要］

　　直观演示是通过各种传媒手段,充分调动学生的感知器官并向学生提供真实的感性材料,建立清晰的运动表象的教学方式。它是现代体育教学内容中不可或缺的重要组成部分。在体育教学实践中,运用直观演示法首先要明确为什么演示,怎样演示和演示什么,什么方位与时间演示,怎样获得演示的最佳效果,正确回答这些问题就必须阐明直观演示技能的功能、构成要素、演示技能的类型及应用要点。

［学习指导］

　　1.直观演示技能是教师通过各种传媒手段,充分调动学生的感知器官并向学生提供真实的感性材料,使学生通过直接观察,了解技术动作的形象、结构、过程、要领、方法以及时空关系等等,对技术动作获得深刻的感性认识、建立清晰的运动表象的一类教学行为方式。

　　2.运用直观演示法注意事项:首先要有明确的目的性、方式方法应多样灵活、运用时机要恰当、速度要适宜、位置要合理。

　　3.直观演示技能的构成要素,即演示的目的、演示的手段与内容、演示的方位与时机、与其他教学技能的相互配合。

　　4.直观演示方法主要包括动作示范、图解、图像、图表、幻灯、投影、影视、实物和标志物演示等。

　　5.在体育教学实践中,采用哪种动作示范方式,要根据教学内容、教学的不同阶段、学生对技术动作掌握的实际情况而定。

　　6.标志物演示:标志物是一种直观教学的辅助手段。标志物可帮助学生准确地感知运动的距离。标志物可帮助学生准确地感知运动方向。标志物可帮助学生建立空间知觉。

　　7.动作示范应注意的问题:示范要有明确的目的性、示范要选择正确的方位、示范动作要正确、示范要考虑学生的能力及心理特点。

　　8.处理好动作示范与其他教学之间的关系:直观思维与练习之间的关系;运用直观与发展能力的关系。

在体育教学中,直观演示法是一种常用而又行之有效的教学方法。通过直观演示,能使学生感知动作的形象,加深对动作的印象,形成正确的动作概念,了解动作的程序、结构、要领、方法,明确动作的时间与空间二者的关系,建立理论知识与动作间的联系,从而激发学生对动作的兴趣和爱好的热情,使之集中注意力和心理指向,促进对动作技术、技能的学习、掌握和巩固提高,形成正确的动作定型。

第一节　直观演示技能及其功能

直观演示技能是教师通过各种传媒手段,充分调动学生的感知器官并向学生提供真实的感性材料,使学生通过直接观察,了解技术动作的形象、结构、过程、要领、方法以及时空关系等等,对技术动作获得深刻的感性认识、建立清晰的运动表象的一种教学行为方式。

在现代体育教育思想中,理论知识的传授已成为体育教学内容中不可或缺的重要组成部分。在"健康第一"思想指导下的我国学校体育,对认知领域的开发和体育知识的传授提出了新的更高的标准和要求。现代教育技术的迅猛发展,现代化教学设备的研制开发,计算机广泛的普及与应用,计算机辅助教学的兴起,都为体育理论知识的传播提供了一个方便、快捷、有效的途径。直观演示作为教学重要的辅助手段将会越来越多地被应用于体育教学的过程中去,也将在体育教学中扮演重要的角色。

直观演示对学生加速掌握动作技术、缩短教学过程、提高教学效率和教学质量都具有特殊的意义和重要的作用。在教学实践中,运用直观演示法,应该做到以下四项要求。

一、要有明确的目的性

要完成什么任务,解决什么问题,预先要考虑好,否则,盲目地进行直观教学演示,会分散学生的注意力。对不同的动作运用不同的直观教学演示,会产生不同的效果,对效果明显的直观演示,动作示范要特别重视。

二、直观演示的方式方法应多样灵活

准确熟练的示范是重要的,但不是唯一的,还要广泛灵活地采用一些教具模型的演示,图片影视的展现,助力和阻力的帮助限制,标志物及声响音乐的定向领先,紧急信息的刺激控制等各种直观方式及配合适用。直观的对象要突出生动、正确、清晰,还应有针对性,符合学生的性别、年龄、生理、心理及知识技能水平。

三、运用直观演示的时机要恰当,速度要适宜

直观演示的应用要及时准确恰到好处。如体操中的助力,过早过晚都不能起到应有的作用。直观的速度快慢要根据实际需要,一般采用正常速度。在动作太快,结构复杂,不能充分演示过程细节及空中动作时,通过图片、影视定格或慢速(慢镜头)进行观察剖析。

四、直观演示的位置要合理

直观的位置不外乎远近的距离和前后左右的方位。原则上应从视觉上看得见,听觉上听得到,在身体肌肉上能感觉适度为标准。如授课、队形、动作性质、人数多少、安全卫生要求等都是选择合理位置的重要依据。直观的方向要考虑动作结构和要求观察的部位,如正面为显示左右距离,侧面能观察前后部位,背后便于观察复杂难做动作,镜面便于掌握动作方向等。一般应以观察面与学生排面平行并避开外界较强的刺激,如风、日光等。

第二节 直观演示技能的构成要素及类型

一、直观演示技能的构成要素

应用直观演示技能首先要明确为什么演示,怎样演示和演示什么,什么方位与时间演示,怎样获得演示的最佳效果。正确回答这些问题就可阐明直观演示技能的构成要素,即演示的目的、演示的手段与内容、演示的方位与时机、与其他教学技能的相互配合。教师正确地理解直观演示技能的构成要素是非常重要的,是决定直观演示效果好坏的直接因素,也是衡量教师掌握直观演示技能程度的重要评价依据。

(一)演示的目的

演示要有意义,其目的必须明确。教师无论采用哪种直观演示的方法,其目的一定要明确。教师所做的演示是为了说明一个概念、阐明一种理论、证明一个原理、解析一个动作,还是回答一个问题等,心里要十分清楚。目的明确地进行直观演示,教师就需要认真地研究教材,清楚地了解教学内容的知识点、难点。只有这样,教师在选择演示手段和设计演示过程时才可能做到有的放矢,实现演示的预期效果。

(二)演示的手段与内容

直观演示的方法多种多样,演示内容更是丰富多彩,如何选择需要考虑下列因

素:1.学校现有的物质条件。包括电视机、录像机、电脑、投影仪、幻灯、挂图、照片等。2.教师的演示能力。包括教师操作使用设备的能力、采集编辑素材的能力、自身动作示范的能力、与有关人员互助协调的能力等。3.学生的知识水平和接受能力。演示的内容要符合学生的认知水平和接受能力。过于抽象的概念或超过学生感性经验的演示无助于学习内容的掌握。4.教学与学习环境,理论课与实践课、室内教学与室外教学、大班教学与小班教学、高年级学生与低年级学生、新授教材与复习教材等在选择演示时都要有所区别。

(三)演示的方位与时机

在演示的目的和演示的方法与内容确定之后,教师演示的位置、方向和时机就成为需要进一步认真考虑的问题。

1.演示的位置

演示位置的选择受师生双边活动的影响,需考虑教师演示的位置和学生观看的位置。教师演示位置的选择应使全体学生都能够清楚地听到和观察到。教师可以根据演示的需要有目的地不断变化演示的位置,以达到理想的演示效果。

2.学生的位置

教师应根据学生人数的多少,选择适宜观看的队形。如果演示内容的性质有可能对观看学生造成伤害,还要考虑演示时学生观看的距离。避光、避风,便于观察的角度、方向和距离都应是选择学生位置应考虑的内容。

3.演示的时机

时机是指具有时间性的客观条件,多指有利的待时而动的机会。通俗地讲就是在教学过程中,教师要把握住演示的机会和适宜的时间,在教学的必要和学生的需要时刻进行演示。合理选择演示的时机,对于提高演示的效果有重要的影响。

4.演示与其他教学技能相结合

演示是讲解的先导,讲解又是演示的补充和说明。演示与讲解密切配合是体育教学的基本方法。讲、听、看、问、想的有机结合是促进心智技能和动作技能形成与掌握的重要环节,合理地将其他的教学技能与演示技能配合运用将会取得理想的演示效果。

二、演示技能的类型

在体育教学中,常用的直观演示方法主要包括动作示范、图解、图像、图表、幻灯、投影、影视、实物和标志物演示等。

(一)人体示范

人体示范主要是指动作示范。在体育教学中,教师的动作示范既是一种表演艺术,又是一种造型艺术。教师在课上所做的准确、优美、协调而有节奏的动作示范能给学生留下深刻而美好的印象,具有强烈的艺术感染力。一般来说,教师示范的表演艺术性越强,造型越美,其感染力也越强,示范的效果也越佳。动作的艺术性不仅仅存在于舞蹈、艺术体操等具有明显美感性质的动作中,也同样存在于体育教学的任何运动技术动作中。体育教师的动作示范目的之一就是通过优美的造型来表现各种运动技术的动作艺术性,从而产生美感,使学生产生积极参与学习、掌握运动技术动作的欲望。教师准确、熟练、轻巧、优美的示范,不仅可以明确揭示技术动作的结构、环节及重点,而且还可以引起学生跃跃欲试的心理反应,并形成连续效应,即欣赏—羡慕—向往—实践。动作示范本是"天然的"教学方法,它使师生之间可以同时进行视觉和口头上的交流,克服语言障碍,通过模仿来学习和掌握运动技能。

动作示范一般可根据示范的形式、目的及示范者的不同,分为教师示范、学生示范、合作示范、分解与完整示范、正误对比示范和徒手与持器械示范等。

1. 教师示范

教师示范的目的在于使全体学生都能观察到正确技术动作的全过程。特别是在学习一个新的技术动作或学生尚不能正确完成这一动作时,为了使学生建立正确的运动表象,形成技术动作概念,多采用教师示范。教师应在示范前给学生布置观察内容和要点或提出一两个问题,让学生在示范结束后根据观察结果来回答所提问题,以便提高示范的教学效果。

2. 学生示范

在某些技术动作的示范中需要伴随讲解,而教师在示范过程又无法讲解(如在游泳教学中教师在水中示范一些技术动作),或某个学生已经正确地掌握了特定的技术动作,为了在学生中树立榜样,产生榜样效应,往往采用学生示范。教师在采用学生示范前,一定要明确目的,精心选择示范者,做到心中有数。在可能的情况下最好课前告诉学生,使示范的学生有充分的思想准备。

3. 合作示范

对一些必须在学生帮助下才能完成的动作,示范常采用合作示范。如在武术教学中的太极推手示范、篮球教学中的一传一切示范等。采用合作示范,教师应在课前与合作者进行认真准备,对合作完成的技术动作的每一个环节要认真地演练,以便保证在课上对每一个动作环节都能给学生一个正确清晰的交代,帮助学生建立正确的动作表象。

4. 分解与完整示范

在教学的开始阶段,为了使学生建立一个完整的技术概念,让学生了解将要学习的技术动作的形式和结构,多采用完整示范。在不同的教学阶段,为了突出学习重点,特别是在学生掌握动作的分化期,一般多采用分解示范。随着学生对技术动作的逐渐掌握,分解示范应相应减少,而完整示范应随之增多。

5. 正误对比示范

有比较才能有鉴别。教师的正确示范往往不容易使学生发现他们自己的动作错在哪里。采用正误对比示范易于强化学生正确的运动条件反射,抑制错误的运动条件反射,有利于学生改正错误动作,建立正确的技术动作定型。在做正误对比示范时,一定要向学生讲清示范的目的,做好示范者的思想工作,防止由于示范不正确而引起嘲笑,使示范者的自尊心受到伤害。在女生做正误对比示范时这一点需更加注意。

6. 徒手与持器械示范

在教一些持运动器械的技术动作时,教师一般应先采用徒手模仿示范,使学生明确身体及身体各环节的移动路线、用力顺序、动作形式及动作方法等,然后再采用持器械的示范。这样做有利于将学生的注意力集中到技术动作结构上去,而不是集中到其他方面。如在篮球投篮的教学示范中,如果教师开始就持球示范,学生自然会将注意力集中到教师投篮的准确度上去,看教师能投多准,而对技术动作则视而不见。

在体育教学实践中,采用哪种动作示范方式,要根据教学内容、教学的不同阶段、学生对技术动作掌握的实际情况而定。除此之外,选择动作示范的方式还与教师在教学中所采用的教学策略与方法有关,如侧重于灌输式教学法、发现式学习法、启发式学习法。总之,动作示范方式的选择应适应学生、教学阶段教学内容及课的实际情况。

(二)物体演示

1. 图解演示

在体育教学实际中,主要有技术动作和广播体操的挂图、照片、图片、各种科研数据统计表、"学生体质健康标准"的评价量表、记录和成绩考核对照表等。

教学挂图具有直观性,可以弥补教师示范的不足,提高讲解的效果。运用技术动作图解演示,图形线条一定要清晰,尺寸大小要便于学生观看,挂图中最好有简洁准确的文字注解,便于学生对演示内容的理解和记忆。挂图演示的位置要有一定的高度,要有充足的光线。多页挂图的演示还要与讲解的顺序、内容紧密地配合。

图表能把相关的多种信息对应集中在一个表格中,便于查找和说明。图表演示简单、方便,便于对照和比较,为讲解增加实证数据,提供讲解的科学依据。图表制作中,数据一定要准确可靠,要注明数据的来源或引用数据的出处。

2. 幻灯投影

幻灯、投影演示已在教学中得到了广泛的应用,特别是在计算机普及的今天,投影演示更显示出它快捷、鲜活、生动、方便的优势。数码相机可以为幻灯采集鲜活的素材,实物投影仪可以为教师绘图、书写提供便利,代替板书节省时间,计算机辅助教学系统可以在网络上采集国内外的信息,增大教学信息的数量和质量。投影演示的应用前景广阔,技术手段不断翻新变化,这就需要教师通过不断地学习来熟练掌握和合理应用这种演示技能。

3. 影视演示

声形并茂的电影、电视、录像可以利用声音和连续的动态图像引导学生进入特定的教学情景,欣赏和丰富一些学习内容。电视和录像现在已经普及到学校和家庭,也是体育教学直观演示经常采用的演示手段。教师在课前要有目的地选择演示的内容,根据教学的需要,确定播放的时间。在影视演示中,通常采用放映部分片段或放映全部内容。教师在演示前一般要对放映的内容做一简短的说明和内容提要介绍,并提出观看的要求及需要思考的问题,增强演示的目的性,提高演示的效果。

4. 标志物演示

标志物是一种直观教学的辅助手段。在体育教学中,教师经常使用绳子、皮筋、小球、吊球、小旗、小棍、色带、线段和器械等物体作为醒目的标志物进行演示。通过视觉标志物及时给学生指示动作的方向、高度、幅度、距离、轨迹、用力点与器材关系等,帮助学生准确地掌握完成动作的时间、空间和肌肉用力的特征,尽快建立正确的运动条件反射,形成运动技能。空间知觉是一种复杂的知觉,它是人脑对某一物体或身体各部分所处的空间位置的直接反映。学生在学习运动技术动作时,通过标志物及时判断人体各部分在空间的方向、距离、位置及与器材的关系,对尽快建立正确的运动条件反射有着积极的意义。

标志物可帮助学生准确地感知运动的距离。例如,在教学生做行进间跑投篮时,经常是先让学生徒手跑几步后,跨步取过同伴托着的固定球上步投篮。在做这一练习时,不少初学者仍不能准确地判断起跨点和球的距离,要么起跨点离球太近,没有跨步就把球拿到手了,要么起跨点离球太远,拿不到球。为此,教师可在固定球的垂线后一米半左右画一条标志线,让学生助跑后投篮臂的异侧脚踏在标志线上,然后另一腿向前跨一步拿球,上步投篮,这样动作就容易完成了。同样,凡是在做技术动作时,需要帮助学生准确地感知运动距离(如跳高、跳远等),都可采用标志物作为教学的辅助手段。

标志物可帮助学生准确地感知运动方向。例如,在教单杠骑撑前回环动作时,

138

有的学生不敢向前跨步、倒肩动作不充分或干脆就不明确用力的方向。此时教师在单杠前上方放一标志物（如吊球），让学生双手撑杠提起身体重心后，用骑撑腿的脚去触标志物，这样就纠正了学生的动作方向，增大了动能，加长了旋转半径，以获得较大的转动惯量，达到完成动作的目的。又如：在教背越式跳高时，有些同学起跳用力的方向不对，身体过早后倒。为了纠正这一错误动作，教师在横杠上方放一标志物，要求学生跳起后用头触击标志物来纠正错误的身体运动方向。

标志物可帮助学生建立空间知觉。例如，有的学生在做鱼跃前滚翻时，无论教师怎样讲解总也做不出腾空动作来。其原因主要是学生尚未建立空间知觉，做完动作后自己也说不清身体是否腾空了，是否有一定的腾空高度。在这种情况下，教师可根据学生的实际情况，在学生面前拉一根一定高度的橡皮筋做标志物，让学生从上面鱼跃过去，帮助学生体会和感知腾空时的身体感觉，尽快建立空间知觉，完成动作。又如在做跳箱练习时，教师为了纠正学生触箱太近而形成屈髋没有腾空的错误动作，在跳箱的远端画一标志线，要求学生在标志线前触箱或在跳箱的近端放标志物，帮助学生准确地感知距离，感知运动方向，建立空间知觉，感知运动高度，控制运动轨迹和动作的用力点，提高学生的起跳高度，体会身体的腾空感觉并纠正错误动作。

第三节　直观演示技能的应用要点

上面已经对直观演示的主要方法进行了介绍，要掌握直观演示技能，除了能够熟练使用演示的工具之外，还需要进一步了解不同方式的直观演示需要注意的一些问题，正确地处理好这些问题，直观演示才可能取得理想的效果。

一、动作示范应注意的问题

（一）示范要有明确的目的性

教师每次设计示范都应明确所要解决的问题，要根据教材内容、教学步骤以及学生的情况，确定示范的内容和示范的方式方法。以建立完整的动作概念为目的时，需要运用完整示范；以掌握技术动作的某一环节为目的时，可采用分解示范；以纠正错误动作为目的时，正误对比示范比较理想。总之，示范动作不要随意进行，因为盲目的示范会分散学生的注意力，也收不到应有的效果。

（二）示范要选择正确的方位

教学示范的一个基本要求就是每个动作示范必须使课上全体学生都能看到，要使示范更加有效，必须组织好便于观看示范的队形，创造观看示范的条件。若在纵队前做示范,矮个学生应站在纵队最前面;若在行进间做示范,教师应面向学生;若学生站成圆形队时,教师应和学生并排站着做示范。教师还应根据示范动作的特点和示范所要突出显示的内容来确定自己的示范方位。为了显示身体的左右移、侧屈,上肢的侧平举、斜上举等,可选择正面示范。为了显示腿部的后蹬动作、身体的前后屈伸、前后摆腿与踢腿等,可以选择侧面示范。为了便于学生观察与记忆方位、线路变化比较复杂的动作,如武术、体操和艺术体操等,可选择背面示范。一些较为简单的动作,可采用镜面示范。除上述对示范方位选择的要求外,教师在示范时还要考虑学生的观察距离。一般来说,大器械运动项目,大幅度的动作,需要让学生观察完整动作的示范,观察距离应当适当远一些。反之则可近一些。让学生避风和背对阳光是教师示范时的基本要求。

(三)示范动作要正确

示范的目的是为了给学生留下一个正确的整体运动形象,使学生比较清楚地了解动作的外部结构和练习动作的方法。因此,教师的示范动作要正确、轻松、优美和规范,使学生一开始学习,就对动作建立一个正确完美的形象。特别是少年儿童的上进心和模仿能力较强,正确、优美的示范动作,不仅可使学生建立动作的完美形象,还能激发学生的学习热情,有助于提高学习兴趣,起到动员鼓舞的作用。

(四)示范要考虑学生的能力及心理特点

学生对教师示范所作出的反应根据他们的运动技术水平、性别、运动能力的不同有所差异。有些教师特别是年轻教师在教授一个新的技术动作的初次示范时,往往只考虑动作的规范要求,将动作做得潇洒、漂亮、幅度很大,而忽略了不同教学阶段学生的变化。初次示范动作幅度过大,容易分散学生的注意力。心理学研究表明,注意的范围与知觉对象的特点和知识经验有关。注意对象的差异小或比较熟悉的对象,注意的范围就大,反之,注意范围比较狭窄,稳定性比较差,容易被较强的刺激所吸引。如果教师示范动作的某一部分对学生的刺激较大,那么学生对这个部分的知觉就相对深刻,而对其他部分的知觉就差。例如,教师在做双杠的完整套路示范时,如果支撑摆动幅度过大,接近倒立,学生就很容易被该动作的"惊险性"所吸引,而对其他动作的知觉就差,甚至视而不见。这样就分散了学生对完整动作套路的注意,影响形成整体运动表象。初次示范动作幅度过大,易使学生"望师兴叹",甚至产生恐惧心理。学生学习的积极性与其自信心有关,而动作的难易程度又直接影响学生的自信心。学生在学习新的动作之前都有好奇和求知心理:"今天学什么新动作?""难度大不大?""我能否完成?"等等,如果教师的示范动作幅度很大,有的甚至抱着故意给学生露一手来显示自己的"实力",虽然学生觉得教师的示范动作惊险、漂亮,但会感到动作太难了,使之望而生畏,产生害怕心理,影响学生的自信心,降低了学习欲望。

因此,教师在做示范,特别是在授新课做初次示范时,动作幅度不宜过大,以能完成动作、正确体现动作结构为准。随着学生对动作的不断掌握,技术水平的逐步提高,再逐渐加大示范动作的幅度,对学生学习提出更高的目标。其次,示范应考虑学生的年龄、性别、运动能力、心理特点,以能吸引学生的注意力,激发和增强学生的学习欲望为出发点,尽量避免使学生产生恐惧感、惊险感和难以完成动作的情绪。

二、动作示范与其他教学技能相结合

(一)动觉与静觉的显示相结合

即教师把行动连贯的运动直观与正确清晰的静止直观的灵活结合和运用演示给学生,这有利于由感知到认识的过渡及感知表象的完整化与认识理论的深刻化。

(二)视听与体感的互补结合

要提高直观效果,单纯的示范视觉是不够的,还应与其他直观方式互相有机配合,互为补充,搭配应用。如在体操教学中,动作示范与音乐伴奏,帮助与限制等结合。

(三)正确与错误动作的对比结合

正确的动作直观是常用的,有时利用错误动作与正确动作互相对比演示的观察比较和鉴别,更有助于突出正确动作的典范印象及对错误动作和歪曲形象的深入认识,如短跑、途中跑的后蹬不充分、"坐着跑"、"重心起伏过大的波浪式"等错误动作与正确动作的形象对比。

三、处理好动作示范与其他教学之间的关系

(一)直观思维与练习之间的关系

直观思维、练习是掌握体育三基的主要途径。要选择运用最好的搭配方式,使学生通过直观演示的吸引产生兴趣和模仿欲望,结合讲解启发积极进行独立的思维,还要经过反复练习,促进动作的进一步掌握。在实际教学中运用的顺序、形式、主次、比例等要根据教学目的任务、教材特点及动作掌握程度而定。如在低年级初学时,勿用直观演示;在高年级改进动作时侧重启发思维等等。但这些都必须通过反复的练习才能达到目的。

(二)运用直观与发展能力的关系

教师运用直观演示法与学生接受直观(主要指观察)能力之间关系是密切的。假如学生观察能力差,不知观察什么和如何观察,即使教师运用的直观演示法再正

确生动也难以收到预期的效果。为此教师要有意识、有目的地培养和发展学生的这种能力。这是一项长期细致的工作,要认真持续,有始有终,逐步提高和扩大直观的效果。

[本章小结]

直观演示是一种传统的教学方法,在众多的体育教学方法中,它始终占据重要的地位。因为它具有形象性、具体性、直接性和真实性等特点,所以对于传授运动技术、技能具有特别有效的作用,这是其他教学方法难以比拟的。因此,直观演示技能是体育教师应熟练掌握的、重要的基本教学技能之一。

[思考练习]

1.什么是直观演示技能?

2.直观演示技能有哪些功能和要素?

3.使用直观演示技能时要注意哪些方面?

4.如何处理直观演示技能与其他教学的关系?

[阅读材料]

1.毛振明.体育课程与教材新论[M].辽宁大学出版社

2.褚宏启.教育现代化的路径[M].教育科学出版社

第十章　提问技能

[内容提要]

"学起于思,思源于疑"。在体育教学中,教师应强调学生不仅要通过感官,而且要通过思维来进行学习。所以,教师必须要善于用疑问来激发学生的思维,为学生创造一个分析问题、研究问题的教学环境。提问是教学过程中教师和学生之间常用的一种相互交流的教学方式。如何去提问,怎么去提问,提问中要注意什么是教师应积极探究的问题。

[学习指导]

1.提问技能是教师根据教学需要提出问题,以及教师对学生的回答作出反应,有利于促进学生参与学习、了解学生的学习状态、启发思维、使学生理解和掌握体育知识技能、发展能力的一种教学行为方式。

2.提问技能的功能有:激发学生的学习动机和兴趣、促进学生学习、平稳过渡、为学生提供参与机会、培养能力、反馈教学信息、管理课堂教学。

3.提问技能构成要素主要包括提问的设计、词语、方位、候答技巧、理答等。

4.课堂提问的类型包括知识性提问、理解性提问、应用性提问、分析性提问、综合性提问、评价性提问。

5.提问的原则有:提问应有充分准备、提问应以学生为中心、提问要少而精、提问应兼顾各种类型的问题。

6.提问中经常出现的错误有:提问不具体、提问涉及范围太宽、一次提出的问题太多、提问没有面向全体学生、将提问作为惩罚学生的一种手段、毫无准备地随意提问、对学生的回答处理不当。

当前课程改革的根本目标是培养学生的创新精神和创新能力,以学生的发展为本,注重全面素质的提高。一个显著特征就是学生学习方式的转变——改变原本单纯的接受式的学习方式。这种学习方式和教学方法的改变,使教师长期以来高高在上"传道、授业、解惑"的地位发生了变化,虽然教师作为知识传授者的角色是不能被淘汰的,但与以前不同的是,教师已不再是唯一的或常规的角色,在新课标中,教师教和学生学将不断让位于师生互动的教学模式,彼此形成一个真正的"学习共同体",教师不仅仅是教学过程的控制者、教学活动的组织者、教学内容的制定者和学生学习成绩的评判者,教师还是"催化剂",他帮助学生学会自己思考,学会学习。

教学过程是沟通、理解和创新的过程,学习不仅仅是把知识装进学习者的头脑中,更重要的是要对问题进行分析和思考,把知识变成自己的"学识",变成自己的"主见",自己的"思想"。"提问"实际上是实现师生互动及教学进程的重要手段,也是实现"沟通"和"理解",培养学生独立探索、独立思考能力的一个重要途径。

在体育教学中,教师不应代替学生思考,不应在课的开始就将本次课的概念、动作原理、动作方法全盘地端给学生,不要让学生在掌握体育知识、技术技能上走平坦大道,要通过启发性问题或质疑问难,在学生认知过程设置障碍,让学生在深入进行思考的基础上,对所学知识、动作技能加深理解,这样既有利于打开学生思路,又能培养学生独立思考的能力和积极探索的精神。在体育课上,教师应强调学生不仅要通过感官,而且要运用思维来进行学习。要做到这一点,教师必须善于用疑问来激发学生的思维活动,引导学生根据教师的讲授线索进行独立思考,获取知识,使课堂中提出问题、分析问题和解决问题的过程,能够成为学生的认识过程。"学则须疑",教师还应善于激发学生的发问意识。疑是深入探究知识的起点,有疑才能有问,才能有究,有疑才意味着有了学习的主动性和自觉性。

第一节　提问技能及其功能

提问技能是教师根据教学需要提出问题,以及教师对学生的回答作出反应,有利于促进学生参与学习、了解学生的学习状态、启发思维、使学生理解和掌握体育知识技能、发展能力的一种教学行为方式。提问是教学活动中教师和学生之间常用的一种相互交流的教学方式。提问包括教师的询问,学生对教师询问的反应、回答,以及由此而来的教师对学生反应、回答相应处理等一连串事项的过程。

对学习者来说,学习过程实际上是一种提出问题、分析问题、解决问题的过程。教师巧妙的提问能够有效地点燃学生思维的火花,激发他们的求知欲,并为他们发现、解决疑难问题提供桥梁和阶梯,引导学生去探索达到目标的途径,使学生在获得知识的同时,也增长了智慧,养成勤于思考的习惯。其主要功能如下:

一、激发学生的学习动机和兴趣

提问能够激发学生的好奇心,使学生产生探究的欲望,迸发学习的热情,产生学习的需求,进入"愤、悱"状态。

二、促进学生学习

宋代朱熹说:"读书无疑者,须教有疑。有疑者却要无疑,到这里方是长进。"提问是教师对学生学习的一种支持行为。学生的学习是以学生的积极思维活动为基础的,学生的思维过程往往又是从问题开始的。提问能帮助学生复习巩固所学的知识和技能,提示教学重点,分散难点,促进学生对教材内容的记忆等。

三、平稳过渡

每一科目的教学内容,其各个组成部分之间都相互联系,并以一定的方式关联在一起。提问可以为学生理清思路,把握学习内容之间内在的逻辑关系,实现教学内容各组成部分之间的平稳过渡。

四、为学生提供参与机会

提问是课堂上的一种召唤、动员行为,是集体学习中引起相互活动的有效手段。提问给学生提供了一个流露情感、发表看法,与老师和班级其他成员沟通、交流的机会。学生通过聆听他人对问题的回答,展开争论,从而开拓自己的思路,便于对学习内容进行梳理、理解、记忆。提问给学生提供了一个参与教学过程的机会。

五、培养能力

提问可以培养学生的思维能力、口头表达能力和交流能力。课堂提问能引起学生的认知矛盾并给学生适宜的紧张度,从而引发学生积极思考,引导学生思维的方向,扩大思维的广度,提高思维的深度。学生在回答问题时需组织语言,以便能言之有理,锻炼口语表达能力。同时,在与教师和其他学生探讨问题、寻求解决问题途径的过程中,培养了与他人交流、沟通的能力。

六、反馈教学信息

提问过程是一个教师"教"与学生"学"的双向过程。教师通过对学生回答问题情况的了解,检查他们对有关问题的掌握情况(包括理解情况、记忆情况、运用情况等),便于教师和学生及时把握教与学的效果,调整教学方式和学习方式。提问还是教师诊断学生学习困难的有效途径。

七、管理课堂教学

提问可以活跃课堂气氛,促进师生之间的情感交流,吸引学生的注意,有助于课堂教学活动的顺利进行，因此提问是进行课堂教学管理，维持良好课堂秩序的常用手段之一。

第二节　提问技能的构成要素

提问技能是由一系列要素构成，主要包括提问的设计、词语、方位、候答技巧、理答等。在体育教学中，如果教师在提问时能够正确把握和处理这些要素，就能提高自己的提问技能。下面对提问技能的构成要素分述如下：

一、提问的设计

随意的、灵机一动的提问不是好问题。教师课堂上的提问应是课前根据教学内容及学生的认知水平，为实现课堂教学目标而精心选择、设计的一个连续的、由浅入深、目的明确、包含各层次问题在内的提问。下图形象地说明了提问设计的范围、难度和层次。阴影部分代表提问的范围；阴影颜色的由浅入深代表提问的难度和层次的逐渐递增，精心设计的优秀提问应按图示进行。

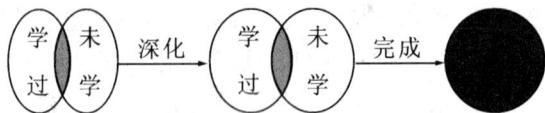

提问设计方法直观图

各类问题的提出应遵循循序渐进的原则，认知、记忆性问题为先；推理性问题次之；创造性及评价性问题最后提出。课堂提问的构成一定要低级和高级相结合。目前，体育教学中存在重视记忆性问题，忽视或干脆没有推理、评价、创造性提问的倾向，这一点我们必须努力克服。

二、提问的词语

提问要注意语言的品质。语言应清晰，速度应缓急适度，措词言简意赅，专业术语的运用应符合学生的知识水平。问题的措词必须指明思考的前提和方向。

三、提问的方位

提问应使全体学生都能够清楚地听到，教师应选择面向全体学生的适宜位置提问。如果提问要伴随示范、图解、试验，教师应选择便于全体学生观察的方位。

四、候答技巧

候答是指从教师发问或指名回答问题到学生回答完问题的这段时间。教师在提出问题后,应注视着学生,一直保持视线的自然接触。师生双方都可以通过对方的眼神了解更多的东西。学生对教师的眼神是很敏感的,通过教师的眼神和眼神的对视方向,学生即可以判断自己的回答教师是否在认真听取,是否能被接受,是否能够被理解等。教师在候答过程中,眼神运用得得当,还能起到鼓励学生、使学生继续说下去的作用。教师在候答时适宜的眼神,可以表示教师对学生回答的关注和兴趣。如果学生在回答教师的问题时,教师却看着毫不相干的地方,或者东张西望,目光散漫,这种眼神对学生的回答只能起到消极的作用。

学生回答问题时,教师要态度认真地倾听。所谓"倾听"学生的回答,不仅仅是随便地听听而已,而是要真正听出学生所讲述的事实、所体验的情感、所持有的观点等。在倾听的过程中,如果学生发生语塞或表达不清时,教师还可以用"你是不是想说……"等语言的引导来鼓励学生完成回答。这样的倾听表明了教师对学生回答的关心和重视的态度,有利于促进师生间的相互交流。

学生回答教师提出的问题需要时间酝酿。所以,教师提问后保持沉默或停顿是必要的。沉默或停顿可留给学生思考、组织必要的时间,增强学生对回答问题的紧迫感,这实际上是教师在课堂交流中的一种艺术。有些教师很怕在课堂上出现沉默、留有空白,所以在提出问题后,要么自问自答,要么穷问不舍。这些都是缺乏提问技能训练的表现,对课堂交流的顺利进行起着阻碍和破坏的作用。

五、理答

理答是指教师对学生的回答所做的最后处理。教师对学生回答进行修饰和评价有多种形式。如直接评价,即直接评价正确答案,表扬和奖励;直接纠正错误答案,批评或指出错误。在理答中,教师一定不要只接受自己期待的答案,应允许学生有自己的观点。如果教师只是用已经定势了的"标准答案"去衡量学生的回答,会阻碍学生积极的思维活动,影响课堂活跃的气氛。

第三节　提问技能的类型

在教学中教师运用提问都是有明确目的的,有的是为了唤起学生对已学过知识的回忆;有的则是为了使学生对某一知识、运动技术概念的进一步理解;还有的则需要学生对事实或现象进行分析、判断,得出相应的结论等。由于教师通过提问所要达到的目的不同,而学生在回答这些不同的问题时,又表现出不同的思维方式和认知水平,因此教育学家对提问进行了多种分类。

一、课堂提问的类型

(一)知识性提问

知识性提问是检查学生记忆情况的提问方式,是一种最简单的提问。对于这类提问,学生只需凭记忆回答。一般情况下,学生只是逐字逐句地复述学过的一些内容,不需要自己组织语言。简单的知识性提问限制学生的独立思考,没有给他们表达自己思想的机会。因此,课堂提问不能局限在这一层次上。在知识性提问中,教师通常使用的关键词:谁、是什么、在哪里、什么时候、有哪些、写出等。如篮球运动起源于哪个国家,急性跳远技术的四个组成部分是什么等。学生对这类提问的回答无需作过多的思考,只需要通过回忆将已学的知识复述出来即可。因此这类提问从认知角度上看,属于低级的提问。

(二)理解性提问

理解性提问是用来检查学生对已学的知识及技能的理解和掌握情况的提问方式,多用于某个概念、原理讲解之后,或学期课程结束之后。学生要回答这类问题必须对已学过的知识进行回忆、解释、重新组合,对学习材料进行内化处理,组织语言然后表达出来,因此,理解性提问是较高级的提问。学生通过对事实、概念、规则等的描述、比较、解释,究其本质特征,从而达到对学习内容更深入地理解。在理解性提问中,教师经常使用的关键词是:请你用自己的话叙述、阐述、比较、对照、解释等。如谁能解释排球垫球技术插、夹、提的含义,为什么关节扭伤后要立即冷敷,对于这一类问题,学生在回答表述中没有固定的标准模式,只有在理解的基础上通过自己的语言,将教师所传授的知识进行重新组合,才能获得圆满的答案。因此,这类提问属于较高级的提问。

(三)应用性提问

应用性提问是检查学生把所学概念、规则和原理等知识应用于新的问题情境中解决问题的能力水平的提问方式。在应用性提问中,教师经常使用的关键词是:应用、运用、分类、分辨、选择、举例等。例如,如果有人想通过运动的方式来达到降低体重的目的,你将推荐他进行什么性质的运动;如果篮球比赛临终场还有最后10秒钟,本方虽控制球,但比分落后3分,在这种情况下你将怎样组织进攻;如果有人在炎热的运动场上晕倒,你将如何处理。学生面对这类问题,就必须应用已学过的知识,根据问题的情境来寻求正确的答案,解决问题。

(四)分析性提问

分析性提问是要求学生通过分析知识结构因素,弄清概念之间的关系或者事件的前因后果,最后得出结论的提问方式。学生必须能辨别问题所包含的条件、原因和结果及它们之间的关系。学生仅靠记忆并不能回答这类提问,必须通过认真地思考,对材料进行加工、组织,寻找根据,进行解释和鉴别才能解决问题。这类提问多用于分析事物的构成要素、事物之间的关系和原理等方面。在分析性提问中,教师经常使用的关键词是:为什么、哪些因素、什么原理、什么关系、得出结论、论证、证明、分析等。如甲在 30 米跑测验中成绩比乙好,但乙在 100 米跑测验中成绩又好于甲,在短期的训练时间里,怎样安排训练来提高甲、乙的运动成绩;为什么长时间持续进行脑力劳动会感到头晕、工作能力下降,此时参加体育活动有什么好处。

(五)综合性提问

综合性提问是要求学生发现知识间的内在联系,并在此基础上使学生把教材内容的概念、规则等重新组合的提问方式。这类提问强调对内容的整体性理解和把握,要求学生把原先个别的、分散的内容以创造性方式综合起来进行思考,找出这些内容之间的内在联系,形成一种新的关系,从中得出一定的结论。这种提问可以激发学生的想象力和创造力。在综合性提问中,教师经常使用的关键词是:预见、创作、假如……会……、如果……会……、结合……谈……、根据……你能想出……的解决方法、总结等。例如,根据你所掌握的体育知识,谈谈体育活动与学习的关系;假如运动前不做准备活动或准备活动不充分,将对人体产生什么不良后果;如果在排球比赛中,对方身材高大,占据了网上优势,但移动不灵活,你如何确定进攻战术。这些问题对于激发学生独立思考,发挥他们的想象力和创造力都起着积极的作用。

(六)评价性提问

评价性提问是一种要求学生运用准则和标准对观念、作品、方法、资料等作出价值判断,或者进行比较和选择的一种提问方式。这是一种评论性的提问,需要运用所学内容和各方面的知识经验,并融进自己的思想感受和价值观念进行独立思考才能回答。它要求学生能提出个人的见解,形成自己的价值观,是最高水平的提问。在评价性提问中,教师经常使用的关键词是:判断、评价、证明、你对……有什么看法等。如:你喜欢上体育课吗,为什么;你觉得××同学的观点对吗,为什么。

二、课堂提问的要求

(一)设问得当

1. 趣味性

在设计提问时,教师最好能以学生感兴趣的方式提出问题。设计具有趣味性的问题,能够吸引学生的注意力,引发学生积极思考并主动参与到问题解决中,同时可以使学生从困倦的状态中转入积极的思考氛围。

2. 目的性

教师设计问题时,应该服务于教学目标、教学内容,每个问题的设计都是实现特定的教学目标、完成特定的教学内容的手段,脱离了教学目标、教学内容,纯粹为了提问而提问的做法是不可取的。同时,设问还要抓住教材的关键,于重点和难点处设问,以便集中精力突出重点,突破难点。

3. 科学性

为保证课堂提问的科学性,提问要做到:直截了当,主次分明,围绕问题,范围适中,语言规范,概念准确。

4. 针对性

提问要从学生的实际情况出发,符合学生年龄特征、认知水平和理解能力。有针对性的提问要求:问题的难易要适度,符合学生的"发展";面向全体学生,使多数学生参与,适当兼顾"两头",并考虑某些特殊学生的个性特点。

5. 顺序性

即按教材和学生认识发展的顺序,由浅入深,由易到难,由近及远,由简到繁的原则对问题进行设计,先提认知理解性问题,然后是分析综合性问题,最后是创设评价性问题。这样安排提问可以大大降低学生学习的难度,使教学活动层层深入,提高教学的有效性。

(二)巧妙发问

1. 对象明确

提问是要启发大多数学生的思维,引发大多数人思考。教师应该针对不同水平的学生提出难度不同的问题,尽可能使更多的学生参与回答,实现全体学生都能在原有基础上有所提高。

2. 表述清晰

发问应简明易懂,并不重复,以免养成学生不注意教师发问的习惯。若某个学生没有注意到教师所提问题,可以指定另一个学生代替老师提问。如果学生不明白问题的意思,教师可用更明白的话把问题重复一遍。

3. 适当停顿

教师发问后,要稍作停顿,留给全班同学思考的时间,不宜匆匆指定学生作答。

(三)启发诱导

1. 启发诱导的时机

学生回答问题时,教师可抓住以下时机进行启发诱导:

(1)当学生的思想局限于一个小范围内无法"突围"时;

(2)当学生疑惑不解,感到厌倦困顿时;

（3）当学生各执己见，莫衷一是时；

（4）当学生无法顺利实现知识迁移时。

心理学研究表明：只有牢固和清晰的知识才能迁移。因此，教师应在讲授新课前通过提问复习与新课有关的旧知识，并在此基础上讲授新知识，由已知向未知过渡。

2. 提问态度

（1）教师要创设良好的提问环境。提问要在轻松的环境下进行，也可以制造适度的紧张气氛以提醒学生注意，但不要用强制性的语气和态度提问。要注意师生之间的情感交流，消除学生过度的紧张心理，鼓励学生做"学习的主人"，积极参与问题的回答并大胆发言。

（2）教师在提问时要保持谦逊和善的态度。提问时教师的面部表情、身体姿势以及与学生的距离、在教室内的位置等，都应使学生感到信赖和鼓舞，而不能表现出不耐烦、训斥、责难的态度，这样会使学生产生回避、抵触的情绪，阻碍问题的解决。

（3）教师要耐心地倾听学生的回答。对一时回答不出问题的学生要适当等待，启发鼓励；对错误的或冗长的回答不要轻易打断，更不要训斥这些学生；对不作回答的学生不要批评、惩罚，应让他们听别人的回答。

（4）教师要正确对待提问的意外。有些问题，学生的回答往往出乎意料，教师可能对这种意外的答案是否正确没有把握，无法及时应对处理。此时，教师切不可妄作评判，而应实事求是地向学生说明，待思考清楚后再告诉学生或与学生一起研究。当学生纠正教师的错误回答时，教师应该态度诚恳，虚心接受，与学生相互学习，共同探讨。

（四）归纳总结

学生回答问题后，教师应对其发言作总结性评价，并给出明确的问题答案，使他们的学习得到强化。必要的归纳和总结，对知识的系统与整合，认识的明晰与深化，问题的解决以及学生良好思维品质与表达能力的形成都具有十分重要的作用。

三、提问的原则

（一）提问应有充分准备

"凡事预则立，不预则废。"在课前，教师要作好提问的准备，根据不同的教学目标，设计不同类型的问题；针对不同层次的学生，设计不同水平的问题；不要即兴提问、随意提问，避免问题漫无目的，偏离目标。教师要事先考虑到可能出现的各种回答及其处理办法，唯有准备充分，有备而来，方能处乱不惊，稳操胜券。

（二）提问应以学生为中心

在课堂教学中，教师的任务不是直接向学生提供现成的真理，而是通过问答甚至辩论的方式来揭示学生认识中的矛盾,最终经由教师的引导或暗示,学生自己得出正确的结论。有的教师经常自问自答,有的教师在学生回答不出时,干脆提供正确答案,这种喧宾夺主、越俎代庖的做法不利于学生思维的发展。另外,教师应该通过提示、探究、转引、转问、反问等手段引导学生积极思考,自己得出问题的答案。教师应该以学生的口吻来提出问题,这样学生容易接受。

（三）提问应少而精

在促进学生思维发展方面,问题的质量要比问题的数量更重要。如果教师所提问题的答案显而易见,缺乏挑战性,即使学生回答得很积极,这样的问题再多,学生的思维也难有更高的发展。问题太多,学生往往把握不住教学重点。因此,教师应对提出的问题反复推敲,做到少而精。一般来说,在一节课中,教师提问不宜过多,以提三至五个能真正触发学生思考、反映教学重点的关键性问题为宜。

（四）提问应兼顾各种类型的问题

不同类型的问题可用于培养学生不同的能力。为了促进学生的全面发展,在提问时,教师应该兼顾各种类型、层次的问题,并且兼顾开放性问题和封闭性问题。

第四节　提问中常见的错误

提问是教学活动重要的组成部分,是培养学生心智技能的基本方法,是开发学生创造性思维的有效手段。但是,设计不合理、表达不清楚、应用不得当的提问就起不到上述的作用,反而会影响教学过程的顺利进行。提问中经常出现的错误如下:

一、提问不具体

教师在课前要对所提的问题精心设计,仔细推敲,做到简明清晰,便于学生理解和回答。如果问题的措词不当就会直接影响学生的回答。例如,"运动中人体能量代谢有哪些特征?"这是一个措词非常不准确的提问。运动的概念和含义太广泛了,走是运动,太极拳是运动,100米加速跑也是运动,人体在进行这些运动时,能量代谢的方式和途径是有区别的,因此不可能找出满足问题的答案。如果把这一问题改成:"在100米跑比赛中,人体能量代谢有哪些特征?"这样问题就清楚多了,学生很容易抓住问题的实质进行回答。

二、提问涉及范围太宽

提问涉及的知识面太宽,学生不容易抓住问题的关键,而且也不易组织语言进行表达,造成时间的浪费。例如:"在投掷中怎样才能获得投掷的最大初速度?"这个问题涉及的面很广,它包括助跑、超越器械和最后用力等,为了便于回答,可以把这些问题进行分解。

三、一次提出的问题太多

教师在一次提问时如果提出一连串的问题,容易造成学生思维的混乱,不知从何入手。例如:"谁能说出篮球场各条线的名称,它们的作用是什么,为什么?"学生在回答这样的问题时,往往不知如何组织语言,繁多的设问使学生不知所措。因此,教师在提问时应尽量避免这样的提问,注意提问的简洁性。

四、提问没有面向全体学生

在体育课上经常出现这种情况,大部分同学在课上都是消极的听众,只有少部分学生常常是教师提问的目标。这种现象的产生在相当大的程度上受教师教学指导思想的影响。教师往往对那些课上活泼、善于言谈的学生注意较多,为了在回答问题时减少不必要麻烦,而常常忽略了大多数同学,使更多的机会落到少数学生身上。

五、将提问作为惩罚学生的一种手段

提问是以启发学生思维,调动学生学习的积极性,培养学生发现问题、解决问题的能力,提高教学质量为根本目的的。利用提问来惩罚学生,使他们在同学面前难堪,这样容易损伤学生的自尊心,违背了提问的本意,在教学中应该坚决杜绝。

六、毫无准备地随意提问

教师在课堂上所提出的问题都应是课前认真准备的产物,是教学的重要组成部分。一般来说,教师根据当时的心情,随意提出的问题不一定很恰当。虽然课堂提问允许有一定的机动灵活性,但这种灵活性也应建立在课前认真准备或有丰富的教学经验基础上。一般来说,灵机一动的提问都不能认为是好的提问。随意的提问会改变学生的思路,容易分散学生的注意力,引起课堂教学活动的混乱。

七、对学生的回答处理不当

学生回答问题后教师处理不当主要表现在对学生的回答不作积极肯定的评价、不作小结或无视学生的回答、忽视学生回答的内涵;忽视扩展回答的成果而匆忙收场,转入另一个教学活动中去。

提问技能是体育教师的一项重要教学技能。提问对于完成体育教学任务,促

进师生间的知识、思想和情感交流,激发学生的学习热情和开发学生的智力,以及了解学生的学习情况,从而调整教学内容和方法,把体育课上得生动活泼,不断提高教学质量都会起到积极的作用。只有钻研和熟练业务,了解学生的知识水平和运动能力的教师,善于发现、归纳、辨别、举一反三的教师,对创造有极大热情和极高鉴赏力的教师,展示自己的思想力和好奇心同时能激发学生的想象力、好奇心的教师,才能通过自己高度的责任感和敬业精神把学生引入"思"、"愤"、"悱"的境界,创造一个积极思维、勇于探索的教学环境。注意提问、认真倾听、积极反馈、鼓励学生思考和探究是优秀教师应具有的重要品质。

[本章小结]

在体育教学中,教师不应代替学生思考,不应在课的开始就将本次课的概念、动作原理、动作方法全盘地端给学生,不要让学生在掌握体育知识、技术技能上走"平坦大道",要通过启发性问题或质疑性问题,在学生认识过程设置障碍,让学生在深入思考的基础上,对所学的知识、动作技能加深理解,这样既有利于学生独立思考,又能培养学生积极探索的精神。

[思考练习]

1. 什么是提问技能?

2. 提问技能有哪些功能?

3. 使用提问技能时要注意哪些方面?

4. 在体育教学中如何提问?

5. 在体育教学中依据哪些原则设问?

[阅读材料]

1. 范晓军.课堂教学的提问技能初探[J].华北煤炭医学院学报

2. 胡葵.课堂教学诸因素相互关系的研究与探讨[J].中医教育

第十一章　反馈技能

[内容提要]

教学过程是教与学之间的信息传递与反馈的控制过程。事实上我国古代学者早就注意到这一问题,《论语》中写道:"不愤不启,不悱不发,举一隅不以三隅反,则不复也。"这里的"愤"、"悱"和"不以三隅反"的情况,正是来自学生的反馈信息。如果教师不注意正确地观察学生是否处于"愤"、"悱"状态,那么教师就不可能很好地去启发学生;如果教师"举一隅"而没能觉察到学生是否能够"以三隅反",又如何确定是继续讲下去还是应该变化角度使学生进一步理解教师的"一隅"?体育课堂教学反馈技能包括教学反馈信息基本要求的认识和教学反馈的功能、类型、反馈技能的应用要点和如何提高反馈信息的接受率。

[学习指导]

1. 反馈技能是指教师以学生的实际演绩为依据,经过观察、分析、判断对学生完成的动作进行诊断或强化,通过各种反馈途径,帮助改进或巩固学生完成动作的方法或模式,促进和强化动作技能形成的一种教学行为方式。

2. 动作技能的形成是第一信号系统与第二信号系统协同活动的结果,作为两个信号系统的反馈(动作反馈、语言反馈)始终起着控制、调节动作的作用。

3. 反馈具有下列功能:反馈的信息功能、反馈的调节功能、反馈的强化功能、反馈的激励功能。

4. 动机是学习的动力,动机决定了学生的学习行为和要达到的学习目标。

5. 反馈是学生设定学习目标的一个潜在因素,也对他们确定自己的学习目标起着作用。

6. 反馈技能的类型:内反馈、外反馈、应答反馈、操作反馈、动力反馈、静力反馈、同步反馈、词语反馈、非词语反馈、单反馈、复反馈。

7. 按反馈信息的形式分类有:语言反馈、文字图像反馈和动作反馈。

8. 按反馈信息的来源将反馈分为内反馈和外反馈。

9. 按反馈信息的价值将反馈分为正反馈和负反馈。

10. 按反馈信息的内容将反馈分为不完全反馈和完全反馈。

11. 按反馈信息的时间将反馈分为同步反馈、即时反馈和延迟反馈。

12. 反馈技能的应用要点:不同动作技能形成阶段、提高反馈信息的接受率。

13. 影响学生对教师反馈信息接受率的因素有:反馈信息与学生的利害关系、反馈信息的科学性和可信度、反馈信息的直观性和多样性、教师的权威性、反馈的明确性和清晰度、学生的智力和体力、反馈的数量和强度、反馈的时机。

控制论的主要创始人维纳对反馈作了如下定义:"以实际演绩,而非以其预期演绩为依据的控制就是反馈。"反馈就是把某系统过去的演绩再进到它里面去,以控制这个系统的方法。如果这一结果仅仅用于鉴定和调节系统的数据,那就是简单的反馈。但是如果说明演绩的反馈信息再送回之后,能够改变操作的一般方法和演绩的模式时,就称之为学习过程。在体育教学中,教师将学生完成动作的实际情况反馈给学生,改变学生完成动作的方法或模式时,就构成了动作技能的学习过程。

按照控制论的观点,动作技能的学习活动就可以看做是一个控制系统。动作技能学习活动的控制模式如下图所示:

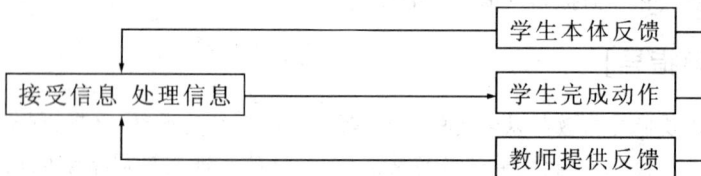

动作技能学习控制模式图

该模式图表明,动作技能的学习是由输入动作信息开始,学生完成动作,然后教师根据学生的实际演绩及学生本体感受器传入的信息向学生提供反馈,学生接受这些反馈信息后,修正自己动作不合理的部分,再进行练习。动作技能的学习过程是一个在控制条件下进行的教学活动,教师可以通过向学生提供反馈信息来控制整个学习过程,以求取得最佳的学习效果,达到最终的学习目标。从上面的模式图不难看出,反馈是实现动作技能学习过程有效控制所必不可少的重要环节。

第一节　反馈技能及其功能

反馈技能是指教师以学生的实际演绩为依据,经过观察、分析、判断对学生完成的动作进行诊断或强化,通过各种反馈途径,帮助改进或巩固学生完成动作的方法或模式,促进和强化动作技能形成的一种教学行为方式。

在动作技能的教学中,为了使学生不断地向最终学习目标迈进,教师必须对学生的练习过程进行不断的分析、检查和调整，使其始终沿着正确的方向向目标接近。反馈信息则能有效地将学生在练习中产生的偏差错误进行调整和纠偏。可以说反馈是学生掌握动作技能的参照，是促使学生的练习过程向最佳化方向逼近学习目标的必由之路。因此，反馈技能是体育课教学非常重要的教学技能。

反馈是一切教学活动中不可缺少的组成部分，也是教师控制教学过程、提高教学效果、实现教学目标的基本方法之一。在以讲授为主的课堂教学中，由于学生的学习结果所表现出来的时间相对较长，因此，反馈信息特别是即时反馈信息的提供受到一定的限制。而体育教学在这方面却有着得天独厚的条件，因此，反馈在体育教学中具有特别显著的功能。

人类对运动的控制是通过两条途径来实现的。一是大脑通过接受来自外部的各种反馈信息与自己完成的实际动作相比较，在大脑皮层重新建立一个新的控制运动的方案或运动模式，这条途径主要是纠正错误；二是通过本体感受器的反馈信息，将肌肉收缩时肌梭、肌腱、高尔基腱器获得的肌肉活动的信息及时地反馈到小脑，再传送到大脑皮质发出指令信息的代表点，从而及时发出校正动作的指令信息，这条途径主要是改进自身微小的肌肉活动。这两条都离不开反馈信息，因此，反馈信息是完成功作的基本条件，没有反馈就没有控制、没有学习。

动作技能的形成是第一信号系统与第二信号系统协同活动的结果，作为两个信号系统的反馈（动作反馈、语言反馈）始终起着控制、调节动作的作用。这表现在动作技能的某一环节遇到障碍或外界条件发生变化时，都能立刻被教师察觉到，并且在教师反馈的控制和调节下相应地改变动作的形式、结构、方向及顺序，更加有意识地完成动作。在动作技能的形成过程中，反馈可以作为始动刺激物引起一系列的动作变化反应。因此反馈具有下列功能：

一、反馈的信息功能

动作技能的学习过程作为一个完整的控制系统在各阶段都离不开信息，信息是客观事物状态和特征的反映。在动作技能的学习过程中，由于环境和动作完成的质量经常变化，于是随之产生了有关变化的新信息。反馈就是向学生提供完成动作或动作发生变化的信息，如身体姿势、四肢的位置、动作的方向、动作的节奏、动作或动作发生变化的信息等。听觉和视觉所获得的反馈信息，可帮助学生组织一个适宜的动作来满足环境变化的需要。学习就是解决问题，反馈就是提供解决问题的信息，教师通过指出学生在解决问题时出现的错误，告诉学生存在问题的程度，学生才可能确定自己解决问题的新方案。

二、反馈的调节功能

动作技能的学习还被认为是一种调节适应的过程。教师的反馈对学生完成动作起着重要的调节作用。了解练习的结果是掌握技能的必要条件之一。每次练习后,所完成的动作在哪些方面有成效,哪些方面还存在缺点是学生十分关心的问题。通过教师的反馈,学生了解到完成动作的情况,并根据教师的反馈指导调节自己的动作,把那些必要的、符合学习目标的动作保留下来,把多余的、不符合要求的动作抛弃掉,就能更快地提高练习的质量,促进动作技能的掌握。在某些情况下,如果不了解动作的效果,也就不可能有效地调节动作,就很难掌握动作技能,甚至完全不能掌握动作技能。

三、反馈的强化功能

把正确的动作与错误的动作区分开来是条件反射的分化过程,分化是通过强化作用实现的。学生在完成正确动作或取得了积极的效果时,教师所采用的一些鼓励性的语言、动作、表情或措施可以强化正确动作,使它再次发生。因此,反馈起着增强或提高巩固正确动作的作用。而当学生不能正确完成动作或出现了多余动作时,教师所采用的一些指正性语言、动作、表情或措施可以减弱或抑制错误动作,使它加速消退不再发生。因此,反馈起着纠正错误动作的作用。由此可见,反馈不但能引起动作反应的兴奋,也能引起动作反应的抑制,从而起着强化随意运动的始动和制动的信号作用。反馈的强化作用其效果是具体的刺激物所不可比拟的,通过词语所表达的强化刺激,可以使人产生巨大的精神力量去从事困难的练习活动。

四、反馈的激励功能

动机是学习的动力,动机决定了学生的学习行为和要达到的学习目标。学生上体育课有着不同的目的,如果教师不调动学生的积极性,形成良好的动机,那么一切努力将是徒劳的。反馈可以影响学生的学习动机。在动作技能的练习过程中,当学生接受教师的反馈信息时,他们对练习的动作技能会产生兴趣,并且愿意进行练习,同时可以坚持一段时间直到反馈信息消失。学生在得不到教师的反馈信息时,对练习的兴趣将大大降低,甚至产生厌烦情绪,学习的积极性将明显下降。年龄越小的学生这种现象越容易发生,这一点已被大量的教学实践所证明。

反馈是学生设定学习目标的一个潜在因素,也对他们确定自己的学习目标起着作用。能够经常得到教师反馈信息的学生,他们设定的学习目标都比较高,反之则低。如果学生失去了自己离目标距离的反馈信息,他们将对达到目标失去信心和兴趣。反馈信息还可使学生对完成一些自己比较厌烦的运动项目产生兴趣。很显然,学生期望教师给予他们更多的鼓励和激励,使他们对练习产生兴趣,产生动机。教师给学生提供的正反馈信息正是使学生形成学习动机,提高学习兴趣的有效方法。学生希望在练习中看到自己的进步,但往往自身又体会不到,教师在这种情况下所提供的正反馈信息,就是学生获得成就感的主要信息来源。

第二节　反馈技能的类型

反馈的形式是多种多样的,反馈所提供信息的性质也不尽相同。由此产生了对反馈的类别划分。反馈的分类对我们进一步研究不同类型反馈的性质、任务、作用及应用范围、应用方法等都有实际的意义。

一、按反馈信息的性质分类

内反馈:本体感受器所提供的反馈信息。

外反馈:指导者所提供的反馈信息。

应答反馈:动作提供的反馈信息。

操作反馈:周围环境提供的反馈信息。

动力反馈:引起动作改变的反馈信息。

静力反馈:不引起动作改变的反馈信息。

同步反馈:指导者在练习过程中提供的反馈信息。

词语反馈:通过语言、文字提供的反馈信息。

非词语反馈:通过身体姿势、手势、面部表情、眼神等提供的反馈信息。

单反馈:对一个应答提供的反馈信息。

复反馈:对一组应答提供的反馈信息。

二、按反馈信息的形式分类

按形式将反馈分为语言反馈、文字图像反馈和动作反馈。

语言反馈:通过语言向学生提供的一切反馈,如语言指导、语言暗示、口头表扬、口头批评等称为语言反馈。

文字图像反馈:利用文字、动作图片、幻灯、录像、投影、笔试成绩等给学生提供的反馈信息称为文字图像反馈。

动作反馈:通过身体姿势、四肢动作、手势、面部表情、眼神等给学生提供的反馈信息称为动作反馈。

三、按反馈信息的来源分类

按反馈信息的来源将反馈分为内反馈和外反馈。

内反馈:通过自身本体感受器,如触觉、肌梭、腱梭、关节、内耳等所提供的,完成动作情况、脉搏频率、呼吸深度、疲劳程度等反馈信息,称为内反馈。

外反馈:教师向学生提供的各种类型的反馈总称为外反馈。

四、按反馈信息的价值分类

按反馈信息的价值将反馈分为正反馈和负反馈。

正反馈:教师对学生应答所作出的口头表扬、鼓励以及非语言的肯定性表情、手势等称为正反馈,也称为阳性反馈。

负反馈:教师对学生应答所作出的不好的评价、批评、指责、惩罚等称为负反馈,也称为阴性反馈。

五、按反馈信息的内容分类

按反馈信息的内容将反馈分为不完全反馈和完全反馈。

不完全反馈:教师对学生的应答只提供结果信息或只提供动作过程信息,这种反馈称为不完全反馈。

完全反馈:教师对学生的应答既提供结果信息,又提供动作过程信息,这种反馈称为完全反馈。

六、按反馈信息的时间分类

按反馈信息的时间将反馈分为同步反馈、即时反馈和延迟反馈。

同步反馈:教师在学生练习的过程中所提供的反馈称为同步反馈。

即时反馈:学生动作完成后,教师立即提供的反馈称为即时反馈。

延迟反馈:学生动作结束后,经过一段时间间隔,教师再提供的反馈称为延迟反馈。

第三节　反馈技能的应用要点

反馈是控制学生学习过程的主要手段。在动作技能形成的不同阶段,反馈起着促进学生掌握和巩固动作技能的作用。正确有效地利用反馈来促进学生动作技能的形成并非易事。在不同的教学阶段,教师应视学生掌握动作的情况需要提供不同反馈;同样在相似的情况下,提供不同的反馈对学习过程也有良好的作用。因此,教师应懂得每种反馈的特点及优缺点,以便在不同的情况下应用适宜的反馈,从而获得理想的教学效果。

一、不同动作技能形成阶段的反馈

动作技能的形成与掌握是一个循序渐进的学习过程。在动作技能形成的不同阶段,由于学生对动作技能的认识不同,对动作技能内在规律的理解程度不同,在完成动作时大脑皮层所表现出的兴奋与抑制的强度与部位不同,运动条件反射建立的程度不同,所以教师在动作技能形成的不同阶段给学生提供反馈信息时一定要符合该阶段的特点,只有这样才能收到良好的教学效果。为了说明在不同的学习阶段,反馈信息的提供具有不同的特点,我们把动作技能的形成划分为开始学习动作技能阶段、动作基本形成阶段和提高动作阶段。

(一)开始学习动作技能阶段

学生在学习动作技能的开始阶段,面对的主要问题是完成动作的方法、该怎样做、怎样控制运动器械等,在学习中容易出现错误动作。教师在这阶段主要应向学生提供与学生面临问题相关的反馈信息。

提供即时反馈。因为这时学生意识不到动作完成得怎样,所以教师应及时地给学生提供纠正错误动作的反馈信息,如果反馈不及时,学生将重复错误动作,错误动作一旦形成就不易纠正了。因此,即时反馈在此阶段尤为重要。

控制反馈的数量。学生在开始学习动作技能时,对所完成的动作还没有判断、比较、评价的能力,同时也缺乏对下一次练习的设计、组织、决策的能力,所以教师一定要控制好提供反馈信息的量,多采用动作反馈,以便学生对反馈信息进行加工处理,有针对性地解决动作中存在的问题。如果在这阶段教师提供的反馈信息多而杂,学生不仅没有机会体会动作的基本结构,往往还会因反馈信息过多,影响学生本体感觉的建立,甚至引起大脑皮层兴奋的扩散,导致过多的肌肉收缩,产生多余动作。

发挥反馈的激励作用。在该阶段要充分发挥反馈的激励作用。因为学生在学习新动作时,容易发生动作障碍,特别是在完成动作或对动作产生恐惧感时,可导致情绪低落,学习欲望下降,这时教师应多采用语言或非语言的正反馈信息,对学生所取得的进步加以肯定、表扬和鼓励,激发学生的学习积极性,同时指出改进的方向。这一阶段反馈的主要目的就是促进学生建立基本的技术动作概念,纠正错误动作,调动学生学习的积极性。

(二)动作基本形成阶段

动作基本形成阶段是重要的反馈信息指导阶段。此阶段学生在做动作时,肌肉运动的表象更清晰,对本体反馈的信息能够意识到,对动作的控制能力有所提高,学生通过反馈不断地改进自己的动作,使之逐步接近目标。

提高反馈信息的质量。动作基本形成阶段教师所提供的反馈信息应涉及学生的四肢、身体的位置、姿势等精细的部分,将反馈信息的重点从一般的动作方法、概念转移到实际操作上,多提供动作速度、节奏、精确度等信息。这一阶段教师所提供的反馈信息一定要注意质量,给学生讲清动作存在的缺点及改进的方向,促进大脑皮层分化过程的形成。

加强负反馈的作用。从控制论的角度来看,负反馈的目的在于使学生按照预定目标稳步变化,排除错误动作,逐步接近学习目标。因此,在这一阶段,教师应加强语言反馈的作用,特别是加强负反馈的作用。负反馈对帮助学生纠正错误、提高动作质量、逐步逼近学习目标都有积极重要的作用。该阶段不要进行过多的分析性反馈,教师提供反馈信息的量与时间要根据学生完成动作的情况灵活掌握。

(三)提高动作阶段

动作技能的学习进入提高阶段后,反馈就成为巩固动作、提高动作质量的关键。教师应在动作的间歇多采用暗示的方法向学生提供反馈信息。该阶段教师应根据学生完成动作的情况,采用多种反馈方法,如利用录像给学生提供分析反馈,帮助学生提高动作质量。在这一阶段,由于学生运动条件反射已经建立,本体感觉的能力大大提高,对自己完成的动作能够有意识地控制,所以在该阶段,即使没有教师的反馈信息,只要通过不断的练习,学生也可以继续提高动作质量,但也不能忽视教师的监督指导作用。

二、提高反馈信息的接受率

前面我们谈了许多在动作技能形成的不同阶段,教师提供反馈信息的方法、技巧及应注意的问题等。但是,在体育教学应用反馈技能时,还有一个影响学生动作技能学习的因素就是学生对教师反馈信息的接受率。信息接受率是指学生接受教师的反馈信息后,反馈信息对学生所产生的效果与教师的意图相符合的程度。

教学过程是师生共同参与的、定向的双边活动,学生是学习的主体,教师的反馈信息只有被学生所接受,才能对他的学习产生影响、对动作技能的形成和提高起作用。按照控制论的观点,教师要想对学生的学习过程实行有效的控制,信息的传输通道就必须畅通。如果信息的传输通道受阻,控制就将成为一句空话。学生对教师反馈信息的接受率是保证信息传输通道是否畅通的关键因素。影响学生对教师反馈信息接受率的因素有:

(一)反馈信息与学生的利害关系

学生的学习态度、进取心、学习成绩、达标状况、学习目标的实现、师生的关系等都影响学生对反馈信息的接受率。例如:学生学习态度冷漠,不思进取,对学习的过程和学习目标不感兴趣,很可能把教师的反馈信息当做耳旁风不予接受。如果学生为了取得好成绩,进取心强,对学习的动作技能非常感兴趣,或为了使体育课的成绩合格,能够达标,而教师的反馈信息又能帮助他们改进动作,提高成绩,这时教师反馈信息的接受率就高。如果师生之间关系十分融洽,没有根本的利害冲突,又有共同的教学和学习目标,学生对教师的反馈信息接受率也高,反之则低。教师经常对学生进行思想教育,积极引导、端正学生的学习态度,提高学生学习的主动性和自觉性,建立良好的师生关系是提高学生接受教师反馈信息率高的有效办法。

(二)反馈信息的科学性和可信度

体育是一门综合学科。体育教学是向学生传授体育知识、技能,进行思想品德教育的过程。因此,教师如何保证给学生提供反馈信息的科学性,直接影响着学生的接受率。例如,教师在回答学生提出的如何减肥的问题时,教师说:只要你少吃、多运动就能达到减肥的目的。这样的反馈信息是否有较高的可信度,是否有较强的科学性,学生是否能接受? 如果教师从运动营养学角度出发,给学生提供科学平衡膳食的摄取方法和有效的有氧代谢运动方式的信息,学生一定会接受教师的反馈信息,并很可能按教师的指导去进行实践活动。因此,教师在提供反馈信息时,只要你讲的有道理、有根据,理论充分,联系实际,可信度就大大提高,学生就容易接受,也乐于接受。在示范动作中,如果教师的示范做得准确,富有美感,学生就愿意看,愿意学。所以提高教师的知识水平、拓宽教师的知识面,讲科学、用科学,是提高学生接受率的根本措施。

(三)反馈信息的直观性和多样性

体育教学的直观性很强,学生也具有喜欢接受视觉信息的倾向。教师在提供反馈信息时,应注意防止过多地使用语言反馈信息,尽量使反馈信息多样化,以便激发学生的兴趣,集中学生的注意力,提高学生的反馈信息接受率。例如,教师可以通过示范、挂图、录像、幻灯、直观教具、手势、面部表情等,采用不同的方式给学生提供反馈信息。对学习新动作的学生和小学生多采用直观、多样的反馈信息,有利于提高他们对反馈信息的接受率。

(四)教师的权威性

学生对教师反馈信息的接受率还依赖于教师的权威性。教师在学生中的威信越高,反馈信息的接受率就越高。例如,一位体育教师在校内教职工组织的某项运动比赛中,表现出高超的运动技能,给学生留下了深刻的印象。当学生在这位教师的指导下学习该项运动技能时,由于权威的作用,学生对该教师提供的反馈信息就表现出言听计从,信息的接受率必然很高。教师广博的知识,严谨的治学态度,一丝不苟的工作作风,融洽的师生关系都对建立教师权威产生积极的作用。

(五)反馈的明确性和清晰度

教师的反馈信息必须少而精,简而明,使复杂的技术动作概念通俗化、形象化和简单化。这样有利于提高学生对反馈信息的接受率。教师在提供反馈信息时,还要根据学生的年龄、智力水平、动作技能掌握的程度等循序渐进、由具体到抽象,一步一步地提高反馈信息的复杂程度。教师的反馈信息越明确,学生的接受率也越高。教师如能准确地、一针见血地指出学生动作中存在的问题,并能及时地提供改正错误动作的反馈信息,学生就容易接受,也容易纠正。如果教师的反馈信息含糊不清或太笼统,学生就难以接受。

(六)学生的智力和体力

学生的智力水平、知识认知的程度决定了接受和处理信息的能力。小学生由于智力发展尚不完善,知识与动作技能的储备还不充足,接受反馈信息和处理反馈信息的能力比较差。这与学生的认知、理解、分析能力有关。高年级学生相对来说接受反馈信息的能力较强。教师为了提高学生对反馈信息的接受率,就需根据学生的年龄来控制反馈信息的复杂程度。如反馈信息中的专业术语、分析因素、抽象思维因素等。体力也影响着学生对反馈信息的接受率。身体疲劳必然伴随着精神的疲劳。当学生练习引起身体和精神疲劳时,学生的感知、思维、分析和理解能力等都开始下降,而且学生的注意力也不易集中,这时教师再给学生提供大量的反馈信息,学生是不可能接受的。

(七)反馈的数量和强度

反馈信息的量和强度是两个可变因素,它们对学生的大脑是一种外部刺激,并能给学生带来一定的生理和心理负荷。所以,教师在给学生提供反馈信息时,也存在一个最佳刺激强度和量的优选过程。若反馈信息的刺激强度和数量掌握不好,不仅不能提高学生对反馈信息的接受率,而且会使反馈信息的接受率下降。一般来说,对小学生和学习新动作的学生反馈信息的数量和强度都不宜太高;而对高年级学生和复习技术动作的学生反馈信息的数量和强度则应适当提高。反馈信息的数量和强度不是绝对的而是相对的,练习本身可以提高学生对反馈信息强度的承受能力和对量的接受能力。因此,教师应根据动作技能学习的不同阶段和学生练习的实际情况来决定提供反馈信息的数量和强度。

(八)反馈的时机

教师给学生提供反馈信息的时机也影响着学生对反馈信息的接受率。反馈的时机主要根据动作的性质、学生的状态、动作完成的情况等来捕捉。教师可根据学生所练习动作的性质,如周期性动作、简单动作、复杂动作、封闭式动作或开放式动作等来决定选择适当的反馈时机,向学生提供反馈信息。一般在学生大脑皮层处于良性的兴奋状态、求知欲较高、精力充沛时,是教师提供反馈信息的最佳时机,这时学生对教师提供的反馈信息接受率最高。此外,当学生完不成动作或完成动作出现了严重错误时,也最容易接受教师的反馈信息。

反馈技能是体育教师必须熟练掌握、运用的重要教学技能,要真正掌握和灵活运用反馈技能,除了需要进行专门的训练和不断地练习外,教师还应具有准确的观察、记忆学生错误动作的能力,教师只有从学生完成动作所提供的大量信息中,选出最有代表性的、最能反映学生动作技能特点的、对改进动作具有普遍指导意义的信息,才能对学生的动作作出科学准确的诊断,才能在反馈时对症下药,提供高质量的反馈信息。教学过程是复杂的,学生在练习时输出的信息又很多,教师要做到灵活地选择不同类型、不同质量、不同时间,根据学生技术动作的实际需要向他们提供准确、适宜反馈信息,还需不断地学习和实践,在实践中总结经验,使自己运用反馈教学技能的水平逐渐得到提高。

[本章小结]

体育教学过程的实质是教师通过传递各种技术、技能刺激学生发生反应,再根据学生的反应(反馈)调整自己的教学,从而获得最佳教学效果。可以说,教学能否成功的关键之一是能否获取反馈信息。体育教学是师生之间相互沟通、相互作用、信息往返交流的过程。教师通过学生的反馈既可以了解学生对教学内容的态度、评价、愿望和要求,也可以根据反馈信息,有针对性地调整教学进度、教学方法。

[思考练习]

1. 什么是反馈技能?
2. 反馈技能有哪些功能?
3. 使用反馈技能时要注意哪些方面?
4. 在体育教学中如何把握反馈时机?
5. 在体育教学中反馈有哪些分类?
6. 在体育教学中不同阶段如何使用反馈技能来分析学生的学习情况?

[阅读材料]

任环.反馈技能 练习技能[M].人民教育出版社

第十二章 控制技能

[内容提要]

控制技能是教师基本职业技能之一,教育本身就是一种控制现象。师生之间的互动过程中的控制,存在于教育过程中人际活动的始终,是教育人际系统在控制的作用下,改变其运动状态以达到教育人际互动目的的特定过程。教师在与学生的正式与非正式的人际交往中,出于教育教学上的目的,往往需要对学生的认知过程、情绪情感过程、意志行为过程等进行有效的控制,强化符合目标的行为,矫正背离目标的行为,使学生的思想认识、情绪情感、活动行为最大可能地、不断地被置于积极有效的教育影响下,使学生的行为更具有合理性,以符合各种社会规范。体育课堂教学的控制技能有许多类型、功能与要素。体育课教学的控制过程又是一个非常复杂的过程,涉及无数可变因素,这些因素对教学过程的影响是难以预测和掌握的。

[学习指导]

1.控制技能是指教师在遵循教学规律和教学原则的基础上,有意识、有目标、有依据地对教学过程的一种安排、一种选择,是最适合于具体授课条件的课堂教学行为方式。

2.控制技能的功能有:克服一切与教学无关的因素对课堂教学的干扰,集中和保持学生的注意力,培养学生良好的行为习惯,迅速地调整和变换教学方法和手段,促进教学各个环节的顺利衔接,充分合理地使用现有的场地和器材,调节学生的情绪,创造良好的课堂气氛等。

3.控制技能的构成要素有:教学组织、教学容量、教学时间、教学节奏、师生情感、扰动因素。

4.控制技能的类型有:预先控制、随机控制、定量与定性控制、总体与个体控制、模式控制。

5.控制技能的应用要点有:熟悉控制对象、明确控制目标、把握控制范围、选择行为方式、必要的控制手段、适宜的教学条件。

第一节　什么是控制技能

一、控制技能的含义

控制技能是指教师在遵循教学规律和教学原则的基础上,有意识、有目标、有依据地对教学过程的一种安排、一种选择,是最适合于具体授课条件的课堂教学行为方式。

教师对一节课的控制是指对课的教学内容、教法手段、练习负荷、队形变化、场地布局、器材分配等的合理安排。即先完成什么任务,后完成什么任务;先安排什么内容,后安排什么内容;先采用什么方法手段,后采用什么方法手段以及对自己和学生的情感进行调控,有效地控制一堂课的质量,力求达到课堂教学的预定目标。在课堂教学的教、学、练、导的各个环节中,教师的主导作用就在于对各个环节进行科学的调控,防止无控制现象在课堂教学中发生。

二、控制技能的功能

所谓教学有方,就是对课堂控制得法,执教调节得当。搞好教学控制是上好一节体育课的关键,课堂教学目标的实现和教学信息的传递都要以此为基本保证。体育课堂教学活动大多在室外进行,学习过程主要是学生在教师指导下进行的各种练习。由于体育课堂教学具有干扰因素多、组织形式多变、学生情绪波动大及运动能力个体差异明显等特点,教师对课堂教学的适时控制就显得尤为重要。控制的主要目的在于克服一切与教学无关的因素对课堂教学的干扰,集中和保持学生的注意力,培养学生良好的行为习惯,迅速地调整和变换教学方法和手段,促进教学各个环节的顺利衔接,充分合理地使用现有的场地和器材,调节学生的情绪,创造良好的课堂气氛等。在体育课堂教学的全过程中始终贯穿着教学控制技能,它对建立和谐的教学气氛,提高学生的身体机能,掌握体育知识、技术技能,帮助学生达到预定的课堂教学目标都起着非常重要的作用。因此,控制技能是课堂教学的支点,是使课堂教学得以顺利进行的重要保证,它不仅影响整个课堂教学的效果,而且与学生的思想、情感、身体发展都有密切的关系。

三、控制技能的构成要素

对体育课堂教学进行控制的核心就是要解决对整个课堂教学系统中各子系统的最佳调节和控制,根据系统论的原理,体育课堂教学总系统可分为两级子系统,一级系统有:教学组织、教学容量、教学时间、教学节奏、师生情感和扰动因素。一级子系统中的诸控制要素又分别包含不同的控制内容,构成了二级子系统课堂教学控制系统。

(一)教学组织

教学组织在体育课堂教学中占有很重要的位置,它是使课堂教学有条不紊地进行、完成教学任务、实现教学目标的基本保证。

体育课堂教学的特性决定了教师在整个教学过程中,始终要对学生的注意力加以必要的控制,使学生的注意力尽可能地集中在将要进行的教学活动中。集中学生的注意力是教师授课,学生接受教学信息,理解和掌握体育知识、技术技能,提高教学效果的基本条件。

教学过程的中心环节是掌握的过程。教学形式和教学方法的选择与设计不仅要控制知识、技能的获得结果,而且要控制掌握的过程,使掌握过程程序化。具体地说就是要控制导致获得知识、技能的动作,控制学生的思维操作、记忆方式、注意的指向及练习的行为,并使之程序化。教学形式、教学方法的选择就在于控制掌握过程,使掌握过程合理化。

在体育课堂教学中,练习内容、队形队列、分组形式等都在进行中不断地变化。因此,教师只要对这些经常发生的变化进行合理有效的控制,就能节省时间,增加练习密度,保证课堂秩序,促进教学过程顺利进行。

(二)教学容量

教学容量是指课堂教学的信息量、教学内容的难易程度及练习的生理负荷。教师对教学容量合理有效的调控是学生掌握体育知识、技术技能,发展身体的基本条件。教师对教学容量控制得是否得当,决定了学生对体育知识的理解、掌握和记忆的程度;决定了学生对技术动作的学习速度和掌握水平;决定了对学生身体影响的广度和深度。

教师对教学信息量的控制应以课堂教学的任务和目标为依据,根据学生的年龄、特点、身心发展水平等,对练习内容的选择、讲授得深浅多寡、直观教学的方式等进行控制,使教学信息的输出量达到学生可以接受的、最佳的数量和质量。

教学内容的难易程度是反映教学容量的又一因素,也是教师在课堂教学中须控制的又一重要内容。如果在选择授课内容时,局限于全体学生的接受能力,就会降低体能较好的学生运动技能的发展和运动技术水平的提高;相反,如果过分强调技术动作的提高,又会影响体育较差的学生的身体发展和技术动作的掌握,即通常所说的"吃不饱和吃不了"的弊端。因此,教师对教学内容及练习方法难易程度的控制除了要照顾大多数学生的能力外,还要对个别的学生进行特殊的控制,做到区别对待,又不偏执一方。

课堂中对学生身体负荷的控制是体育课堂教学的重要环节,也是控制教学容量的关键。体育教学的主要任务就是要发展学生的体能,增强学生的体质。教师只有根据学生的年龄及身心发展的特点,合理控制练习的强度、密度和运动量,才能使学生机体承受合理的生理负荷,承担最适宜的刺激,从而达到发展学生身体、增强体质的目的。

(三)教学时间

教师对课堂教学时间的控制,是保证课堂教学计划得以落实,教学任务顺利完成的基本条件。教师对课堂教学时间的控制是指对课堂的各部分时间的合理分配和保持课堂中组织、讲解、练习所用时间的最佳比例。

教师在分配各部分所用时间时,要考虑学习的内容、教材的性质、难易程度等,在练习时间的安排上应有所区别。此外,还要考虑气候、学生的身体状况和精神状态等。如气候较凉或学生的精神状态不佳时,准备活动的时间就应相对延长,可增加游戏活动的时间,以保证学生大脑皮层处于良性的兴奋状态,再开始进行课堂的基本部分,这样有利于防止运动损伤,提高教学效率和教学质量。

在控制教学组织、讲解、练习各环节的时间时,如果教师忽视了体育教学是以身体练习为主的特点,过分地强调知识的传授,并在课堂中过多地讲解,使学生身体练习的时间减少,就会造成在教学因素中知识传授的功能不恰当地增大,而达不到学习技术动作、发展身体的目的;相反,如果在课堂上只让学生进行各种身体练习,放弃了必要的知识技能传授,又会使锻炼的因素不恰当地增大,使学生不能掌握必要的、与运动技能有关的知识,使教学课变成了训练课。这样不仅影响了学生的智力发展,而且学生在没有理论指导的基础上进行盲目的练习,必然影响练习效果,也无法实现终身体育意识和能力的培养。

(四)教学节奏

教学节奏是指教学语言、教学速度、练习等在教学中的合理衔接搭配。教师控制教学节奏的根本目的在于提高学生的信息接收率,实现教学目标。为此,必须遵循循序渐进的基本原则,遵循运动时人体运动机能的变化规律。

教学语言的控制表现在要讲究语言的节奏感,做到快慢得当,轻重、疏密相间。这样能够吸引学生的注意力,提高学生的信息接收率。

教师对教学速度的控制与学生理解、掌握教学内容有密切的关系。教师应该让学生一步一步地走向学习目标,而不应让他们快速跑向教学目标。如果教师对教学速度控制不当,一味提高教学速度,过分地强调新异刺激,一个接一个地变换练习,结果必然是欲速则不达。

练习的安排也要控制节奏。一堂课中练习的密度应体现在整个课堂过程的始终,在不同的教学片断中练习密度不应出现较大的差异。在素质练习中也要控制节奏,运动量要由小到大再由大到小,并按照先练习灵敏性、柔韧性,后练习速度,先练习力量再练习耐力的节奏进行。练习方法的节奏控制要做到由浅入深,由易到难。

(五)师生情感

在体育课堂教学中,师生的情感状态直接影响着教学质量和教学效果,也是影响教学成败的重要因素。教师能够对自己的情感和学生的情感加以有效的控制,才能在通往教学目标的大道上阔步前进。

教师在教学中要善于控制自我情感,努力保持稳定健康的情感状态。教师的情感状态直接影响着自身教学水平的发挥,也影响着学生情感的变化。教师的责任感、荣誉感、热爱知识、追求真理的强烈愿望、热爱学生的高尚情怀,必将潜移默化、耳濡目染地教育、影响学生,使学生在很自然的状态中受到熏陶和感染,促进学生的学习。对情感进行积极的调控,教师应做到高兴时不得意,悲伤时不丧气,避免不当的激动,调节消极的情绪,始终以饱满的精神、欢快的情绪、高度的责任感和事业心去面对学生。有时教师需要热情洋溢的情感,去融化学生冰凉的心灵;有时却需要含而不露,使学生发热的头脑清醒冷静。教师只有能够对自身情感进行有效的调控,才能以高尚的情操去感染和教育学生。

学生是学习的主体,教师对学生情感的调控是教学活动得以顺利进行的保证。在体育教学中,影响学生情感的因素很多,如气候状况、心理因素、个人爱好、伤害事故、成败因素、身体条件、师生关系等,教师要做到对学生情感的适时调控,使学生始终保持健康的情感状态,就应不断地、细致地去观察学生,发现他们情感的细微变化,找出引起变化的原因,抓住时机,因势利导,在适当的时机采用适当的手段使学生的情感变化向有利于学习的方向转化。

(六)扰动因素

所谓扰动因素就是指对教学过程起消极干扰作用的因素。根据扰动产生的来源不同,扰动因素可分为外扰动因素和内扰动因素。体育课堂教学无时不在受着内、外扰动因素的干扰。因此,扰动因素对教学过程有明显的扰动阻碍作用。教师如果不重视对扰动因素进行积极的调控,那么它们就会对预定教学目标的实现产生消极的作用。

外扰动因素是指影响教学的一切外界消极的干扰因素。在体育课堂教学中,如果没有任何干扰,那么教学过程就会按照预定的最佳方向发展,并逐渐达到教学目标。但事实上不受外界干扰的教学过程是不存在的。尤其是体育课堂教学,它大部分时间处于室外的广阔天地,时时刻刻都处在外环境的各种复杂因素的扰动之中。在体育课堂教学中,如果教师忽视了对一个很小的扰动因素进行控制,就容易造成课堂失控。例如,教师的教学计划制订得很好,教学过程的组织也很严密,学生的组织纪律也不错,但在课堂中练习器材突然损坏或球的气漏光了,又没有备用器材,没有一点回旋余地,而使教学陷入被动的局面,影响了教学的顺利进行。此外,天气的变化、外界环境出现了异常的刺激、其他上课班级的干扰等都是影响正常教学的扰动因素,教师必须随时给予必要的控制。

内扰动因素是指学生个体心理状态发生的变化或机体的某个器官系统的功能发生障碍等。在传统的课堂教学中,教师往往只重视对外扰动因素的控制,而忽视内扰动因素对教学的影响。教学是一个动态变化的过程,具有明显的不确定性。这不仅是因为影响教学的外部因素多,变化大,而且学生作为一个有思维活动的有机体,有主观能动性,一个很小的外部刺激,就足以使学生的心理状态发生变化,使原先计划得很好的教学安排无法实施。例如:学生做跳马练习时,前面一个学生不慎摔了一跤,后面的学生往往会因此产生惧怕心理,而影响练习的正常进行。此外,当学生完不成动作、练习失败、受到其他同学讥笑时,心理状态都会发生变化,这些干扰因素对教学的干扰是显而易见的。因此,教师要根据具体情况,采用正确的手段和方法对这些干扰因素进行调控,使学生始终保持良好的心理状态。

第二节　控制技能的类型

在体育课堂教学中的控制方式是多种多样的,教师应根据教学过程中的不同情况,采取不同的控制办法和形式对教学的各环节进行有效、适时的控制。主要的控制方式有以下五种:

一、预先控制

预先控制是指在课的开始或在某一练习开始之前,教师向学生宣布制度、纪律和要求等,以保证教学活动的顺利进行。控制有方的教师,在一节课的开始或在组织某一练习前,都要对学生提出明确具体的行为规范和练习要求,应该做什么、不应该做什么、应当怎样做等等。教师的预先控制是建立在对可能发生情况的估计的基础上提出来的,以避免不良情况的发生。预先控制比事后控制效果好。教师的预先要求不等于千篇一律,按一个模式进行。教师要根据特定的学生、班风、组织纪律情况、学习的态度和积极性有所区别、有所侧重。教师的预先控制也不能保证每一个教学环节、每一项练习活动都能顺利进行,教师还需要不断检查,不断控制。

二、随机控制

尽管教师进行了预先控制,但在教学过程中还会发生一些突发事件。在体育教学中突发事件是经常发生的。如发生伤害事故使学生情绪下降,在对抗练习中学生会发生争执,在练习中不按教师的要求去做,等等。因此,教师不可避免地要遇到什么问题就要处理什么问题。教师对突发事件处理得好、调控得当就会取得好的教育效果。反之,则会激化和扩大矛盾,使教学过程失去控制。所以教师必须具备处理突发事件、控制教学局面的能力,这是体育教学明显有别于其他学科教学的特点之一。

三、定量与定性控制

现代课堂教学目标体系的确立,对教师定量控制提出了明确的要求。教师对教学过程的控制应尽量采用数学语言,以便使控制成为一种定量化的精确描述。体育教学本身就具有定量评价的特点,反映练习时间、速度、高度等大多需要用数据来定量地加以描述。因此教师在对学生练习进行控制时,要尽量少用"可能"、"大约"、"大一些"、"高一些"、"低一些"、"快一些"、"慢一些"等定性的指令,而应该多用一些相对精确的定量指令,如"大××度"、"高××厘米"、"快××秒"等。

在复杂的人体活动中,完全用定量化指令进行控制是很困难的。尤其在非周期性练习和集体对抗性练习中,人体活动情况瞬息万变,同时又缺乏必要的定量指标,因此有时教师需要把定量控制与一定的定性控制相结合,才能真正做到对教学的最佳控制。

四、总体与个体控制

在体育课堂教学中,教师对学生学习中普遍存在的问题,包括情绪、动机和练习偏差等应多采用全班、小群体或小组的总体控制,这样有利于充分利用授课时间,提高控制效率。但由于学生的心理活动、身体条件、运动能力等存在着明显的个体差异,就需要教师根据每个学生的实际情况,给予个别控制。另外,动作技能的学习要想一次掌握或大家一起掌握是不可能的,必须通过多次反复的练习。因此,教师不仅要有一定次数的总体控制,还要根据不同学生完成动作的情况进行个别控制。

五、模式控制

模式控制是指使体育课堂教学形成一定的固定模式,使学生养成一定的上课习惯和行为规范。模式控制的最终目的是达到学生的自我控制、自动控制,形成良好的行为习惯。体育课堂教学常规就是模式控制的最好范例。教师在体育课堂教学中形成固定的模式,对学生的控制有积极意义。如学生最怕长跑,而长跑又是发展学生心肺功能,提高学生健康水平的重要手段,教师就可把长跑练习作为体育课的一项固定内容,要求学生在每节课开始时都要慢跑800米,这就是一种模式控制,时间一长学生就适应了这种要求,养成了习惯,对跑800米再也不会叫苦连天了。教师上课相对固定的集合地点、集中方式、上课的基本程序、学生练习的基本顺序等都是模式控制的基本方式。一旦学生对教师的上课模式养成习惯,学生的自我控制、自动控制力将大大提高,从而可以提高教学效率,达到模式控制的目的。

第三节　控制技能的应用要点

教师在应用控制技能时,除了要了解控制内容、掌握控制方式外,还应懂得应用控制技能的要点。其应用要点主要有以下几个方面:

一、熟悉控制对象

教师要对教学过程实施有效的控制,首要的条件就是要熟悉学生,如学生的姓名、身体状况、运动能力、个性特征及体育专长等。能够叫出每一个学生的名字是教师进行课堂控制的前提,也是对课堂教学进行适时控制的基本保证。教师熟悉学生的名字,在教学过程中就能做到及时、准确地对每一个学生进行有效的控制。相反,如果教师不熟悉学生的名字,当教师发现学生的课堂行为违反要求或练习动作发生偏差需要及时进行控制时,就很难及时准确地向被控制者发出指令。在这种情况下,往往教师只好放弃控制,任其发展了。熟悉学生的身体状况、运动能力等也是教师有效地进行课堂教学控制的必要条件。教师在组织游戏或分组比赛时,如果不熟悉学生的身体状况或运动能力就不能将体能好和体能差的同学搭配分组,其结果必然是使教师精心设计的有趣游戏变得无味,使比赛失去竞争意义,甚至使教学过程发生冷场、失控的现象。

二、明确控制目标

目标是实行控制的根据,是控制的出发点和归宿。教师要实行对教学过程的控制,首先要明确控制目标,否则必然产生盲目性,而不能对学生的学习行为实行有效的控制。在体育课堂中,教师不仅需要明确本节课的教学目标,还要明确构成课堂教学目标的各分步骤的目标,同时还要使学生也明确这些目标。只有这样,教师才可能有目的地对学生的学习行为进行合理的控制,使控制真正地为实现教学目标服务。

三、把握控制范围

教师对课堂的控制,既要防止一切都必须按教师的要求去做的"命令主义"倾向,又要克服控制不力,学生想干什么就干什么的"放任自流"的做法。教师控制的对象都是活生生的人,是具有个性特点、身心正在不断发展的少年儿童。因此,教师应赋予学生更多的责任和自主权,努力创造一种和谐、民主、进取的学习环境,使学生自觉地接受控制,加强自我控制并积极参与控制。如果教师不注意控制的范围,将控制作用无限扩大,将会起到相反的作用。这是因为中小学生日益具有独立的倾向,教师过多地对课堂行为加以限制,如不许嬉笑、阻挠自发性活动、过多地集合调队等,都会使学生的主动性受到压抑,易引起学生的情绪冲突,使学生对教师的控制产生逆反心理,最终导致控制的失败。因此,教师一定要把握住控制的范围,掌握好控制的度,做到适时、适量的控制。

四、选择行为方式

教师的教学行为方式有四种:(1)灵活而多变的教学行为,采用刺激的、鼓励的反馈来控制教学过程;(2)冷酷而严厉的教学行为,采用有序的、直接的制约来控制教学过程;(3)不安而焦虑的教学行为,采用处罚和持否定态度来控制教学过程;(4)过于学究的教学行为,要求课堂秩序有条不紊、平稳、安静。

在这四种教学方式中,第三种最易使学生产生心理障碍,第二种和第四种次之。教师过多地采用处罚和负反馈来控制教学过程,容易挫伤学生的自尊心,使学生产生厌恶情绪,影响学生的学习过程。第一种教学行为方式的教学效果最好。这是因为灵活多变的教学行为容易控制学生的注意力,增大学生的学习信息量,激发学生的学习兴趣,而学生容易接受刺激性、鼓励性的反馈,使控制得以顺利进行。因此,教师教学行为方式的选择是否得当,就成为是否能够有效地控制教学过程的条件之一。

五、必要的控制手段

要实行控制就要有一定的控制手段,对学生某一种行为的控制可能有多种控制手段,教师至少要具备某一种手段。在一定条件的多种手段中,必有一种是最好的,最有效的。教师应当选择和掌握这种最好的、最有效的控制手段,否则就达不到最好的控制效果。如在体育课堂教学中,以游戏开始,其形式新颖,艺术感染力强,学生的心理、生理状态良好，兴奋性高，活动积极。转入基本部分后，学习内容可能枯燥、单调，要看准"火候"，采用最佳的手段及时控制，激发学生的学习热情。控制的手段是多种多样的，如通过让学生做与口令相反的动作来控制学生的注意力；利用沉默或增加师生间的接近度来控制学生的行为；利用游戏、分组比赛等来控制学生的学习情绪等。教师要应用好控制技能就需要不断地学习探索，向有经验的教师请教，掌握更多的控制手段，并在教学实践中不断总结、提高、创新，在不同情况下选用特定的控制手段。

六、适宜的教学条件

创造适宜的教学条件，对教学过程进行有效的控制起着积极的促进作用。适宜的教学条件包括：场地、器材等物质条件，学习的安全条件和精神心理条件。场地对教师的教学控制影响很大，在体育馆内上课与在室外上课，其环境对学生的干扰是不相同的，前者容易控制，后者相对就要难一些。即使在室外上课，如果教师在课前对场地进行认真的布置，画出了控制学生课上练习所需的点或线，放置好限制物或标志物等，就能大大提高教师控制的效果。运动器材是控制教学的物质因素，器材准备的数量应和授课计划保持一致，教师要认真检查器材是否完好无损。运动器械要符合学生的身体条件，使学生能够上得去，下得来，如双杠的宽窄、高低（特别是不能调节高度的双杠），教师如不考虑这些因素，课堂很可能就会出现失控现象。学习的安全条件是完成教学任务的基本保证，也是教师控制教学的基本内容。试想，如果课上出现了器械伤人等事故，教师又怎样能够控制教学局面呢？精神心理条件影响着教师对教学过程实行有效的控制。教师在上课时，应具有爱事业、爱学生的情感，诚恳、热情地对待学生，以高尚的情操去感染学生，使他们始终处于精神和心理的良好状态，只有这样教师才能对教学过程进行有效的控制。

［本章小结］

体育课教学的控制过程是一个极其复杂的过程，涉及无数可变因素，这些因素对教学过程的影响又经常是难以预测和掌握的，教师即使尽最大努力进行安排，也难以百分之百地对教学全过程进行完全的控制。因此，在确定控制目标、任务，制订教学方案时，要留有余地，应提高教学过程中的应变能力，以免在突发事件中失去控制。

[思考练习]

1.什么是控制技能?

2.控制技能有哪些功能?

3.在体育教学中如何使用控制技能?

4.在体育教学中不同阶段如何使用控制技能来指导学生学习?

[阅读材料]

王皋华.体育教学技能微格训练[M].北京体育大学出版社

第十三章 结束技能

[内容提要]

一堂课的成功与否,不仅有赖于教师良好的导入技能及其教学技能在体育教学中合理高效的应用,教学结束是否合理同样也是衡量教师教学艺术水平的重要标志,也是保证授课成功的因素之一。如何使用结束技能是体育教师学习的主要任务之一。结束技能中有结束的方式方法,在教学中要根据教学内容的性质和要求来决定。结束部分同开始和基本部分一样,也应有它的内容和需要完成的任务,也应发挥它积极有效的功能。同样,在一节课结束时,要讲究艺术,引起学生对新知识、新技能的学习欲望,使这节课的结束成为下次课的开端。

[学习指导]

1. 结束技能是教师在完成课堂教学活动时,对教过的知识进行归纳总结,使学生对所学过的知识形成系统,并转化、升华而采取的行为方式。

2. 结束技能的目的有:巩固知识、及时反馈、承前启后、促进思维。

3. 结束技能的方法有:系统归纳、比较异同、集中小结、领悟主题、巩固练习。

4. 结束技能的功能有:消除身体疲劳,促进机体恢复;重申知识技能的概念、重点和关键;概括练习的步骤和方法;讲评学习目标实现的情况。

5. 结束技能的构成要素有:促进恢复、简单回忆、概括要点、总结评价、布置作业、课前准备、收拾器材。

6. 结束技能的类型有:整理活动、系统归纳、概括教法、重现示范、提问、总结评价、布置课外作业。

7. 结束技能的要点有:按时结束课、整理活动要有实效、简明归纳、布置课外作业、给学生一点时间。

第一节 结束技能及方法

一、结束技能的含义

结束技能是教师在完成课堂教学活动时,对教过的知识进行归纳总结,使学生对所学过的知识形成系统,并转化、升华而采取的行为方式。

一堂生动活泼的、具有教学艺术魅力的好课犹如一支婉转悠扬的乐曲,"起调"扣人心弦,"主旋律"引人入胜,"终曲"余音绕梁。

导入是"起调",结束是"终曲",完美的教学必须做到善始善终,故结束技能与导入技能一样,是衡量教师教学艺术水平的重要标志之一。结束技能不仅广泛地应用于一节新课讲完、一章学完,也经常应用于讲授新概念、新知识的结尾。

课堂教学的结尾,要依据本节课的教学内容,将学生所学的分散的知识集中起来,进行系统的教学总结,帮助学生完成由感性认识到理性认识的飞跃。课堂教学的结尾,如同聚光灯一样,收拢学生纷繁的思绪,帮助他们理清思路,梳成"辫子",使学生对所学知识了然于胸,变瞬时记忆为长时记忆。课堂教学的结尾,又好像推进器,它指引学生在旧知的基础上向新知进军,激励学生不断向新的高度攀登。所以,结束技能是课堂教学必不可少的一个环节,也是教师展现智慧的环节。

体育课的结束技能是指在体育课的结束或某一部分学习内容结束时,教师通过反复强调、概括、总结等方式,促进学生对所学知识、技能的系统化,使学生对知识技能的领会向更高一级升华,并纳入学生的认知和技能结构中,同时,可以消除由于课堂练习带来的身体疲劳,使体育课后其他学习活动得以顺利进行,教师所采取的一类教学行为。

二、结束技能的目的与方法

(一)结束技能的目的

1.巩固知识

每节课的知识内容都包含了一定的信息量。这些信息不是孤立的,而是有一定的联系,是按照一定的逻辑组合而成的。运用结束技能对一节课或一个单元所学的知识信息进行及时的系统化总结、巩固和应用,使学生对新的知识更加清晰,能理顺一条逻辑结构主线,经过这种及时的小结、复习,可以将知识信息从原来的瞬时性记忆转化为短时记忆或长时记忆,起到复习巩固的作用。

2.及时反馈

运用结束技能可以及时反馈教与学的各种信息。当教师按原先备好的教学计划完成了教学任务后,可以利用最后一段时间,通过完成各种类型的练习、操作、判断、评价等活动方式,检查教的效果及学生掌握知识的程度,为下一步的调整改进及时提供反馈信息。

3.承前启后

知识往往是前后连贯的,既有纵向的联系,又有横向的关系。好的结束有利于为以后的知识学习作准备,为讲授以后的新知识提前创设教学情景,起到课与课之间,知识与知识之间的承前启后作用。

4.促进思维

教师通过课的结束,可以留下悬念,埋下伏笔,促进学生的思维活动深入开展,进一步诱发学生继续学习的积极性,也便于学生在课后有针对性地复习。

(二)结束技能的方法

在实际教学中具体采用什么方法,要根据教学内容的性质和要求来决定。一般的结束过程大体经过简单回忆、提示要点、巩固应用、拓展延伸等阶段。下面介绍几种常用的结束方法:

1.系统归纳

即用准确简练的语言,提纲挈领地把整节课的主要内容加以总结概括,给学生以系统、完整的印象,促使学生加深对所学知识的理解和记忆,培养其综合概括能力。总结可以由教师作,也可以先启发学生作,教师再加以补充、修正。这样可以及时强化重点,明确问题的关键,做到眉目清晰,记忆深刻。

2.比较异同

新旧对比法是将传授的新知识与相关的旧知识联系起来,进行分析比较。即找出它们各自的本质特征或不同点。这种瞻前顾后,对关键之处妙手点拨,找出其异同的结束方法能使学生更准确、更深刻地理解知识。

3.集中小结

将在不同章节中、循序渐进的同一事物的属性和变化集中归纳小结,从而掌握某一事物的全貌、概括出零散技能的规律。

4.领悟主题

通过精要的论述或能揭示本质的提问,使学生领悟所学知识的主题,做到情与理的融合,并激励学生将这些认识转化为指导思想行为的准则,达到对学生进行个性陶冶和思想品德培养的目的。

5.巩固练习

在结束部分,恰当地安排学生的实践活动,既可使学生的"三基"得到强化,又使课堂教学效果及时得到反馈,获得调整教案的信息。

第二节 结束技能的功能与构成要素

课的结尾是体育课教学中不可忽视的一个重要环节。它的主要任务是对本次课的教学任务完成情况,以及对教材的学习情况进行小结,是课堂教学控制系统中教师信息输出的最后途径,同时也是获得学生反馈信息的最后通路。它对深化课的主题、加强已获知识的进一步理解和技能的巩固,以及使学生对自身学习程度形成一个比较明智的认识都具有十分重要的意义。

一、结束技能的功能

课的结束绝不是简单地说一句"这节课就到这里"就可以结束的。结束部分同开始和基本部分一样,也应有它的内容和需要完成的任务,也应发挥它积极有效的功能。因此,教师也需要对结束部分进行精心的设计、组织和安排。体育教师应对课的结尾给予足够的重视,做好课的结束工作,决不可"虎头蛇尾",有始无终,草率从事。合理完善的结束应体现下列功能:

(一)消除身体疲劳,促进机体恢复

教师应根据课堂基本部分最后一个练习内容的性质,身体各个部分所承受的生理负荷,有目的、有意识、有针对性地选择一些放松性活动练习,如游戏、舞蹈、放松体操、静力牵张练习以及局部按摩等。学生身体的疲劳必将引起精神上的疲劳,因此,消除精神疲劳也是结束部分的一项重要任务。教师可以通过一些激励性的语言、一段小幽默、故事或笑话来调节由于身体疲劳带来的精神和心理上的负反应,最终实现调节情绪、解除心理疲劳的目的。

(二)重申知识技能的概念、重点和关键

体育教师应将总结、复述知识技能的要点和关键看成是有效教学的重要组成部分。教师对本次课所学的概念、要点的复述,为的是向学生提供再次复习的机会,使学生对这些概念、要点加深理解和记忆,达到巩固所学知识、技能的作用。

(三)概括练习的步骤和方法

由于体育课的教学时数有限,要想在体育课上充分提高某项运动技能的质量并达到一定的运动水平,是不现实也是不可能的。要做到这一点,学生必须将所学的运动技能在课外活动时间里给予充分的实践。教师在课的结束部分,对课上的练习步骤和方法进行概括,是指导学生课外实践的有效方法。通过概括,使学生进一步清楚地了解某一练习的意义和目的,并且提供给学生用来储存和回想教学内容结构的手段,便于学生课后的自我指导和自我练习。

(四)讲评学习目标实现的情况

体育课是在明确学习目标的指导下的一种实践活动。一节课结束时,学生的学习情况如何,掌握教材的程度怎样,是否达到了本节课的教学目标,教师都应在结束部分提出自己总的看法。对课堂教学目标完成情况的分析小结,有利于鼓励

学生学习的积极性,发现学习中的不足,明确今后努力的方向。通过讲评,教师也可检查自己的教学效果如何,教学目标设定得是否合适,教学方法运用得是否得当,这些对今后的教和学都有积极的作用。

二、结束技能应包括下列要素

(一)促进恢复

通过语言、身体活动、心理意念等活动,促进学生生理和心理得到放松,使身心的疲劳得到快速恢复。

(二)简单回忆

对全部教学内容、练习方法进行简单的回顾,强化学生对练习内容、方法、手段的记忆,使学生的认知结构系统化。

(三)概括要点

通过简单的语言或口诀,概括技术动作的要点。学生可以通过教师的语言进行技术动作的回忆和默练,强化所学的技术动作。

(四)总结评价

对照课堂教学目标进行总结和评价,激发学生的学习动机,明确今后的努力方向。

(五)布置作业

布置学生课后的作业,应包括认知领域、技能领域和身体发展领域。提出完成作业的要求和方式。

(六)课前准备

宣布下次课的教学内容、集合地点及课前需要作的准备与要求。

(七)收拾器材

安排学生清点和归还器材。

第三节 结束技能的类型

结束技能的类型有下列几种:

一、整理活动

体育运动之后,为了提高和恢复人体工作能力所做的一些呼吸运动和较缓慢、轻松的全身活动称为整理活动。整理活动的目的是使体育课造成的学生身心疲劳能较快地消除,使身体从高度兴奋的状态逐渐地过渡到相对安静的状态,以利于体育课后其他课程的学习。

运动引起的一系列的生理变化不可能随着运动的停止而立即消失。在运动中，尤其是在剧烈运动中，新陈代谢急剧加速，脉搏、呼吸频率比安静状态下成倍增加，使人体在运动时有充足的氧和营养物质供给。运动停止后，机体为了补偿在运动时欠下的氧债，呼吸系统仍处于一个较高的活动水平。做整理活动，特别是做一些较缓和的放松活动或调整呼吸的运动，能帮助机体由剧烈的活动状态逐渐地过渡到安静状态，促进机体的恢复过程。整理活动的过程与准备活动的过程相反，一般来说，整理活动总是运动最后一个动作的自然延续，运动量由大变小，尽量使肌肉主动地放松。

在做整理活动时，要尽量使参与活动的肌肉得到伸展和拉长。为使在运动中负荷较重的肌肉保持拉长状态，可做2—3次的静力性牵张练习，每次坚持1分钟左右。实验证明，运动后做一些有关肌肉群的静力牵张练习，可以促进血液循环，解除肌纤维痉挛，减少肌肉的延迟性酸疼和僵硬。运动后做不做整理活动，血乳酸的消除速度是不同的。做整理活动比不做整理活动血乳酸的消除要快，有利于加速人体机能的恢复。在体育课中，由于教材内容和组织教法及运动量的安排不同，课的运动强度和运动时间引起疲劳的程度也不尽相同。学生在体育课上即使没有达到深度疲劳，一定的生理负荷量和局部疲劳总是存在的，因此，也要通过适当的整理活动来消除。

整理活动的内容选择应与刚结束的运动相衔接。一般来说，整理活动应着重于调节呼吸运动，使全身或局部的肌肉放松。可以通过缓慢的跑步、轻松的便步、自然的深呼吸、自我和相互按摩、简单的小游戏、小笑话、放松的舞步等来作为整理活动的内容。

二、系统归纳

教师采用精辟的语言就该课教材学习的情况等进行总结性的归纳论述，以加深学生对教学内容的理解，进一步明确教材的要领、关键、存在的问题及一些练习方法、手段等，以利于正确概念的巩固和进行课外练习。系统归纳的目的就是对学生所学知识、技能的概念和重点再一次地进行强化，帮助学生系统地了解本次课的教学重点，重申技术动作概念，使学生将新知识有效地纳入原有的认识结构中。系统归纳可由教师来完成，也可由学生自己来完成。教师在某一练习结束后或在课的结束部分，用简洁的语言对学习内容进行归纳，使学生对通过实践所获得的感性认识进一步理性化、系统化、概念化。如在篮球技术动作教学中，当学生结束双手胸前传球的练习后，教师用伸臂、翻掌、拨指的口诀来重申双手胸前传球的技术要点，强化学生对这一技术动作的理解和记忆。又如,在短跑教学结束后,教师对短跑技术动作的全过程、起跑、疾跑、途中跑和冲刺跑进行归纳总结,以便强化学生对短跑完整技术动作的理解和掌握。教师在课的结束部分,还可以让学生对教学内容、技术动作的全貌进行归纳,这样不仅能提高学生的总结概括能力,还能起到对所学知识的复习、加深理解的作用。通过学生归纳,教师还可发现学生对所学知识的理解、掌握和记忆程度,以便在今后的教学中,有针对性地加强薄弱环节,改进和完善教学方法。

三、概括教法

体育课堂教学不仅要使学生掌握教学内容,而且更重要的是掌握练习方法。因为只有掌握了练习方法,学生才可能在体育课后,在没有教师指导的情况下进行自我练习,从而扩展体育课堂教学的效果,提高课堂教学的实效性,丰富课外活动内容,甚至影响学生终身体育锻炼的能力。教师在课结束时,应将本次课练习的方法作一概括性的总结,使学生对所学内容的完整练习手段、步骤有一个清晰的、由浅入深的、由简到繁的、系统的掌握和记忆,提高课后学生自我指导、自我练习的能力。例如,在篮球课教学中,四角传球是学生喜爱的练习方法,学生在课上练习的积极性很高,随着传球次数和数量的增加,学生练习的兴趣有增无减,甚至到下课时还不愿意停止练习。可是,这样受欢迎的练习,有时在课外活动时却不知应怎样做。这是因为在课上学生的注意力被该练习的趣味性紧紧地吸引住了,注意力主要指向练习的结果,对练习的过程和方法忽略了,但由于在练习中有教师提供同步指导,所以学生在教师的不断纠偏过程中完成了练习。如果教师在练习结束时,对四角传球的方法作进一步的概括说明,上述情况也许就会改善。又如,在排球教学结束时,教师将上手传球的学习步骤、方法一一加以概括总结,这将对学生在课外练习有极大的指导作用。

四、重现示范

在课的结束时,教师可根据教学内容和实际需要,通过重现挂图、幻灯、教具等,或再做一次完整的技术动作示范,有针对性地突出技术动作的难点和全过程以强化学生大脑皮质中已建立起来的动作表象,进而起到复习和巩固教材的作用。重现示范还可使学生对照正确的技术动作,自查完成技术动作的情况,明确正确技术动作的规格要求,为课后或下次课的改进、提高指明努力的方向。如教师在教排球上手传球内容课的结束时,再做一次自传球的示范,突出手指、手腕对球的缓冲动作。由于学生通过一堂课的学习和实践,对上手传球已经有了一定的亲身体会,这时再做示范,学生的注意力才有可能从手型、动作过程等基本的动作方法的学习转移到技术动作的细节缓冲上来,这样就为学生在课后有针对性的练习和提高指明了方向。

五、提问

课结束时的提问是教师了解学生学习、掌握技术动作情况的最有效的方法,也是教师获得学生反馈信息的最终环节。学生通过一节课的学习,对所学知识、动作技术概念理解、掌握和记忆的情况,都可以通过提问来找到答案。通过提问还可以强化学生对动作名称、顺序的记忆。如在太极拳课的结束时,提问学生本次课所学的动作名称和顺序,学生可将动作口诀背诵一遍等。教师还可根据课堂练习中存在的主要问题,结合课的目标以及教材的重点、难点,有目的地提出问题让学生回答。这样做一方面可以进一步了解学生对技术动作掌握的程度,另一方面可引导学生开动脑筋,思索学习中的问题。

六、总结评价

课堂教学目标的设定为评价教学结果、学生的学习情况提供了标准和依据。在课结束时,教师应根据所设定的教学目标对教学效果进行客观的分析和评价,否则,课堂教学目标就失去了它存在的意义。在评价过程中,教师应给学生提供较多的正反馈信息,多从学生获得的成绩、取得的进步入手,用积极鼓励性的评语来肯定学生在学习中所取得的成绩和进步,以便激发学生的学习积极性。在评价过程中,教师应尽量减少"×××太差"等否定性的评语,而应多采用"我相信×××有能力完成学习任务,只要通过努力就一定能够达到教学目标"或"如果课上按教师的要求去做的话,那你们的学习成绩还会更好"等肯定的评语。当然,这并不是说对学生的错误一律不予批评,关键是要讲究批评的方法,应以达到教育效果,激发起学习动机为根本目的。教师还可让学生自己对学习情况进行评价,让学生自己肯定成绩,找出差距,明确今后努力的方向,从而促进师生间的相互交流,达到总结评价的目的。

七、布置课外作业

在一般情况下,大多数学科的教师都以布置作业为结束一堂课的重要内容,而体育课堂教学却往往忽略了这一点。课外作业是课堂教学的继续和延伸,应成为潜在课程(课外体育活动)的主要内容。体育教师应把布置课外作业看做学校体育课程范畴之内的事,看成体育课堂教学有机的组成部分。体育课堂教学的时间有限,学生通过完成教师布置的课外作业,有助于加深对课堂所学的知识、技能的理解和掌握,有助于发展和培养学生对体育的兴趣,有助于培养学生独立思考、独立完成任务的能力。课外作业还能起到弥补体育课堂教学的不足,有助于开发新的学习领域,扩大学生的体育知识面等,这些反过来又可促进体育课堂教学。因此,教师在课结束时,应将课堂教学内容拓展和延伸为学生的课外作业,使体育课堂教学内容渗透到课外体育活动中去,以利于体育知识技能的形成和掌握。

八、宣布下次课的内容要求

一般来说,在课结束时,教师应宣布下次课的教学内容和要求,使学生在下次课前作好精神上、体能上和物质上的准备。学生明确下次课的内容和要求,实际上就是教师对学生的预控制,使他们对下次课将要进行的学习活动做到心中有数。教师在宣布下次课的教学内容时,要讲究语言艺术,用生动的语言来刺激学生的学习兴趣,使学生对将要学习的内容进行想象,引起对新知识、新技能的学习欲望,使这节课的结束,成为下次课的开端,起到承前启后的作用。

第四节　结束技能的应用要点

一、按时结束课

教师应养成按时上课和准时下课的习惯,不应拖堂,否则将会降低教学效果,丧失威信。是否能按时结束课是反映教师教学计划、组织安排是否得当的标志之一。教师绝不应使课上得前紧后松,虎头蛇尾,随心所欲地生拉硬扯一些与教学内容无关的活动来拖延时间或草率收场;也不能前松后紧,不断拖堂。一堂课应充实而有节奏地结束在规定的时间之内。

二、整理活动要有实效

整理活动方式的选择应根据课结束前最后一项教学内容来定,整理活动要达到身心都得到恢复和放松的目的,切不可千篇一律,流于形式而不讲究实效。

三、简明归纳

对教学内容、概念、重点的归纳要简明扼要,要有利于学生的回忆、巩固和运用。

四、布置课外作业

在布置课外作业时,应做到区别对待,按学生的能力和掌握技能的情况布置不同难度的练习,提出不同的要求。

五、给学生一点时间

给学生留有一定发表自己意见和建议的机会。

[本章小结]

学生在获得了新知识之后并不意味着认识活动的结束,为了使新知识能够保持和再利用,必须将它纳入原有的认知结构中,这种纳入不是一个简单的知识相加过程,而要对信息进一步进行深入的加工和转化,这种加工和转化使新知识与原有认知结构建立起某种联系和区别,同时也使原有认知结构发生某种变化从而形成新的认知结构。由此可见,结束技能的基本任务是促进学生将初步获得的知识纳入原有的认知结构,从而形成新的认知结构。换句话说,就是促进知识的保持和知识的不断分化以及融会贯通。

[思考练习]

1.什么是结束技能?
2.结束技能有哪些目的?
3.在体育教学中用哪些方法结束课?
4.结束技能有哪些构成要素?
5.在体育教学中使用结束技能时要注意什么?

[阅读材料]

王宝大.导入技能 结束技能[M].人民教育出版社

第十四章 体育教学过程

[内容提要]

人的任何活动都是以过程的形式存在和发展的。体育教学过程也必然表现为一个体育教学过程,体育教学的本质和规律也是存在于体育教学过程之中的,因此,要开展有效的体育教学,要认识和把握体育教学的本质和规律,就必须了解什么是体育教学过程。体育教学过程是教学的核心,时间和流程是体育教学过程的因素,不同的教学时间表现为"单元规模"的问题,不同的流程主要体现为"教学模式"的问题,流程与时间反映出来的效果是科学、合理的"教学设计"。

[学习指导]

1. 体育教学过程是为实现体育教学目标而计划、实施的,使学生掌握体育知识和运动技能并接受各种体育道德和行为教育的教学程序。这个程序具有学段、学年、学期、单元和课时等不同的时间概念。

2. 体育教学过程的性质有:体育教学过程是学生掌握运动技能的过程;体育教学过程是提高运动素质的过程;体育教学过程是学习知识和形成运动认知的过程;体育教学过程是集体学习和集体思考的过程;体育教学过程是体验运动乐趣的过程。

3. 体育教学规律是在体育教学过程中客观存在和必然显现的,与体育教学的特殊性有着密切联系的现象及其有规则的变化。

4. 体育教学过程的规律有:运动技能形成规律、运动负荷变化与控制的规律、体育知识学习和运动认知的规律、体育学习集体形成与变化规律、体验运动乐趣的规律。

5. 体育教学过程的一些特点:国家规定性、多模式性、非全体性。

6. 学年体育教学过程的特点:系统性、周期性、承启性。

7. 学期体育教学过程的特点:季节性、集散性。

8. 单元体育教学过程的特点:规模变化性、学理性。

9. 学时体育教学过程的特点:结构性、行为性、方法性。

10. 技术学习点教学过程的特点:技能形成的基本单位、身体负荷性。

第一节　体育教学过程的含义与性质

一、体育教学过程的含义

在以往的《学校体育学》和《体育教学论》中,对体育教学过程的认识有三点是共同的:(1)体育教学过程是实现体育教学目标的过程和途径;(2)体育教学过程是有组织的程序和有计划的安排;(3)体育教学过程是学生掌握体育知识、运动技能和接受各种教育的过程。

据此,本教材对体育教学过程作出如下的定义:体育教学过程是为实现体育教学目标而计划、实施的,使学生掌握体育知识和运动技能并接受各种体育道德和行为教育的教学程序。这个程序具有学段、学年、学期、单元和课时等不同的时间概念。

二、体育教学过程的性质

(一)体育教学过程是学生掌握运动技能的过程

体育教学过程首先是学生掌握运动技能的过程。知识类学科的教学过程主要是使学生识记概念以及运用判断、推理等思维方式去掌握科学知识并发展智力,而体育学科则是使学生在不断的身体练习中去掌握运动技能,并通过运动技能的掌握进行其他方面的养成教育,所以我们首先要把体育教学过程理解成一个学生掌握运动技能的过程。

(二)体育教学过程是提高运动素质的过程

掌握运动技能需要运动素质的提高,同时大肌肉群的体育活动也能有效地提高运动素质,掌握运动技能和提高运动素质是相互促进的关系。因此,体育教学过程也是一个不断提高学生运动素质并以此增强学生体能的过程。在体育教学过程中,不仅要注重学生对运动技能的掌握,而且要关注学生运动素质的提高,要在设计教学、安排进度和选编内容等方面将二者有机地协调起来。

(三)体育教学过程是学习知识和形成运动认知的过程

体育是涉及人文学科和自然学科的一门综合性课程,在以掌握运动技能为主的体育教学过程中,学生也会涉及许多的知识学习和运动认知获得。有时,这些知识学习和运动认知获得还是掌握运动技能和提高运动素质的基础,因此体育教学过程也必是一个掌握体育知识和进行运动认知的过程。

(四)体育教学过程是集体学习和集体思考的过程

"集体学习"和"小集体学习"是体育教学的主要教学形式,这是由于大多数的体育运动项目是在集体和小集体的形式下完成的,因此体育的习得也需要在集体性学习和集体性思考的过程中进行。与此同时,当前的体育教学的目标也越来越指向学生的集体学习,以期获得集体教育潜在性作用。体育教学中的集体学习和集体思考也可以加强师生之间、生生之间的互动和沟通,是培养学生的社会交往和社会适应能力的途径,因此我们也要把体育教学理解成一个学生集体学习和集体思考的过程。

(五)体育教学过程是体验运动乐趣的过程

学生学习体育的过程是一个在生理上伴随着苦、累、汗,甚至伤痛的过程,是身体经受生物学改造的过程,但同时也是一个在身体和心理方面体验运动固有乐趣的过程,这种乐趣是体育运动生命力的体现,也是体育教学、学习的目标与内容,更是培养学生的体育参与意识的途径和手段,是终身体育的重要基础。因此,我们还要把体育教学过程理解成为一个学生体验运动乐趣的过程。

第二节 在体育教学过程中的几个客观规律

一、体育教学过程规律的含义

规律是客观存在于事物发展过程中的本质属性和必然联系,它是事物发展过程本身所固有的、不以人的意志为转移的客观必然。体育教学过程作为一种以体育课程内容为中介、以促进学生体育素养发展为根本目的的师生互动活动,也存在其客观的规律。我们在进行体育教学时必须认清和遵循这些客观规律,否则体育教学过程的目标实现就会大打折扣。

体育教学规律是在体育教学过程中客观存在和必然显现的、与体育教学的特殊性有着密切联系的现象及其有规则的变化。

那么,在体育教学过程中究竟存在哪些规律呢? 许多学者对此有着不同的总结和归纳。本教材归纳了一些学者对体育教学过程规律的总结,依据本教材的体育教学规律的定义,提出体育教学过程中客观存在五大规律,即:运动技能形成的规律、运动负荷变化与控制的规律、体育知识学习与运动认知的规律、体育学习集体形成与变化规律、体验运动乐趣的规律等。

二、体育教学过程的五大规律

(一)运动技能形成的规律

体育教学要让学生学会和掌握一定的运动技能,而运动技能的形成要经历一个由不会到会、由不熟练到熟练、由不巩固到巩固的发展过程。动作技能形成、提高的过程是:粗略掌握动作阶段,改进与提高动作阶段,动作的巩固与运用自如阶段。虽然在体育教学过程中,每次课只有45分钟,每周只有2—3次课,体育课安排不可能明显地体现和准确地划分出动作技能掌握的这三个阶段,但从一个动作技能掌握的长链结构上看,仍然是要遵循运动技能形成的规律的。

在体育教学过程中,运动技能形成的三个阶段受一些因素的影响,如运动技能的难度、学习运动技能的总时间和时间的密度、体育教师的教学经验与教学能力、学生的前期经验积累、学生的体育基础以及学生身体素质强弱等。

(二)运动负荷变化与控制的规律

体育教学是学生通过身体练习来完成的体育习得过程。因此在体育教学中学生的身体必定要承受一定的生理负荷,而且从某种意义上讲,这种生理负荷越大,对学生身体产生的生物性痕迹效应越深,对体能提高的效果也越强。但是作为教育的体育教学与一般的体育锻炼和运动训练不同,其追求的并不仅仅是生理负荷和生物性改造,还有其他方面的教育意义。所以在体育教学过程中既要合理地利用生理负荷,又要合理地控制生理负荷,这就是运动负荷变化与控制的规律。

根据人体生理机能活动能力变化的规律,体育教学过程中学生承受运动负荷的规律也与此相适应,运动负荷的安排要与机能变化的三个阶段相匹配,在人体机能活动最强的时段安排较大的负荷,在人体机能活动上升和下降阶段要控制运动负荷,这是一个基本规律。但是,在具体的体育教学中,由于学生年龄特点、学生的身体健康状况、学生的体育基础水平、教材的性质、教学组织教法以及气候条件等不同,学生机能活动能力上升阶段所需要的时间、最高阶段的高度、稳定的时间,以及身体承担急剧变化负荷的能力等均有所不同。因此,学生承受运动负荷的大小要根据现实情况酌情考虑,要进行及时的调整和控制。

体育教学中的运动负荷变化与控制过程是:热身和逐渐加强运动负荷的阶段,根据教学的需要调整和控制运动负荷的阶段,恢复和逐渐降低运动负荷的阶段。

(三)体育知识学习和运动认知的规律

在体育教学中,学生学习的重要内容之一是体育运动文化和身体锻炼的知识,在体育教学中所培养的认知也是其他学科不能替代的运动认知。由于体育学科具有独特的运动认知体系,所以体育教学还要遵循体育知识学习和运动认知的规律。

体育学科特有的运动认知体系是不断提高人体对物体、对自我的速度,对时间、空间、距离、重量、力量、方位、平衡、高度等因素进行识别和控制的能力,是一种"身体—动觉智力"。所谓"身体—动觉智力"主要是指运用四肢和躯干的能力,表现为个体能否较好地控制自己的身体并使之对事件做出恰当的身体反应以及是否善于利用身体语言表达自己的情感和思想。构成"身体—动觉智力"有三个核心要素:其一是有效地控制身体运动的能力,其二是熟练地操作物体的能力,其三是体脑协调一致的能力。"身体—动觉智力"在多元智力中占有非常重要的地位。

用多元智能理论来解读体育教学,我们就可以在体育教学中,帮助学生协调地控制身体运动、熟练地操作物体(器械、器材),培养学生的空间感知能力和对方向的判别能力,培养学生对器械的速度、重量的感知能力,从而不断地提高学生的运动认知能力。

体育教学中的运动认知过程是:广泛进行感性认知,形成感性基础的阶段;进行理性的概括,形成理性认知的阶段;将理性的认知演绎到各种运动情景的应用阶段。

(四)体育学习集体形成与变化的规律

体育学习集体形成与变化的规律主要是指在体育教学过程中,学生的学习主要是通过在集体合作、配合和相互帮助中进行的。因为体育项目和活动中大多数都是以集体形式呈现练习的,所以体育教学过程中的集体性学习体现了体育的特性和目标指向。因此,体育教学中要注重和突出学生体育学习的集体性规律。

体育学习集体形成与变化的规律要求教师在体育教学设计中,要选择体育集体性项目作为教学内容;要采用分组的小群体教学组织形式;要研究集体性学习的评价方法。只有遵循好这条规律,才能更好地把集体教育和思想道德教育融于体育教学过程之中,体现体育学科特有的集体特性和集体教育的价值。

体育教学中的集体教育的过程是:组成集体,形成集体因素的阶段;集体巩固,在集体中接受教育的阶段;集体成熟,自觉进行集体性行为的阶段;集体分解,形成新学习集体的阶段。

(五)体验运动乐趣的规律

在体育教学过程中,要让学生不断地体验运动的乐趣,这是培养学生体育兴趣,形成运动爱好和专长的首要条件,也是学生掌握运动技能、增强健康的前提条件,更是体育教学过程中教师自始至终要把握的客观规律。

体育本身就是充满了乐趣的运动文化,学生对体育的乐趣追求也是体育学习动机的重要组成部分,重视体育中的乐趣因素可使体育教学成为活泼和充满乐趣的过程,忽视体育中的乐趣因素也可使体育教学成为"身顺心违"的过程,成为充满"磨难"的"畏途"。

体育教学中的乐趣体验过程是:学生在自己原有的技能水平上充分地运动从而体验运动乐趣的阶段;学生向新的技能水平进行挑战从而体验运动学习乐趣的阶段;学生在运动技能习得以后进行技术和战术的创新从而体验探究和创新乐趣的阶段。

第三节 体育教学过程的层次及其特点

为了更好地理解体育教学过程的概念,掌握体育教学过程的特点。我们还要对体育教学过程做进一步的分解认识,认识一下体育教学过程的层次及其特点。体育教学过程的层次可以分为:超学段体育教学过程,学段体育教学过程,学年体育教学过程,学期体育教学过程,单元体育教学过程,课时体育教学过程等。

一、超学段体育教学过程及其特点

所谓超学段体育教学过程是指学生从入小学开始到大学毕业的整个体育教学的过程。在这十多年的体育教学过程中,学生所享受到的是国家规定的体育教育。超学段体育教学过程具有以下几方面特点:

(一)国家规定性

超学段体育教学过程受到国家教育意志、社会、政治、经济发展状况和生产力发展水平等多方面的直接影响,由国家安排的超学段体育教学过程可长可短,由12年至16年。超学段体育教学过程是由国家控制的,体现的是国家教育课程设计思想和国家对体育教育的期待,其过程的目的和目标充分地反映了国家的意志和要求,是一个宏观的、有系统性的学科教育过程。

(二)多模式性

超学段体育教学过程具有多模式性。超学段的体育教学过程是由若干个学段的体育教学过程组成的,而每个学段的体育教学过程又受各段教育性质的影响而时间长短不一,这使得超学段体育教学过程并不一致。特别由于中国国家大、地域广、民族差异明显,超学段体育教学过程在目标表述、教学内容、学时规定以及教学特点上均具有多模式性。

(三)非全体性

超学段体育教学过程包含基础教育、中等教育和高等教育三个阶段,由于教育普及程度的问题,并不是每个学生都能享受到上述完整三个阶段的体育教学过程。所以它对学生来说具有非全体性的特点。

二、学段(3—6年)体育教学过程及其特点

学段体育教学过程,按当前中国教育的学制进行划分,可以分为小学、初中、高中、大学等体育教学过程;按目前《体育与健康课程标准》的划分,可分为水平一(相当于小学1—2年级)、水平二(相当于小学3—4年级)、水平三(相当于小学5—

6年级)、水平四(相当于初中阶段)、水平五和水平六(相当于高中阶段)。学段体育教学过程表现为某个学段的《课程方案》或《学段教学计划》。它的特点主要有:

(一)发展阶段性

学段体育教学过程划分的主要依据是学生的身心发育规律。如初中生处于青春发育期,成长发育迅速,体型剧变,身体机能迅速健全,性开始发育成熟;随着生理的逐步发育成长,初中生的心理也发生了较大的变化,感知能力和观察能力明显提高,记忆力处于高峰期,思维由具体形象思维向抽象逻辑思维过渡,想象能力有所提高等。因此初中学段体育教学过程就要体现初中生上述生长发育的特点,这就是发展的阶段性。

(二)相互衔接性

学段体育教学过程与超学段体育教学过程相比,是进一步的细化,它是把超学段的相对多样的、宏观性的国家体育课程目标、内容和要求进一步进行分解和细化,合理地分配于几个相互连续和相互衔接的学段中,并使之有机地结合,学段体育教学过程主要是由国家来规定原则、由各级学校具体设计的。

三、学年体育教学过程及其特点

学年体育教学过程是指根据学校的体育教学情况,针对学生的特点,把学段体育教学标准和方案的内容、任务、要求等具体地分配到各学年中,使之相互衔接,并付诸实施的过程。它是一种客观的体育教学过程,此过程一般由各级各类学校的体育部门来掌控,主要表现为学校的《学年教学计划》,学年体育教学过程的主要特点有:

(一)系统性

学年体育教学过程要完成学段体育教学的要求和目标,而学段的教学目标如何分解,教学内容如何排列,教学时数如何分配,学年与学年又如何衔接等均是学年体育教学过程要着重解决的问题。因此,学年体育教学过程不仅要注意学段中各学年体育教学过程的关系,还要注意学年内两个学期间体育教学过程的关系,因此其系统性比较强。

(二)周期性

学年体育教学过程的计划和安排要考虑体育教学内容的周期性,另外,在全年32—36周的体育教学过程中安排什么教材,安排在哪个学期,出现几次,教学内容之间的相互关系等,都是学年的体育教学过程要重点考虑的。

(三)承启性

学年体育教学过程具有明显的承上启下性,它是超学段体育教学过程、学段体育教学过程和学期体育教学过程的连接点,对上具有体现作用,对下具有指导作用，是宏观过程转向微观过程的中介环节。学年体育教学过程也是超学段、学段体育教学过程的具体化，它实施的好与差会直接影响到体育教学的质量。

四、学期体育教学过程及其特点

学期体育教学过程是根据教师、场地、气候的特点、教材性质等条件，把学年体育教学过程的内容、要求和任务分配到两个学期的各个教学周中去。此教学过程一般由各级各类学校体育教师和体育教研室来掌控，表现为体育教研组的《学期教学计划》，其主要特点是：

（一）季节性

学期体育教学过程的设计，要根据季节变化和当地的气候特点，把学年教学过程中所选择的教材合理安排到学期中去，使体育教学与季节相一致。如在夏季进行游泳、双杠、单杠的教学；而在冬季则可进行中长跑、滑冰以及室内运动的教学。

（二）集散性

学年的体育教学内容确定后，就要根据学生的素质、教材的难易程度以及气候的变化等，把体育教学内容分配到学期的各周中去，这样就涉及教学内容的排列（集中与分散）。有的内容要集中起来学习，有的内容则可能要在两个学期中进行间歇性的学习。

五、单元(1—36周)体育教学过程及其特点

单元体育教学过程是指教师按照学期体育教学过程的方案，按教学内容的学理性，安排一些单元，进行课时分配并实施教学的过程。单元是体育教学过程的基本单位，是由若干课时组成的"教学板块"。单元体育教学过程在体育教学中具有最重要的意义，它表现为体育教师的《单元教学计划》，它的主要特点有：

（一）规模变化性

单元体育教学过程有大有小，有长有短，而单元教学过程的长短和大小实质上决定了教学的容量和质量。单元的大小因教学目标、教材难度、学生水平、场地设施、教师水平的差异而不同，一般情况下，技术性不太强，教材难度不大的单元可小一些，如游戏、走、跑等，低年级的单元也应该小一些，而高年级随着教材的复杂程度和难度的增大，单元教学过程则会大一些。

（二）学理性

单元体育教学过程具有较强的学理性，安排和设计主要应根据学生的学习原理，突出教学目标和任务的要求。同一教学目标可设计出不同的教学单元结构，同是篮球项目的教学，可以设计先分解教学再到整体教学的单元结构，也可先整体教

学再到分解教学最后到整体教学的单元结构。而后者往往比前者在设计上要科学和先进，也会避免我们经常看到的"学生会篮球的基本技术但不会打球"的现象，对比两种不同单元设计，更可清晰地发现其问题所在。

六、学时(45—90分钟)体育教学过程及其特点

学时(45—90分钟)体育教学过程是指教师根据单元体育教学过程对每节课的要求组织实施体育教学的过程，它也是我们通常意义上讲的体育教学过程。根据学段和学校情况不同，有的学时教学过程为45分钟，有的则为90分钟。学时体育教学过程实践性较强，它是超学段、学段、学年、学期和单元体育教学过程实现的主要环节。学时体育教学过程的主要特点有：

(一)结构性

学时体育教学过程作为体育教学的主要实践环节具有一定的结构性，这个结构遵循课堂教学的规律，遵循学生身体机能活动的规律，遵循学生认知的规律。所以在学时体育教学过程中，教师的教学要有一定的结构、层次和逻辑性。如课堂可按"三段式"结构即开始、基本、结束来展开；也可按导入、学习、活动、结束等结构展开。

(二)行为性

学时体育教学过程与其他阶段的体育教学过程相比，最大的特点就是行为性。它表现为一种积极的教学实践，无论从学生还是从教师的角度，都是实实在在的行为过程，是在教学时间里发生的教学行为。

(三)方法性

学时体育教学过程作为一种教学行为存在，它非常注重教学过程中方法的应用。方法主要指教法、学法和课堂组织与管理的方法等。这些方法是完成学时体育教学过程目标和任务的关键因素，也是完成学时体育教学内容的轴心。

七、技术学习点(10—30分钟)教学过程及其特点

技术学习点(10—30分钟)教学过程是指在学时体育教学过程中，课堂教学的关键和核心部分，也就是课堂教学中的重点和难点部分，时间长短不等，在10—30分钟之间。技术学习点教学过程也具有较强的实践性，它是学时教学过程中的重中之重，主要特点有：

(一)技能形成的基本单位

技术学习点教学过程是课堂教学的重点部分，课堂教学往往是围绕这个点展开的，所以在这个点上要突出注意学生技能的形成，在这个技术学习点的时间内要突出学生学习的重点、难点和技术的关键，注意学生掌握技能的情况，使教学的其

他目标和任务的实现建立在学生技能形成的过程之中,只有学生掌握了技能,才有可能实现其他领域的目标和任务。

(二)身体负荷性

技术学习点教学过程的另一个特点是,要利用学习的重点来增加学生练习的负荷,在学习的熟练时期、注意力集中时期,增加学生的练习负荷,提高学生的生理承受能力,以达到增强体质、增进健康的目的。

[本章小结]

体育教学过程是教师根据社会的需要和学生身心发展的特点,有组织、有计划地指导学生主动积极地学习体育知识、掌握技术和锻炼身体的双边活动过程。在这个过程中,教师依照教育计划、教学大纲,对学生进行共产主义思想教育,并使学生在反复练习中,既锻炼身体,又掌握体育知识、技术、技能,还要完善个性。体育教学与一般课程教学不同之处在于,一般课程的教学主要是通过思维活动,使学生掌握有关的科学知识与技能,发展学生的认识能力;而体育教学不但要使学生掌握一定的体育科学知识和体育锻炼的技术、技能,还要通过各种身体练习,发展身体,增强体质,增进健康,在教学中培养学生的社会适应能力。

体育教学是实现学校体育教学任务的基本途径,其实施过程及其效果与多种因素相关。从获得最佳教学效果出发,通过对体育教学及其过程的认识和理解,客观地分析并确定其基本构成因素,掌握它们的性质和职能,促进其同步发展与优化组合,才能从根本上增强体育教学过程的整体效应,实现体育教学目标。

[思考练习]

1. 体育教学过程与其他教学过程的主要区别有哪些?
2. 体育教学过程中的客观规律有哪些?
3. 如何理解体育教学过程是一个认知过程?
4. 体育教学过程可以分为几个不同的过程,它们各自有哪些主要特点?

[阅读材料]

1. 毛振明.体育教学论[M].高等教育出版社
2. 潘绍伟,于可红.学校体育学[M].高等教育出版社

第十五章　体育教学评价技能

[内容提要]

体育教学评价是体育教学的一个重要环节,是完善体育教学系统的重要环节。从体育教学计划到具体的体育教学过程,如果没有评价这一重要操作步骤参与其中,就不能说是一个完整的教学活动。体育教学评价对体育教育目标的实现,对体育教育的发展和改革,对于体育教育管理和决策,都有至关重要的作用。如何在新体育课程实施的过程中正确有效地进行体育学习评价,真正发挥其诊断、激励和发展的功能,促进学生的发展,是每一位体育教师都应当认真思考和回答的问题。构成体育教学评价结构的基本要素是"为什么评"、"谁来评"、"评什么"、"怎么评"这样四个基本的问题。体育教学评价有许多种类,本章将探讨不同类体育教学评价的作用与方法。

[学习指导]

1. 体育教学评价是依据体育教学目标和体育教学原则,对体育的"教"与"学"的过程及其结果所进行的价值判断和量评工作。

2. 构成体育教学评价结构的基本要素是"为什么评"、"谁来评"、"评什么"、"怎么评"这样四个基本问题。

3. 体育教学评价的四个主要目的:选拔目的、甄别目的、发展目的、激励目的。

4. 为什么评。体育教学评价的目的是:判断学生的体育学习潜力,选拔学生;判断学生的体育学习状况,评定成绩;发现学生的体育学习问题,帮助进步;反馈学生的体育学习进步,激励学生。

5. 谁来评。体育教学的双方是学生和任课教师,因此学生和任课教师就是体育教学评价的主体。

6. 评价什么。体育教学评价的目的就是为了提高教学质量,因此体育教学评价的内容就是教师的教和学生的学。

7. 怎么评。教学评价包括体育教师对学习过程的评价,学生对学习过程的评价,学生对教授过程的评价,教师对教授过程的评价,其他评价。

8. 教师对学生学习效果的总结性评价有:标准测验、非标准测验。

9.教师对学生学习的过程性评价是指在体育教学活动过程中,为了及时了解情况,明确活动进行中存在的问题,及时修改或调整活动计划,以期获得更加理想的教学效果所进行的即时性评价。

10.教师对教学进行评价的方法与手段包括教师对教学的自我评价、教师间的教学相互评价。

11.学生对教师教学的评价的方法与手段包括学生在学习过程中对教学的随时反馈、学生参加评教活动。

第一节 体育教学评价的概述

一、体育教学评价的概念

体育教学评价是依据体育教学目标和体育教学原则,对体育的"教"与"学"的过程及其结果所进行的价值判断和量评工作。

上述体育教学评价的概念中包含以下三个基本的含义:

1.体育教学评价是"依据体育教学目标和体育教学原则"来进行的

体育教学目标是对体育教学是否获得预先设定的成果、是否完成任务的评判依据;而体育教学原则是对教学是否做得合理、是否合乎体育教学基本要求的评判依据。两个评价依据都具有客观性和规范性,也都具有教育评价的效度和信度。

2.体育教学评价的对象是体育的"教"与"学"的过程和结果

体育教学评价的重点对象是作为受教育者的学生的"学习",包括学生的学习水平和品德行为;体育教学评价也对教师的"教授"进行评价,包括教师的教学水平和师德行为。

3.体育教学评价的工作内容是"价值判断和量评工作"

"价值判断"是定性的评价,主要是评价教学方向的正误、教学方法的恰当与否等;"量评工作"是定量的评价,主要是评价可以量化的学习效果,如身体素质的增长和技能掌握的数量等。

体育教学评价贯穿教学目标确定、内容选择、组织实施的各个环节。目的是及时修正体育教学目标、解决体育教学中出现的问题以及实现体育教学资源的合理配置与组合,追求最佳效果和目标的达成,是一项实践性与操作性较强的工作。

二、体育教学的特点与体育教学评价

(一)学生在身体与技能方面的先天差异较大

在其他学科教学中学生显现出的在思维、注意、分析、判断等智力方面的先天差异,没有在体育教学中学生显现出的在身体条件、运动能力、兴趣爱好等运动素质方面的先天差异明显。如做同一张试卷学生的成绩反映学生之间先天的智力差别就没有学生在学习同一个运动技术上所表现出的身体形态、基本活动能力和运动素质的差别明显。在体育教学中经常出现有的学生无论怎么努力,运动成绩也不能及格或"达标",而有的学生即使不用练,也可以达到较好的成绩的奇怪现象。这对体育教师组织体育教学和进行体育评价提出了更高的要求,即必须激发与调动每一位学生的体育学习积极性,挖掘每一位学生的学习潜力,实现全体学生的进步和发展。

(二)对体育学习评价的视角较多

从体育教学评价的目标方面讲,体育教学评价有运动参与、运动技能、身体健康、心理健康和社会适应五个方面的发展视角。

从体育教学评价的内容方面讲,体育教学评价有对过程的评价和对结果的评价两个视角。

从体育教学评价的主体方面讲,体育教学评价有教师对学生的评价、学生的自我评价、学生之间的评价、学生对教师的评价、教师的自我评价、教师之间的评价等视角。

从体育教学评价的方式方面讲,体育教学评价有定量性评价和定性性评价的视角。

从体育教学评价的方法方面讲,体育教学评价有书面测验、运动技能评定、运动成绩测试与评定等视角。

因此体育教学评价要多视角和多种评价方式并用,促进学生的全面进步与发展。

(三)具有即时评价的特点

在体育教学中,学生的技术学习行为实际上是正式或非正式地被即时评价着,如一个学生的动作做得好与不好,同学们都是看在眼中,具有很强的外显性和即时性,这与其他学科的评价很不相同,因为其他学科的教学成果主要是头脑中的认知和理解,不具有很强的外显性和即时性。因此这个特点容易使那些技能很差的学生在体育教学中经常会感到难堪,这也是一部分学生视体育课如"畏途"的原因之一,因此要正确认识体育教学的这个评价的特点,恰当地运用和调整对学生学习表现的即时评价,扬长避短,使体育教学评价发挥激励和发展的作用。

(四)体育教学评价是与学生的身体自尊密切联系的评价

身体自尊是学生自尊的重要部分,也是很敏感的组成部分,而对运动技能学习和身体素质的评价与学生的身体自尊密切关联,对学生的身高、体形、灵敏性、动作的美感运用不正确的评价就会严重地伤害学生的身体自尊心。如果在体育教学中由于不恰当的评价伤害了学生的身体自尊,那么,这个学生是很难具有对体育的积极性以及对体育教学的好感。因此要尊重学生,要重视学生对自尊的自我保护心理,对处于被评价地位、有可能在评价中被伤害的学生,要特别注意体育教学评价的负面影响,采取人性化的评价方法,充分地激励学生的学习与进步。

第二节　体育教学评价的结构与评价内容

构成体育教学评价结构的基本要素是"为什么评"、"谁来评"、"评什么"、"怎么评"这样四个基本问题。

一、目的——为什么要进行体育教学评价

体育教学评价的目的是:(1)判断学生的体育学习潜力,选拔学生(体育教学评价的选拔目的);(2)判断学生的体育学习状况,评定成绩(体育教学评价的甄别目的);(3)发现学生的体育学习问题,帮助进步(体育教学评价的发展目的);(4)反馈学生的体育学习进步,激励学生(体育教学评价的激励目的)。

体育教学评价的四个主要目的都是非常重要的,但各自都有其特殊的意义和侧重点:

1.体育教学评价的选拔目的

判断学生的体育学习潜力,为选拔学生的评价。这是根据选拔的要求和标准,为选拔进行的体育评价,如为选择好的学生参加体育竞赛、为评选体育优秀学生等。在这种评价目的下,评价是选优性的,评价的目的并不面对全体学生,评价的目的有时也不是指向教学目标,因此这种目的在体育教学评价中不是主要的目的。

2.体育教学评价的甄别目的

判断学生的体育学习状况,为评定成绩的评价。这是根据学籍管理的要求和标准,为甄别学生学习状态评定学生成绩的评价,如为学期期末成绩评定进行的体育考核、为学生体育标准的成绩评定进行的达标测验等。在这种评价的目的下,评价是要甄别和评比的,评价的目的是面对全体学生,评价指向学生体育学习的效果和学习的态度,也部分地指向学生的体育基础。这种评价目的在体育教学评价中占有重要的地位,在过去一段时间里它曾是体育教学评价的主要目的,甚至是唯一目的。

3.体育教学评价的发展目的

发现学生的体育学习问题,帮助其进步的评价。这是根据教学的要求和需要,

为发现和反馈学习中的问题进行的评价,它是为使学生认清其运动技能进步的困难和症结,为帮助学生取得学习进步进行的探究式评价和解惑式评价。这种评价目的是教学性的,面对全体学生的学习与发展,评价指向学生的学习困难和前进方向,这种评价在体育教学评价中占有重要的地位,在过去一段时间里它并没有得到充分的重视,是今后体育教学评价应该特别注意研究和加强的。

4.体育教学评价的激励目的

反馈学生的体育学习进步,为激励学生的评价。这也是根据教学的要求和需要,为使学生发现自己的进步和进一步发展的潜力而进行的评价,帮助学生获得学习的成就感和自信。这种评价的目的是面对全体学生的积极性与自信心的,评价指向学生的学习进步和努力方向,这种评价在体育教学评价中占有非常重要的地位,但在过去一段时间它也没有得到充分的重视,因此也是今后体育教学评价应该特别注意研究和加强的。

二、体育教学评价者——谁来进行体育教学评价

体育教学的双方是学生和任课教师,因此学生和任课教师就是体育教学评价的主体。除此之外还有可以认为是教师的校长和教务主任、体育主任等。随着教育的开放化,随着学校教育与家庭教育和社会教育的结合,家长和社会代表也逐渐参加了体育教学的评价。但是由于校长和教务主任、体育主任、家长和社会代表等毕竟不是体育教学过程的全程参与者,他们的评价与任课教师和学生对体育教学的评价相比,在客观性、准确性方面都有很大差距,因此只能作为一般的参考。

总体来说,教师是教学评价的主体。《教师法》第七条规定教师的权利之一,是“指导学生的学习和发展,评定学生的品行和学业成绩”。教师是履行教育、教学职责的专业人员,是教学活动的组织者,是教学活动的直接责任者,教师要把握教学活动的方向,教师要对教学质量负责,因此教学的评价基本上都是由教师来承担的。教育评价的客体主要是学生和学生的学习,由于学生是教学活动的参加者,对其有着亲身的体验,所以学生对评价教师的教是有一定的发言权的。学生对学习也可以进行评价,一是自我评价,二是相互评价。但这两种评价可以作为教师评价学生学习的参考,而不能代替教师对学生的评价,因为学生的自我评价和互相评价的客观性难以得到保证。

三、体育教学评价的内容——评价什么

体育教学评价的目的就是为了提高教学质量,因此体育教学评价的内容就是

"教师的教"和"学生的学"。而其中又可分为"教师对学生学习的结果评价"、"教师对学生学习的过程评价"、"学生对自己学习的自我评价"、"学生对同伴学习的相互评价"、"教师对教授的自我评价"、"教师对同伴教授的相互评价"、"学生对教师教授的评课活动"、"学生对教师教授的随时反馈性评价"等八个主要评价内容。

体育教学评价应该评什么？学生是核心对象,体育教学活动的目的和发展对象都是学生,教学的主要任务是学生的体育习得,教师在教学中要把学生的学习变化状态及时地、准确地反馈给他们,为他们改善自己的学习状态提供有价值的信息。为此,教师在执行教学计划前,要弄清学生的实际水平及存在的主要问题,以加强教学计划的针对性;在教学过程中要及时了解学生的动态变化,不断地调整教学设计;当完成阶段性教学任务之后又要通过考试、测验等评价手段,总结学生在学习中取得的成绩和存在的不足。

四、体育教学评价的技术与手段——怎么评价

体育教学中的各种形式和内容的体育教学评价都要求有各自的评价技术和手段。关于体育教学评价技术和手段的问题,我们在下一节予以论述。

教学评价主要由以下四大类(含八小类)组成,如果加上其他非主要性评价(如家长对学生的评价)等,应有九类教学评价,这些评价都与体育与健康课程的教学评价有关系。

1.体育教师对学习过程的评价

体育教师对学习过程的评价是体育教学评价中最传统的评价方式,由于评价的主体是最有经验的教师,而评价的对象又是最反映教学效果的教学过程和其中的学生,因此这个评价一直受到人们的重视。这种评价包括教师在学习过程中对学生的激励评价和教师在学习过程结束时作为学习结果对学生的体育成绩评定两种评价形式。

2.学生对学习过程的评价

学生对学习过程的评价是新的教育理念和新的《体育与健康课程标准》非常提倡和重视的评价,这种评价也包括教学过程和教学效果两个方面,主要形式有学生的自我评价和学生间的相互评价两种。这两种评价有利于培养学生的自我反省和客观评价的态度,具有特殊的教育力量。它还有助于学生的民主素养的形成,有助于培养他们正确地行使自己的民主权利的能力,同时还可以使学生在评价实践中不断提高观察事物和分析问题的能力。但是,这种评价应从学生的年龄阶段的实际出发,学生年龄过小时不宜使用这种评价,我们既要强调和重视学生的评价,又不要完全依靠学生的评价。

3.学生对教授过程的评价

学生对教授过程的评价也是现代教育理念中非常提倡和重视的评价方式,这种评价也包括对教学过程和教学效果两个评价方面。评价形式包括学生在学习过程中对教学的随时反馈和有学生参加的评教活动两类,前者往往是非正式的评价活动,而后者往往是正式的评价活动。

4.教师对教授过程的评价

教师对教授过程的评价是为不断提高教学质量的评价活动。评价的形式也包括两类,一类是教师对自己教学情况的自我评价,一类是教师之间的相互评教活动,前者和后者都有正式和非正式的形式,在人员方面有个人性的、体育组内的和校际之间的形式,在时间上有平时性的和集中性的形式等。

5.其他评价

其他评价是指不是教师和学生的人员对体育教学的评价,如家长对学生体育学习的评价、国外的 PTA(家长教师联合会)对体育教学的评价等。由于这种评价的主体既不是体育专业人员,又没有参与体育教学过程,因此只能是一种辅助性的和参考性的评价。

第三节 体育教学评价的技术与手段

从体育教学实践来看,体育教学评价方法(技术和手段)是一个重要的问题,也是一个难点问题。体育教学评价的方法是实施科学体育教学评价的基础,没有评价方法就不知道"怎么评",当然就无法评了。

前述的各种体育教学评价由于其在教学中进行的时间和场景都不相同,因此它们的具体评价方略、技术以及手段的运用也不相同,在各种评价方式广泛实验和应用的新形势下,体育教学第一线也对体育教学评价方法和手段有了不少的尝试和开发,本教材在此作一简单的归纳。

一、教师对学生学习进行评价的方法

(一)教师对学生学习效果的总结性评价

总结性评价一般是在学期、学年或某项教学活动结束时,为判断其效果而进行的评价。从这个意义上说,总结性评价不仅是对学生学习效果的分析,更重要的是教师对自己阶段性教学质量的总结和比较的过程。这种评价主要是以体育成绩评定的方式进行,评分内容有的是可以通过"标准测验"来进行评定的,有的则是可以通过"非标准测验"来进行评定的,这要根据评分内容的性质和需要而定。

1. 标准测验

标准测验属于客观性考试,它是根据考试的理论,运用统计手段,按照科学程序设计与实施并且有统一标准的考试。标准测验是由专家对测验的诸种条件的研究而制作的标准,即称常模。只要把测验后的结果同这一标准对比分析,便可判断被测者的程度。这种测验不仅评价目标明确,而且评分标准也明确并具有代表性,我们可以利用标准测验了解每个学生和每所学校的成绩在地区或全国的地位。标准测验的试题内容的选择,测试的实施到评分、记分、分数的合成及解释等每一个环节都有质量要求和标准化要求,因此标准测验的水平具有代表性、科学性和可靠性。

2. 非标准测验

非标准测验可以称为非正式测验,是教师自制的或自行掌握标准的测验。这种测验只能在本班或本校就学生的知识和能力进行。因此,非标准测验属于相对评价,评价的内容包括难以标准化的、便于教师灵活掌握的、适合于定性评价的指标,如运动技能的评分、心理健康的评价、社会适应的评价、学生进步程度评定等等。当前,第一线的体育教师们总结了许多这样的评价方法。非标准测验可以分为等级评价、分数评价两大类。

下面就体育课学习表现的评价标准、体育基础知识的评价标准、身体素质和运动能力的评价标准、运动技能和技巧的评价标准以及有关问题进行介绍。

体育课学习表现的评价标准:用记分的方法评价学生的学习表现是很困难的,尤其在学生人数多的情况下困难更大。针对这一实际情况,可采取百分制和等级制相结合的方法。具体做法是:先评出等级,如优、良、及格、不及格,然后再换算成分数,如优为 90 分以上,良为 75 分至 89 分,及格为 60 分至 74 分,不及格为 60 分以下。为了便于操作,还可把分数划成几个档次,如划分 90 分、85 分、80 分、75 分、70 分、65 分、60 分、55 分……称为确定等级分数,但不宜分得过细,如果过细就不易操作了。

体育基础知识的评价标准:对体育项目知识和身体锻炼知识进行评价时,宜采取书面测验的方式,试题可依据教学大纲的要求自行编制。评分标准可以根据试题的数量和难度来确定,但测验时间一般应控制在 20—45 分钟,评分方法宜采取百分制。为了不过分增加学生的负担,命题应力求清楚、准确,答案应做到简明扼要并有利于评分。

身体素质和运动能力的评价标准:身体素质和运动能力的评价虽然是体育教学评价的重点,但必须考虑到区域差异。一般来说南方学生的身体素质在速度、灵巧方面较好;而北方学生的力量、耐力较强。因此评价学生的身体素质和运动能力时,要考虑到针对性,根据学生的身体发展需要,参考《学生体质健康标准》等有关锻炼制度有针对性地制定评分标准。

运动技能的评价标准:运动技能、技巧的评价可采用百分制或百分制与等级制相结合的方法。采用百分制时,可先确定四个分数段,即90分至100分、75分至89分、60分至74分、60分以下。为了便于操作,也可采用百分制和等级制相结合的方法,先评出四个等级,即优秀、良好、及格、不及格,再根据等级归入相应的分数段,并根据情况适当调整分数以评出差别。

对学生进行体育水平的综合结果评价时一般都采用百分制。这就需要将各项评价目标的得分按照评分比例进行折算,然后相加求和。身体素质和运动能力、体育技能可根据有关的换算表确定相应的分数。

(二)教师对学生学习的过程性评价

过程性评价也称形成性评价,是指在体育教学活动过程中,为了及时了解情况,明确活动运行中存在的问题,及时修改或调整活动计划,以期获得更加理想的教学效果所进行的即时性评价。因此过程性评价具有直接、具体、及时和针对性强的特点。过程性评价所涉及的内容多,方法和手段灵活多样。

过程性评价的评价内容包括学生的学习目标、参与程度、拼搏精神和学习效果,其主要方法有:表扬、批评、抑制、激励;经常采用的评价手段为:口头指示、手势、眼神、问卷、技能小测验、简短评语等。

形成性评价主要依赖观察的方法,观察不是评价方法,但是获取评价依据的方法。观察的方法有正规的观察和非正规的观察。正规的观察是依据观察用表进行的规范的和数字化观察,这种观察比较细致可信,但做起来比较费时费工,有时一个人不能完成,不可经常用;非正规的观察是不用观察表随时进行的定性性的观察,这种观察不如正规的观察结果细致可信,但做起来比较方便,是可以经常用的观察方法。

二、学生对学习进行评价的方法

让学生开展对自己学习进行评价的目的是:参与教学评价,了解自己和同伴的学习表现以及学习的程度;判断学习中存在的不足及原因,改进学习;培养与提高学生自我认识和自我教育的能力;培养学生的合作精神和集体意识。

(一)学生对学习的自我评价方法

学生对学习的自我评价可以唤起学生对自己体育学习态度和表现的自省,帮助学生提高自我认识和自我教育的意识与能力。学生的自我评价可以以学校制订的评价目标为标准,通过自我评价来判断个人达到目标的程度,也可以让学生自己

第十五章 体育教学评价技能

确定评价标准,通过自我评定来判断自己的优势和进步。前一种方式适合在期末或学年末的评价时使用,后一种方式适合用于日常性的自我评价。

学生自我评价的内容有:学习目标、参与程度、拼搏精神和学习效果等。方法可采用自省、自评、自我反馈、自我暗示等,手段包括目标的回顾、学习卡片、成绩前后对比、行为的检点等。

要特别注意的是学生的自我评价难免会出现偏差。因为学生出于自尊的原因,会有过高估计自己的心理倾向性。另外如果自我评价和体育成绩、评优、升学、奖学金等挂钩,那么就势必影响自我评价的客观性和可靠性。因此进行学生的自我评价要注意以下几点:

(1)要把学生的自我评价作为一种学习性的、形成性的评价,不宜将其作为正式的评价,更不宜作为最终学习成绩的评定。

(2)要把学生的自我评价与功利性相分离。

(3)针对某些与学生自尊有关内容的自我评价时,主要以师生间交流为主,以保护学生自尊和自信。

(4)要开发学习卡片,采用以书面形式进行自我评价的方式与方法。

(二)学生对学习的相互评价

学生对学习的相互评价可以起到同伴的镜子和同行者的激励的特殊作用,帮助学生提高观察能力和评价他人的能力,可以有助于学生之间的交往与交流并增强学生的团队意识。学生之间的"互评"很有意义,也很生动。

相互评价方法主要有:互评、互议、学习同伴优点、指出同伴不足等。相互评价的手段主要有:观察、记录卡片、课中讨论等。

进行学生的相互评价时,出于学生自尊和学习经验不足的原因,会使相互评价有许多不准确性,言语也会有许多不适当之处,这些都会影响相互评价的意义和效果,因此要注意以下几点:

(1)要把学生的相互评价作为一种教育性的、集体养成性的评价,不宜将其作为正式的评价,更不宜作为最终学习成绩的评定。

(2)要把学生的相互评价与功利相分离。

(3)要通过有关教育,端正学生对他人进行正确评价的态度。

(4)可主要围绕技能学习的互相帮助和问题学习的讨论进行相互评价,不要过多地让学生对他人的人格进行评价。

(5)要先团队,后评价。要在小组有了团队意识后,再进行小组内的相互评价。

三、教师对教学进行评价的方法与手段

教师对教学进行评价的目的是通过客观、公正、及时、可靠的评定,促进体育教

师教学工作的质量的提高，及时发现教学活动中的优点和不足，提供具体、准确的反馈信息以帮助教师改进教学工作，促进教师自身的发展和教学研究水平的不断提高。

教师教学评价是指对教学以及背后的专业素质的全面评价，包括完成教学工作的数量、质量、职业道德、教学能力等方面。

教师对教学的评价形式也包括两种，一是教师对自己教学的自我评价，二是教师之间的相互评教活动。前者和后者都有正式和非正式的形式，在人员方面有个人性的、体育组内的和校际之间的形式，在时间上有平时性的和集中性的形式等。

（一）教师对教学的自我评价

教师自我评价是通过反思来分析问题与不足，并及时进行总结作简要评述的过程，是一种自我认识、自我教育和自我提高的具有内省机制的评价。评价的内容包括教学目标、教学的组织和课的结构、教学内容的质与量、师生间的交流和关系、教学技巧和授课能力、教学目标的实现程度以及教学思想，教材化、个性化的教学模式，教学方法的恰当性，教学效果等。教师教学评价通过自省、自评、自我总结的方法，运用目标的回顾、阅览学生的学习卡片、对比学生前后的变化、听取学生意见等手段。

教师既要在每堂课后在教学日志或教案上作简要评述的方式进行日常性的自我评价，又要在每学期进行若干次的阶段性自我评价，更必须在每学期、每学年进行一次正规的自我教学评价和总结，并根据评价和总结对自己提出新的要求。

（二）教师间的教学相互评价

教师间的教学相互评价是为了提高教学质量，在教师同行之间进行的业务性评价，也称同行参与评价。评价的内容围绕着教学思想、教材化工作、教学设计、教学风格、教学方法的适用性、教学效果等开展。教师间的教学相互评价的主要方法有：互评、互议、学习同行优点、指出同行不足等；主要手段有：日常教学观摩、教学评议、教学课评优活动、教学研究活动、说课活动、教学总结等。

体育课堂教学是一项专业性比较强的工作，需要专门的学科知识来保证评价的信度和效度。同行评价是专家之间的评价，在评价的业务基础上不会有太大的问题，但由于是同行，可能会碍于情面或由于个人偏见而影响评价的客观性。因此，在进行教师间的教学相互评价时应注意以下几点：

（1）应该采用定性和定量相结合的方法，从教学的具体环节入手，用公认的等级和分数进行评价，以求客观准确。

（2）要把教师间的教学相互评价更多地看成是业务性和探讨性的评价，不要过多地将评价与功利性因素联系起来。

（3）评价要将教师的自评与同行评价很好地结合起来。

（4）教师间的教学相互评价形成民主、和善和虚心学习的氛围,要将评价与师德教育相结合。

（5）教师间的教学相互评价可多采用公开课或评议课的形式进行,以便有的放矢。

（6）主持教师间的教学相互评价的领导要熟悉业务并了解体育教学改革形势,使评价有正确的方向。

四、学生对教师教学的评价的方法与手段

学生对教师教学的评价也是现代教育理念中提倡和重视的评价方式。在教学过程中学生是体育学习的主体,是教学的直接对象。教师的敬业精神、业务水平、教学行为及效果直接为学生所感受,学生在一定程度上了解教学的优点及存在问题,因此,学生对教师教学的评价也是有意义的。这种评价包括:学生对教师教学过程的评价,即学生在学习过程中对教学的随时反馈;学生对教师教学结果的评价,即学生参加的评教活动。前者多是非正式的评价活动,而后者多是正式组织的评价活动。

（一）学生在学习过程中对教学的随时反馈

学生在学习过程中对教学的随时反馈对教师及时改进教学很有意义,而且也是发扬教学民主的重要手段。教师应在教学中经常听取学生的意见,并鼓励学生及时把各种感受和意见提出来。这种评价是随时的,实施起来并不难,但需要教师具有民主的态度和灵活掌握体育教学的能力。

学生在学习过程中对教学的随时反馈主要可采取评课、反馈、建议、要求等方法,常用的手段有:学习卡片上的对话、填写意见表、课中随时的提问和反馈等。

（二）学生参加评教活动

现在有的学校采用了学生参加评教活动来评价和促进教学的做法。对此也有不同的意见,反对的意见认为这种评价不科学,影响教师严格要求学生,甚至导致教师讨好学生和迁就学生。同意的意见认为这种评价具有教育性,也有助于教学的民主性。但无论如何,这是一个可以利用,也是值得研究的评价方式。

在体育教学评价中,还有家长、社会人士代表的评价,关于这些评价也有许多方法,是辅助性的评价方式,其方法与手段介绍从略。

[本章小结]

体育教学评价是学校体育改革的方向盘,左右着体育教学思路的走向和体育

教学质量标准以及社会人才观的取向。体育教学评价的建立是推进体育健康教育的前提,只有制定一套符合健康教育要求的教学评价体系,健康教育才能在学校体育中名副其实地开展与实施。通过对健康教育目标以及教育教学评价演进的分析,体育教学评价体系的演化将朝着综合性、教育性、整体性、科学性、可行性的方向发展,把握其动态趋向可以促进我们制定合理、有效的评价体系,加快"健康第一"指导思想下体育教学的改革步伐。

[思考练习]

1.体育教学评价的特点是什么,为什么会有这些特点?
2.分析各种评价的特点和在当前体育教学改革中的意义。
3.为什么各种评价的方法与手段有很大不同?
4.如何看待校外人士对体育教学的评价?

[阅读材料]

1.巴班斯基.论教学过程最优化[M].教育科学出版社
2.毛振明.体育教学论[M].高等教育出版社

参考文献

1. 人民教育出版社体育室编著. 全日制普通高级中学教科书第一册[M]. 北京: 人民教育出版社, 2003.6

2. 王启明, 王海燕, 李建英. 中学体育与健康教材教法[M]. 北京: 人民体育出版社, 2008.9

3. 毛振明. 体育教学论[M]. 北京: 高等教育出版社, 2005.7

4. 潘绍伟, 于可红. 学校体育学[M]. 北京: 高等教育出版社, 2005.7

5. 季浏. 体育与健康课程标准(实验稿)解读[M]. 武汉: 湖北教育出版社, 2002

6. 季浏. 中小学体育与健康课程标准的主要特征是什么[J]. 北京: 中国学校体育, 2002.3

7. 中华人民共和国教育部制定. 体育(1-6年级), 体育与健康(7-12年级)课程标准(实验稿). 北京: 北京师范大学出版社, 2001

8. 曲宗湖. 中小学体育健身园地的设计与实施[M]. 北京: 人民体育出版社, 2002.6

9. 王皋华. 体育教学技能微格训练[M]. 北京: 教育科学出版社, 1994

10. 中央教育科学研究所活动课课题组. 活动课程理论与实践探索[M]. 北京: 教育科学出版社, 2001

11. 王则珊. 学校体育理论与研究[M]. 北京: 北京体育大学出版社, 1995

12. 郭元祥. 综合实践活动课程设计与实施[M]. 北京: 首都师范大学出版社, 2001

13. 于素梅. 中学体育教材教法[M]. 北京: 北京体育大学出版社, 2002

14. 盛群力, 李志强. 现代教学设计论[M]. 杭州: 浙江教育出版社, 1998

15. 全国普通高等学校体育专业选修课程系列教材. 体育教学设计[M]. 桂林: 广西师范大学出版社, 2005

16. 苏正南. 新课程理念下的体育教学设计[J]. 南京: 体育与科学, 2003.6

17. 金钦昌. 学校体育学[M]. 北京: 高等教育出版社[M], 1994

18. 克里夫·贝克. 优化学校体育[M]. 上海: 华东师范大学出版社, 2003

19. 于素梅. 体育与健康课教学问题探索[M]. 北京: 北京体育大学出版社, 2003

20. 谢利民. 现代教学论纲要[M]. 西安: 陕西人民出版社, 1998

21. 王少华. 体育基础与实践教程[M]. 北京: 北京体育大学出版社, 1998

22. 王皋华. 体育教学技能微格训练[M]. 北京: 北京体育大学出版社, 2005

23.毛振明.体育教学科学化探索[M].北京:高等教育出版社,1999

24.谢正义.初中体育与健康新课程教学法[M].长春:东北师范大学出版社,2005

25.孙立仁.微格教学理论与实践研究[M].北京:科学出版社,1997

26.毛振明.体育课程与教材新论[M].沈阳:辽宁大学出版社,2001

27.褚宏启.教育现代化的路径[M].北京:教育科学出版社,2000

28.杨文轩.体育原理导论[M].北京:北京体育大学出版社,1996

29.邵伟德.学校体育学理论与教改探索[M].北京:北京体育大学出版社,2002

30.王则珊.学校体育课程改革的一个新思路[M].北京:人民体育出版社,2003

31.裘大鹏.微格教学技能讲座[J].人民教育,1994.1

32.任环.反馈技能 练习技能[M].北京:人民教育出版社,2001.1

33.陈维嘉.控制技能[J].佛山大学学报,1997.6

34.袁建国.体育教育专业学生课堂控制机能微格教学的设计与研究[J].武汉体育学院学报,2002.4

35.汪雪琴.开展控制技能仿真实训 培养学生创新能力[J].中国大学教学,2008.7

36.张进才.谈体育课教学控制技能的应用要点[J].内蒙古农业大学学报,2006.4

37.杨学高.结束技能在教学中的应用[J].保山师专学报,2002.5

38.李钢.试析体育课的结束技能[J].体育师友,2002.5

39.王宝大.导入技能 结束技能[M].北京:人民教育出版社,2001.6

40.李林.对体育教学过程若干问题的探讨[J].荆州师范学院学报,1995

41.胡金祥.体育教学过程的创新思考[J].齐齐哈尔大学学报(哲学社会科学版),2003

42.原丽英,杨伟.论体育教学过程[J].西安体育学院学报,2001

43.樊临虎.论体育教学过程的实质、特征及其基本因素[J].清华大学教育研究,2002

44.姚蕾.新中国成立以来我国体育教学目标、内容与评价的展望[J].体育科学,2004

45.商发明.课堂教学评价新理念:以学评教[J].教育科学研究,2004

46.郜锦强.浅论高等学校课堂教学评价[J].淮北煤炭师范学院学报,2004

47.吴慧华.信息化教学评价原则[J].九江师专学报,2004

48 林宇,周慧."健康第一"思想指导下的体育教学评价改革探析[J].吉林体育学院学报,2004

图书代号 JC10N1259

图书在版编目(CIP)数据

中学体育教学技能训练/李凤新,霍瑾编著.—西安:陕西师范大学出版总社有限公司,2010.12
高等师范院校教师教育系列教材
ISBN 978 - 7 - 5613 - 5416 - 2

Ⅰ.①中⋯ Ⅱ.①李⋯ ②霍⋯ Ⅲ.①体育课 - 教学理论 - 师范大学 - 教材 ②体育课 - 教学理论 - 中学 Ⅳ.①G633.962

中国版本图书馆 CIP 数据核字(2010)第 259376 号

中学体育教学技能训练

编　　著/	李凤新　霍　瑾
责任编辑/	颜　红
责任校对/	张　立
装帧设计/	雷　青
出版发行/	陕西师范大学出版总社有限公司
	(西安市长安南路 199 号　邮编 710062)
网　　址/	http://www.snupg.com
经　　销/	新华书店
印　　刷/	潼关县印刷厂
开　　本/	787mm×960mm　1/16
印　　张/	13.75
字　　数/	228 千
版　　次/	2010 年 12 月第 1 版
印　　次/	2010 年 12 月第 1 次印刷
书　　号/	ISBN 978 - 7 - 5613 - 5416 - 2
定　　价/	24.00 元

读者购书、书店添货如发现印刷装订问题,请与本社高教出版分社联系调换。
电话:(029)85303622(兼传真),85307826。